大学体育

主　编　李利军

副主编　张　娅　齐海杰　米利玖

WUHAN UNIVERSITY PRESS

武汉大学出版社

图书在版编目(CIP)数据

大学体育/李利军主编. —武汉:武汉大学出版社,2023.9(2025.9 重印)
ISBN 978-7-307-23970-8

Ⅰ.大… Ⅱ.李… Ⅲ.体育—高等学校—教材 Ⅳ.G807.4

中国国家版本馆 CIP 数据核字(2023)第 170466 号

责任编辑:张 欣 责任校对:李孟潇 版式设计:马 佳

出版发行:**武汉大学出版社** (430072 武昌 珞珈山)
(电子邮箱:cbs22@whu.edu.cn 网址:www.wdp.com.cn)
印刷:武汉中科兴业印务有限公司
开本:787×1092 1/16 印张:14.75 字数:350 千字 插页:1
版次:2023 年 9 月第 1 版 2025 年 9 月第 3 次印刷
ISBN 978-7-307-23970-8 定价:58.00 元

前　言

大学体育是高等教育的重要组成部分，是培养学生全面发展的重要内容，还是造就新时代有竞争力、创造力、高素质人才的有效途径，更是提高学生健康水平、为他们今后的幸福生活奠定坚实良好的身心基础的平台。《中共中央国务院关于深化教育改革、全面推进素质教育的决定》指出："健康体魄是青少年为祖国和人民服务的基本前提，是中华民族旺盛生命力的体现。学校教育要树立健康第一的指导思想，切实加强体育工作。"同时也要为大学生走向社会后坚持终身体育运动打下坚实的基础。

本书坚持"以学生为本、健康第一"的指导思想，以注重学生的体育与健康知识、实践能力与体育习惯为主线，力求做到既符合现行学校体育教育发展的特点与要求，又充分考虑当代大学生的爱好、兴趣与需求，并贯彻"因材施教"教学原则，以满足新时代新形势下大学生的体育需求和自我实现。本书在结构与内容上有所突破，将新知识、技术与技能、传统体育与现代新兴体育相结合，以教会学生基本的体育健身知识、技能和方法，促进身心和谐健康发展，为其能终身从事体育锻炼打下坚实的基础。

全书共十八章，分为理论知识篇和运动实践篇两部分。全书强调的是理论与实践的有机结合，同时也方便学校的体育教学需要。其中基础理论篇，主要讲述体育的基础知识、体育与健康的关系、高校体育的基础知识以及运动损伤的防治与紧急处理，增强学生的体育参与意识，提高学生的体育文化素养。运动实践篇重点讲述田径、篮球、体操、瑜伽、飞盘等17个体育项目的技术、战术学习和训练，以及基本竞赛规则，力求让学生掌握不同的体育运动基本要领、方法、技能和规则，实现增强体质、促进健康的目的。

本教材内容全面，讲解深入浅出，语言通俗易懂，既突出了专业性、知识性和科学性，也兼顾了大学生进行体育锻炼的实际需求，图文并茂，具有一定的实践操作性、娱乐性、趣味性。本书在编写过程中，结合了实践教学中的经验，同时还参考和借鉴了一些专家、学者的研究资料与成果，引用了一些文献和资料。在此表示诚挚的感谢。

本书可作为高校学生公共体育课程的教学用书，也可作为体育爱好者的参考用书。

本教材编写分工如下：李利军、刘静（第一章、第二章、第四章），李利军、白敬雨、齐海杰、李玉涛、张春国、张杰（第三章、第五章、第六章、第七章、第十六章），刘永科、苏慧洁（第八章、第九章），米利玖、王晓惠（第十章、第十八章），李利军（第十一章），宋旭鹏、王子鑫（第十二章、第十三章），张娅、王燕、王延丽（第十四章、第十五章、第十七章）。

由于时间和编者水平有限，内容不足和疏漏之处还请广大读者批评指正。

目　　录

第一章　体育概述

第一节　体育的起源与发展

一、体育起源于生产劳动

体育是从生产、劳动、生活等方面产生的，它的产生是受各种社会因素影响的结果。体育的起源可以追溯到人类文明的早期阶段。在人类进化的历史中，体育活动是与生存、狩猎和战争等活动密切相关的。

早期的人类通过狩猎和采集等生存活动来获得食物和资源。在这个过程中，他们需要展示力量、速度、耐力和敏捷等体能素质，以便更好地捕捉猎物和应对战斗。

随着时间的推移，一些体育活动逐渐演变出来。古代文明如古埃及、古希腊、古罗马和中国都有形式各异的传统体育活动。例如，古埃及人进行赛跑、拳击和摔跤；古希腊人举办奥林匹克运动会，其中包括田径、摔跤、马术等项目；古罗马人进行角斗和赛车比赛；中国有射箭、武术等活动。此外，体育也在不同的文化和地区以不同的形式发展起来。例如，美洲原住民进行赛跑、橄榄球和弓箭射击；非洲部落进行摔跤和棍术比赛；亚洲国家如日本、印度和蒙古有相扑、板球、射箭等传统体育项目。

随着社会的变迁和时间的发展，体育逐渐演化成为一种组织有序的活动，出现了专业运动员、体育俱乐部、规则和竞赛制度等。现代奥林匹克运动会的创立也是体育的全球化和国际交流的重要里程碑。

二、当代体育的构成

（一）社会体育

社会体育是一个重要的组成部分，它与增强人们的体质，提高人们的健康水平，改善人们的生活质量有关，是一个文明，健康，科学的现代社会的一个重要标志。

所谓社会体育是指广大群众以锻炼身体、增进健康、调节精神、增强体质、休闲娱乐等为目标的身体活动，参与人数众多。

在我国，社会体育（或称大众体育、群众体育）主要指的是城市的社会体育，特别是改革开放之前，城市社会体育基本涵盖了全国所有的社会体育，其运作方式、管理方式基本属于计划经济时期的"单位体育"。它是指仅在"单位"的范围内，以单位员工作为主体，组织、实施和管理的一种体育活动。但是，随着经济体制改革的不断深入，改革的范围也逐步扩大到了社会等经济领域。

在此背景下，随着社会领域的不断变革与调整，社会体育作为城市社会生活的一个重要部分，其所受的影响也越来越大。总而言之，市场经济体制的确立，使城镇居民参与体育活动的组织、管理方式和活动范围发生了根本性的变化，这意味着"单位体育"制度必将走向解体，与此同时，也宣告了城镇社区体育的崛起。

（二）竞技体育

竞技体育运动是体育运动中的一项重要内容。它是一种以竞技为主要内容，以创造优秀的运动成绩和夺取比赛胜利为主要目的的社会性体育运动。在很久很久以前，人类就有了一种原始的体育运动，目的就是为了赢得比赛。自此以后，体育比赛的形式经过漫长的历史发展，其内涵越来越丰富，奠定了现代体育比赛的基础。在现代体育运动中，竞赛活动日益独立，被称为"竞技运动"。

在现代，体育运动在不断地发展、演变中，无论是在理论上，还是在实践中，它都变得越来越成熟，它的影响也越来越大，已经成为一种广泛存在于社会各个阶层，波及世界的一种特殊的社会现象。根据竞赛水平的主要影响因素，运动的结构，成绩的评价方式，可以将竞赛项目划分为若干类。

（三）学校体育

在我国体育体系中，学校体育是最重要的组成部分之一，它是实现我国体育目的、任务的重要手段和途径，也是开展全民健身运动的战略重点和基础。

而在 21 世纪，学校体育更是为社会提供全方位的高素质人才。学校体育与社会发展同步，与教育、体育同步发展。在西周，它的"六艺"中，就包括了"射、御"等，而"礼、乐"则包括了兵法、体术等方面的内容，其中就包括了"礼""乐"等方面的知识。这使我们的学校体育有了初步的发展。从清代后期起，从欧美国家和日本等国家引进了现代学校体育。

1901 年科举制被废止后，1904 年《奏定学堂章程》又明确规定，每一级学校均设有体操科，教学内容以德日通用体操及军式体操为主，故又有"体操师傅""体操老师"等称呼。

学校体育、社会体育和竞技体育之间不仅相互独立，每部分有着自身独特的功能、结构、运行机制、管理体制等，同时相互影响，有着较为紧密的内在联系。学校体育、竞技体育对社会体育有着积极的促进作用，为后者提供坚实的基础和优秀的竞技运动人才；而后者则为前两者提供必要的发展环境和良好的体育氛围。

三、学校体育的发展概况

（一）古代学校体育与我国古代学校体育概况（史前—1840 年）

1. 在原始时代，各种生产性的劳动方式作为一种仪式形式出现，就是体育运动的雏形。

2. 中国古代学校起源于奴隶社会，根据历史资料，由"校"字和"痒"字、"序"字，到"痒"字、"大学"字、"国学"字和"乡学"字，形成了一套完整的学校体系。在殷商时期，他们的课程主要集中在宗教和军事上，他们的课程以射箭和传授各种武术为主，而在西周时期，他们的课程主要集中在礼乐、箭术、御术、书法、数学。射箭与音乐中都含有体育因素，而这也是中国古代学堂运动的发端。

3. 在春秋战国时代，"为政尚武"的思想逐步被"文武分途""文武兼学"的思想所代替，而学校体育也有了很大的发展。在这些思想中，儒教思想在学校体育教育中起到了重要的作用。

4. 大约公元前 136 年，董仲舒提出"摒弃百家而提倡儒家"的主张，以诗书礼乐、《春秋》、《周易》等六部经典为主，从此学校体育便一落千丈。

5. 魏晋南北朝时代，"玄学""清谈"等重文轻武之风日益高涨，导致了古代学校体育的没落。

6. 唐朝，军士以骑射为主要职业，在某种程度上使古代竞技运动得以复兴。

7. 到了宋朝和明朝，"居敬穷理""主静倡敬""八股取士"，到了"士大夫与武夫相争"的地步，重文轻武达到了一个新的高度。但统治者出于政治、军事、娱乐等方面的需求，在宋朝推行"武学""武举"，在明朝推行"儒生习武"，在相当程度上推动了学堂运动的恢复。

8. 清朝以"射骑立国"，历来"尚武"，在医药、官学中，体育在古代占着重要位置，"代学"运动在某种程度上得以发展。

在我国古代，学校体育延续了下来，随着战争的进行而发展，由于统治阶级的需求，它被抑制了，但是它始终在发展。古希腊的体育与思想，古希腊的教育，为西方奴隶社会的教育，提供了一个完整的范例，并对近代的体育产生了深远的影响。

（二）我国近代学校体育形成与发展概述（1840—1949 年）

1. 1840 年鸦片战争后，在"办洋务""兴西学"的影响下，现代体育被引进学校，并在中国传播开来。"洋务派"的出现，在客观上对现代学校体育产生了积极的影响。

2. 中日甲午战争的失利，让这场"洋务运动"陷入了沉寂。资产阶级改革家康有为、梁启超、严复、谭嗣同等人发起"百日维新"。他们提倡废八股、科举，开办西学，建立新式学堂，并对一套完整的学校教育体系进行了初步构想，同时还将体育作为学校教育中的重要角色，并在此基础上，公开提出了在学校中，一定要做到德智体三方面并重。同时，他们也非常注重青少年学生的体育锻炼，关注青少年学生的健康成长。改革派的这些观点和主张，对于我们的学校体育有着很好的启发意义。

3. 在八国联军侵略中国的过程中，清廷为缓解阶级冲突、维持封建独裁统治而采取一系列"新政"措施。一是在教育体制上作了较大的变革，二是在 1902 年通过了《钦定学堂章程》（又称《壬寅学制》），但并未付诸实施；1903 年，《奏定学堂章程》（《癸卯学制》）正式公布，在所有的学校中，均设有体育课（每星期三个学时，每星期两个学时）。这项课程的实施，终结了我国几乎没有体育的学校教育的历史。这是我国现代学校体育的一个开始。

4. 民国政府于 1912 年和 1913 年先后颁布《壬子、癸丑学制》。新学制实行后，在各级学校中广泛开展体育课程，并在现代社会中广泛开展了学校体育活动，这标志着我国现代学校体育的初步发展。在此期间，尤其是"五四"运动前后，出现了许多不同的体育观念，例如，毛泽东以"二十八画生"的名义在《新青年》上发表的《体育之研究》一文，以辩证唯物主义的眼光，对目前的体育状况进行了深入的剖析，提出了许多关于体育的意义，运动的原则，等等，它对于推动我国的体育事业的发展具有重大意义；恽代英发表《学校体育之研究》；陈独秀曾在《新青年》上发表过几篇《随感录》；鲁迅、蔡元培、徐一冰等人也曾发表过几篇批评军事民主主义体育和国粹体育的文章，对于学校体育的变革具有很大的借鉴作用。

5. 1922 年《壬戌学制》的颁布，使"军国式"的体育走向了衰落，并由此引发了一系列问题。《壬戌学制》是在借鉴美国"六三三制"模式的基础上，根据中国国情，根据中国近代社会的具体情况而制订的，是中国近代教育改革的总体结果。

6. 1923 年《新学制课程标准》的颁布，将"体操科"正式更名为"体育课"，取消了军事体操，主要讲授现代体育运动，如球类、田径、游泳、普通体操等，同时还讲授了一些有关生理健康的知识。它在我们国家的学校体育发展史上具有重要意义。在这一时期，教师的教学方式也有了一定的探索，例如，"三短"教学方式、"单元"教学方式、"分门别类"教学方式等。

7. 1915 年后，又先后成立了南京高师体育部、北京高师体育部，这一时期的体育教师队伍建设进入了一个新的发展时期。

8. 1927 年以后，美国的"实用主义"体育理念进入我国，并对我国的学校体育起到了重要作用。"9·18"事变发生后，伴随着"体育救国"的呼喊，爱国主义的体育思潮开始抬头。这一思想的产生，既满足了人民的抗日救亡、复兴民族的愿望，也满足了统治阶级的需求，因此，在那个时候，军国主义思想和民族体育思想都成为了抗战期间的理论基础。这两个方面都对这一时期的学校体育理论与实践产生了深刻的影响。

9. 为了加强对学校体育的管理，民国政府曾在一段时间内出台了一系列的规定和措施，使得学校体育逐步走向了较为系统化、规律性的发展道路。如《初级中学体育课程标准》《高级中学普通科体育课程标准》等，在 1931 年 2 月由民国政府教育部公布；第二年 11 月颁布的《小学体育课程标准》、1940 年 3 月颁布的《各级学校体育实施方案》，都把体育课列为必修科目等。同时，教育部还聘请了一些国内的专家，编印了《体育教授细目》（24 卷），这是中国首本比较完备的中小学体育课本，此后，又陆续组织编制了各类体育课本、教学工具书等。但因当时政治、环境等原因，上述措施并未真正落实。

10. 在此期间，苏区、解放区的体育也有了某种程度的发展。列宁小学、苏维埃大学、抗战军政大学、中央党校等，都有体育课。1941 年，延安大学在全国范围内设立了体育部，并在此基础上培养了一批高校体育干部，为进一步发展社会主义的体育事业、促进学校体育建设打下了坚实的基础。

（三）1949 年以后学校体育的发展概况

中华人民共和国成立后，我国的学校体育在历史上曾有过五次不同的发展时期：

1. 中华人民共和国成立初期（1949—1957）——党和国家对学校体育工作十分关注，对青年学生的体质也十分关注。1950 年、1951 年，毛泽东先后两次致函教育部马叙伦，并在此基础上，提出"健康第一"的方针。

2. 1951 年 8 月，政府发布《关于改善各级学校健康状况的决定》，强调了学校体育与卫生的重要性，并提出"为了使学生能顺利完成学业，同时也为了使他们能有一个健康的身体，使他们能有一个健康的身体，这是一项很重要的工作"，把学校体育的改革提上了议程。

3. 1952 年，国家体育总局成立了体育总局，全国各地也纷纷成立了体育总局，为学校体育事业的开展提供了组织保障。

4. 1952 年，教育部、国家体育总局共同发布了《学校体育工作暂行规定》，其规定中清楚地提出了"促进学生身心健康，加强学生身体素质，培养学生品德，使他们能够胜任学业，能够投身于社会主义建设，保卫祖国"的思想。这样，我们就可以在全国范围内，有一个明确的发展方向。为此，在《各级各类学校教育计划》中，教育部将"从一年级开始，直到大二，所有学生都必须上两个学时的体育课。"

5. 1953 年 5 月，教育部颁布了《关于中学体育成绩暂时考查办法的通知》，其中明确规定，体育作为中学科目之一，与其他科目一样进行考核。

6. 为提高我国的体育教学水平，于 1953 年，教育部组织将苏联十年制的体育教材翻译成中文，并在 1956 年，以此为依据，编印并发行了我国的第一个中小学体育教材；于 1957 年，以此为依据，将我国的体育教材付诸实施，从而对我国的体育教学提出了一个统一的标准和要求。

7. 为促进大众体育，尤其是少年儿童的积极参与，1954 年，国家体育总局参考苏联的模式，根据我国的实际情况，制定并颁布了《准备劳动和保卫祖国体育制度》（以下简称"劳卫制"），要求全国中学毕业的学生必须符合《劳卫制》的初级水平。该系统的实施，对于提高大学生的身体素质，提高大学生参与体育锻炼的热情，推动高校群体体育活动的组织与开展，具有重要的现实意义。

8. 1952 年，世界上最早的体育院校——华东体育学院（1956 年改称上海运动学校）成立，开始培养体育教师。从那以后，一共建立了 6 所体育学院、11 所体育学校和中等体育专科学校，38 所高等师范院校都建立了体育系科，同时还加强了对在职教师的业余进修，从而提高了体育师资的素质。新中国成立后，短短的几年时间里，学校体育获得了空前的发展。

（四）我国现阶段学校体育的主要特征和发展趋势

1. 我国现阶段学校体育的主要特征

随着社会政治，经济，思想，文化，科学技术的发展，学校体育也随之发展。当前，我国还处在社会主义初级阶段，其所具有的种种特点，在很大程度上影响并制约着学校体育的发展。从我国现阶段的国情和学校体育本身的规律来看，学校体育的特点主要有：

第一，学校体育具有社会主义方向的特点（这是它不同于军国民体育、自然体育的最大不同点），学校体育作为一种社会文化现象，受到许多方面的影响和限制，它总是具体地、坚决地反映着社会的发展需求，并与社会的发展趋势相一致。

教育是为社会服务的，它的阶级性质是明显的。学校体育是学校教育中最重要的一环，它一定要服务于社会建设，一定要根据社会和国家对人才培养的要求，把促进学生身体和心理的全面发展作为自己的职责，承担起一定的教育功能，与德育、智育、美育紧密结合，为建设社会主义社会培养出有理想、有道德、有文化、有纪律，全面发展的社会主义建设人才。在此基础上，提出了构建有中国特色社会主义学校体育体系的设想和设想。

第二，学校体育发展的不平衡特征。

由于我国地域辽阔，各地区自然条件差别较大，经济，文化，教育，体育等方面的发展并不均衡，因此，对学校体育的理解和关注程度也不尽相同，这就是造成学校体育发展不均衡的原因。在学校的体育资金投入和场地，设备设施上，学校的体育教师配备方面有所差异。

学校的体育文化（传统）等方面的差异和不均衡，导致了在很长一段时期内，我国学校体育的发展是不均衡的。认识到这一不平衡，我们就可以根据自己的实际情况，采取相应的对策，从而更好地促进我们的学校体育的发展。

第三，学校体育的统一性与灵活性特征。

考虑到我国学校体育发展存在着不均衡的特点，为了满足每一所学校的具体情况和实际需求，国家对学校体育实行统一领导、宏观管理，并在此基础上，允许各地根据自身的具体情况进行灵活的安排，将统一性和灵活性相结合。这主要表现在：《学校体育工作条例》《学生体质健康标准》《体育（与健康）课程标准》，以及其他一系列的行政法规，都是由国家统一制定并发布的。在这其中，不仅包括了每一所学校都要达到的规范性要求，同时也包括一些既定的规范性要求，比如《体育（与健康）课程标准》中关于教学内容的灵活性，可以让学校按照自己的实际情况来安排教学内容，这不仅是一种统一的要求，也是一种方便监督的方式，同时也是一种可以最大限度地发挥每个地方的特色和优点，促进学校体育的发展。

2. 我国现阶段学校体育的发展趋势

伴随着改革开放和新课程标准的推行，中国的学校体育表现出了以下几个方面的发展态势：

（1）学校体育目标向多元化方向发展

在社会的发展过程中，我们对学校体育的认识也在不断地深化，学校体育的目标也从一开始的只是一种生物的体育观，到现在的生物学的、心理学的和社会的多维的体育观。向生物学、教育学、社会学、心理学、文化学、运动学、健康学、现代学、生活学等方向发展。

（2）学校体育向着追求阶段效益和长远效益相结合的方向发展

学校体育已经从以往的只注重阶段效益（学习期间效益）向长期效益（树立终身体育理念）和阶段效益相结合的方向发展。学校体育既要以全体学生为对象，促进他们的身心健康发展，增强他们的体质，保障他们的学习任务，又要为终身体育奠定良好的基础，让他们终身受益。在终身体育中，学校体育具有承前启后的功能和基本功能。

（3）健康教育相结合的方向发展

把体育与健康有机地结合起来，这是整个社会以及整个人类社会发展的必然要求，而在学校体育中，健康教育也要与之密切地结合起来，而不是单纯地把两个方面的内容简单地相加。当前实施的体育课是以体育课为中心，强调在体育课中对学生进行健康教育的一种教育。

（4）学校体育向整体化方向发展

学校体育作为一个整体，它由学校体育课教学与课外体育活动、校外体育活动等三部分组成，并通过三部分来完成学校体育的目标。要重视学校体育的整体性，要从多个角度去发掘学生的体育潜力，将学校体育课所传授的基础知识、技术和技能，与学生们在课外进行的体育活动以及自觉地进行体育锻炼的习惯联系起来，既要充分发挥老师的领导作用，又要充分调动同学们的主体性、创造性和自觉性，以达到学校体育的目的。学校体育的改革与发展，必须要在以总体目标为中心的基础上，将体育课、课外体育、校外体育三个方面的特色发挥出来，并将它们有机地结合在一起，这样才能使学校体育的目标得以实现。

（5）学校体育教学方法与手段向多样化、现代化方向发展

我国的学校体育改革持续深入，伴随着终身体育、快乐体育、健康体育的思想贯穿于学校体育之中，随着素质教育、新课程的推行，学校体育的教学方法和手段正朝着科学化、现代化、多样化的方向发展。

在教学方式和手段上，更多地关注学生的自主性，个性，能力等方面。比如，对传统的注入式教学、放羊式教学进行改革，采用发现教学、情景教学、程序教学、自主教学、合作教学等方式，同时，多媒体教学也被广泛应用于学校体育教学中。

（6）学校体育管理逐渐向科学化发展

学校体育管理制度日趋完善。高校体育管理的科学化，是高校体育管理的一个重要方面。当前，我国已建立了一套完整的体育法律制度，对体育活动的各个环节进行了规范。其中包括《体育法》《学校体育工作条例》《体育（与健康）课程标准》《中小学体育器材设施配备目录》《学生体质健康标准》体育（与健康）课程标准。

根据《普通高等学校体育教育大纲》等，建立一个完善的组织和领导体系，是实现学校体育科学管理的根本。当前，我国学校体育工作的组织与领导体系主要有：教育部、国家体育总局两个部门分别设立了各自的主管机构；省市教育行政厅设立专门的领导组织机构，各地市县建立相应的组织机构和体育专职干部。学校内部从校长到教务处到总务处，再到体育教研室，再到体育教师，再到班主任。每个部门，每个环节，每个人都应该有自己的职责，这样才能保证学校体育工作的顺利开展。

第二节　体育在学校教育中的地位

一、体育在学校教育中的地位与作用

体育在学校教育中的地位和作用，从其本质上看，主要取决于它自身所具有的教育功能和强身健体的功能。

1. 体育的教育功能。

在马克思主义经典著作中，对教育问题进行了多次论述。他们认为，体育是教育中不可或缺的一部分，也是培养多才多艺人才的重要途径。把生产劳动与智力教育、体育教育有机地结合起来，不但可以促进社会生产力的发展，还可以促进社会的发展。那么，我国高校体育教学中的教育作用究竟体现在哪些方面？

第一，体育教学。体教是体育的本意，也是其他教育的依托。至于身体需要通过体育锻炼才能变得健康，需要通过运动来发展他们的体力，这些都需要通过教育来认识，而这

种教育当然只能在体育中进行。

第二，体育中的政治、道德教育。运动不但可以运动，增强体质，还可以建立新的人际关系。在这样的人与人之间，更容易建立起良好的道德观念，团结协作，集体荣誉意识，并对自己的行动产生了强烈的责任感。

第三，体育中的情感、意志教育。运动可以让人处于一种放松的氛围中，从而达到调整情绪的目的。体育活动涉及竞争，学生可以通过比赛和对抗不同的对手来锻炼自己。体育竞技培养了学生的竞争意识、积极进取的精神和困难面前永不放弃的毅力，有助于塑造他们的品格和价值观。

第四，体育中的智育。体育与整体智力培养之间存在着紧密的联系，现代教育哲学中的"才智-情感-体力-意志-体论"指出，知识的学习过程，涉及人的全部活动，在这个过程中，人的知识和才能得到了提高，而且还会对人的情感、意志和身体产生影响；而情绪、意志、体能等因素又会对学生的学习产生影响。同时，体育活动通常以团队或集体为单位进行，学生需要与队友合作、相互配合，共同追求胜利。这有助于培养学生的团队意识、合作精神和互助精神，以及学习分享和交流的能力。

2. 体育的强身功能。

体育运动是以体力活动的形式进行的，这是体育运动最基本的特征，也是体育运动所具有的特殊保健作用。通过参与体育活动，学生能够增强体魄、提高耐力、灵活性和协调性，预防肥胖等健康问题。

身体运动，可以让人的思维更加清晰，思维更加敏捷，这是由于身体运动可以让人的大脑得到充分的休息，从而提高大脑的血液供应状况，维持大脑的正常运作；体育锻炼可以改善血液循环，改善心功能，从而达到防治冠心病的目的。

二、体育在学校整体教育过程中的意义

学校体育是一种教育活动，它不仅具有传授体育知识和技能，还具有增强学生身体素质的功能，而且还具有德育等功能。

1. 学校体育对增强大学生的组织性和纪律意识具有积极的作用。

在体育教学与训练中，往往表现为组织形式严谨，竞赛规则严谨，技术标准严格；个体的意愿必须服从于群体的需求，个体的行动必须遵循运动规则，才能获得承认与发展。

2. 学校体育对大学生群体意识的培养具有重要意义。

在学校体育中，许多运动项目都是以团体竞赛的形式进行的，而团体项目取得胜利的最大保障，就是队员们的配合和行动一致，即便是有些以个人为主的比赛，也离不开集体。

3. 学校体育对大学生的个性心理素质的形成具有积极的促进作用。

体育教学与训练是一种紧张、激烈的对抗，伴随着某种生理上的负担，这就需要学生能够克服各种困难，并且能够按照某种伦理标准和标准，显示出一种顽强的道德意志，以实现自己的目的。

4. 学校体育对培养学生的意志素质起着重要作用。

在体育运动，特别是体育比赛中，每一项比赛都会有胜利者，但是最后能够赢得比赛

的人却并不多，而且赛场上也没有常胜将军，每个人都要经历挫折，要经历一次又一次的意志磨练。

总而言之，体育在学校教育中具有重要的地位，不仅有助于学生的身体健康和全面发展，还为他们提供了培养团队精神、竞争意识、社交技能和品德素质的机会。通过体育教育，学校可以综合培养学生的各项素质，促进学生成长成才。

第三节 大学体育的目的与任务

一、大学体育的目的

随着现代技术和经济的发展，高等教育迎来智慧化浪潮的高速发展。体育作为现代教育不可或缺的部分，指导思想正在经历着从"以体育技术、技能为中心"转变为"以体育动机、体育素养为中心"，并伴随着高校公共体育课程思政的融入与渗透。这意味着，高校需要将体育教育与健康教育、思政教育结合起来，运用现代科技成果对高校体育教学方法、手段、管理模式等进行创新，最终在潜移默化间加强学生的素质教育和思政教育。

同时，随着社会的发展，人们对体育的认知逐渐深刻，对高校体育提出新的要求和期望，人们比以往任何时候都要重视自身的健康，健康意识得到增强，高校体育是学校体育教育的最后阶段，和社会紧密衔接，因此高校体育教育必须紧跟时代的发展步伐，帮助学生建立正确的体育价值观念和体育道德观念，以培养出高素质的社会人才。

大学体育的主要目标是对大学生的身体和心理素质进行锻炼：全面提高学生的体能及其对环境的感应能力；掌握体育的基本知识、技能以及技术；建立正确的体育价值观念和体育道德观念；养成良好的锻炼习惯，并勇于开拓创新、不畏惧困难。

伴随着大学生的成长，他们所面对的学习和未来的工作压力也在逐渐增加，因此，在体育课上，他们可以在锻炼自己的身体的同时，还可以学会释放自己的压力，调整自己的情绪，培养出一个用运动来减压的好习惯，这无疑是大学体育最重要的目标之一。在一个人的一生中，大学是一个心理变化最大的阶段，学生们不仅要处理生理变化所引起的心理问题，而且还经常处于一种错综复杂的心理矛盾之中，必然会面临各种各样的心理卫生问题。对于心理疾病来说，最有效的治疗方法就是行为疗法，而体育教学正是在这方面有着得天独厚的优势。

体育实践课具有群体性、竞争性、艰苦性、娱乐性、释放性、外显性等特征，可以将其看作社会活动的缩影，或者说是社会活动的模拟游戏化。当人们沉浸在体育实践课活动中时，会感受到丰富多样的刺激，也会体验到几乎和社会活动一模一样的精神磨难与心理冲突。因此，更容易有效地将对学生的心理健康意识的培养、心理健康行为的培养、思想道德观念的培养有机地结合在一起，使学生能够在将心理健康教育、思政教育融入课堂身体活动中的过程中，主动地增强其主体的参与性，并对其进行充分的体验、领悟和内化，之后再将其应用到实践中，直接进行实践的测试。正是体育教育在这方面所展现出的种种优点，才引起越来越多的专家和学者的重视。

1. 体育锻炼能促进认知能力的提高

在体育锻炼中，从事任何一项运动，都需要运动者对外界事物进行快速、准确的判别与感知，从而能够快速地对自己的身体进行协调，以确保自己的动作能够顺利地完成。经过长时间的运动，可以促进人的知觉能力的发展，让人的反应速度和知觉判断能力得到提升，让人变得更加敏捷、灵活。

2. 体育锻炼能获得良好的情绪体验

身体训练能够带给人一种顺畅的情感体验，这是一种非常完美的内在情感体验，在这样的情况下，人可以将自己完全融入运动之中，并且从运动的过程中，对运动的过程产生一种直接的兴趣与愉悦，这是学习、工作与交际所不具备的情感状态。研究发现：高强度的锻炼可以减轻人们的情感负荷，甚至于可以减轻偶然发生的心理应激事件所引起的心理负荷；

3. 体育锻炼能强化"自我概念"，对自尊产生积极影响

个人观念，是个人对自己所见所感所见的主观总合；自我概念具有较强的稳定性，其对社会适应性格的形成具有重要影响；大量的研究结果显示：体育锻炼可以显著地提高自我概念的清晰度，同时肌肉力量、情绪稳定性和外向性格也表现出正相关，通过力量训练，个体的自我概念得到了显著的增强。

4. 体育锻炼能协调人际关系

伴随着时代的进步，人们的生活节奏越来越快，很多人都觉得自己越来越缺少合适的社交关系和人际交往，而体育活动就是一种很好的增加人与人之间接触的方式。在活动中，人们可以一起锻炼，相互竞争，团结合作，相互交流，这样能够让人们忘记自己的烦恼和疲惫，从而消除自己的孤独感，让自己的身体和精神都能获得一种舒服的感觉，从而让自己的心情变得更好。

5. 体育活动能降低应激反应，消除疲劳

压力是一个人对一种刺激或刺激作出的一种反应；运动使人类的大脑分泌一种天然的镇定物质——胺多芬，当它起效时，它能阻止大脑中与压力相关的化学反应；一些研究显示，身体运动可以改善身体机能，比如最大的氧气摄入量和最大的肌肉强度，从而降低了疲劳。

6. 体育锻炼能预防和治疗心理疾病

大学生所面临的最常见的情感问题是焦虑和抑郁，身体锻炼可以减少特质性抑郁，也可以减少状态性抑郁。

运动和心理疗法联合使用可以更有效地减轻抑郁症；教学过程是有目的、有计划的，它能够以具体的教学内容为依据，挖掘出与心理健康教育相关的素材，从而有针对性地改善和调节大学生的精神状态，使其适应繁重的学习生活及来自各方面的压力，树立积极向上的思想意志品质，培养学生自强、自立、自尊、自爱的健康人格，为顺利走向社会打下良好的基础。

与此同时，在教学的过程中，运用各种体育活动的内容、教学方法和手段，可以将思政内容融入课堂之中，通过介绍不同人物的事迹，帮助学生树立正确的道德观念和人生价值，进而更加适应社会的要求。

总结来说，大学体育的开设并不要求学生们有多大的运动量，但是最重要的是，要以

学生的兴趣作为出发点，让他们尽量积极地参与到自己喜爱的体育运动中，使他们形成一个良好的运动习惯，培养良好的道德观念，为以后的工作生活打下良好的基础。

高校体育教育亦如科学教育一般，与人文教育并存，亦如车之双轮、鸟之双翼，并应该在二者盘根错节与交互渗透的张力中协调发展——关注人的生命意义与价值理解，以追求人的全面发展为终极目标。

二、大学体育的任务

大学体育集竞技体育、学校体育、社会体育于一身，具有一定的教育功能，是为高校教育而服务的。

高校体育工作的主要任务是：增强体质，提高体质；具备基本的运动卫生知识与技能；培养学生良好的思想道德品质和意志品质，促进其人格的全面发展。

为了更好地为我国的体育事业提供更多的技能。在大学里，挂科的结果和其他的科目是一样的，都是有一次重新考试的机会，如果再一次的考试成绩没有达到要求，那么就必须要重新考试。但是需要按照有关学校的政策进行重新考试或者补考。

1. 增强体质、增进健康

大学时期是大学生从青春期到成人转变的关键时期，大学体育要充分发挥这个年龄段大学生的特点，要有专门的机构来培养大学生的体质，增强他们对外部环境的适应性，增强他们对疾病的抵抗力，用体育来挖掘他们的智能潜力，让他们在身心两方面都获得更好的发展。在当今社会，在学习压力日益增加的情况下，合理的体育锻炼是十分必要的。

同时，高校体育教师应当做到因材施教，根据学生不同的身体条件和环境，进行个性化改造和创新，满足学生多元化需求和个性化发展，同时在教育过程中引导学生树立正确的价值观念，成长为具有优秀品格和优秀身体素质的人才。

2. 掌握体育健康基本知识和技能

体育知识属于人类知识的一种，大学生正是好奇心最强的时候，通过对体育知识、技术、技能以及科学的锻炼方式进行系统的学习，可以提升他们的体育文化素质，并养成他们良好的锻炼习惯。大学生能够以自己的兴趣爱好和不同的需要为依据，选择一种自己喜欢的方式参加体育活动，挖掘出他们的运动潜力，提升他们的运动欣赏能力，树立起终身体育的理念。

3. 培养良好思想品德、意志，促进学生个性完善发展

2002年教育部颁布的《全国普通高校体育课程教学指导纲要》第二条就规定："体育课程是寓促进身心和谐发展、思想品德教育、文化科学教育、生活与体育技能教育于身体活动并有机结合的教育过程；是实施素质教育和培养全面发展的人才的重要途径。"可见，体育知识和技能的传授，任何时候都不应成为高校体育教育的全部，对大学生体育精神和思想道德的培育不可偏废。

体育运动具有对抗性，在运动过程中，存在着千变万化的局面，在胜利之后的荣誉感，在失败之后的奋发努力，这些都是对学生进行思想品德教育的好机会。在参与和观看体育活动的过程中，可以让学生在心理上变得更成熟，同时还可以让学生在逆境中刻苦努力，永不言败的精神得到锻炼，从而让学生在获胜之后，能够做到戒骄戒躁，谦虚谨慎，

养成尊重对手的良好作风，从而形成一种积极向上、乐观开朗的生活态度。

4. 提高运动技术水平，为国家培养体育人才

高校应充分发挥其优良的教育环境、物质条件和科技水平，为国家输送高素质的体育人才。在高校体育教学中，体育教学是一项重要的教学内容，是高校体育教学的重要内容。

5. 发展高校体育文化，增强学生的身心健康

校园体育作为高校教育体系中的重要环节，亦不能忽视校园体育文化的重要作用。通过营造良好的高校体育文化，可以在潜移默化中增强学生的身心健康，培养出具有实践能力与创新精神的社会主义现代化建设的合格人才。

首先，需要教师自觉将马克思主义世界观、人生观、价值观融入知识讲授中，同时将培养民族复兴大任的时代新人作为事业目标，努力做到以模范行为引领和感染学生。其次，还需要提升教师体育思政创新能力，激发体育教学中的思政创新动力，例如，教师灵活运用多种教学方式，通过启发式的讲授教学、民主性的讨论教学或者探索式的尝试教学，不断提高体育课程吸引力和亲和力，最终提升教师体育课程思政的育人能力。

高校体育以及体育师资队伍既单独存在与运转，又和高校的系统文化工程相互依赖与渗透，可以看作是一种以高校文化为特征的群体文化。因此，我国高校需要大力发展并健全校园体育文化体系，并设法通过完善体育基础设施，对体育及其环境施以硬性的规定与要求，从而强化校园体育文化氛围，提高体育教师的教学水平，丰富体育活动内容，以此激发学生的体育激情，真正实现学生身心素质和谐提高这一体育教育的根本目的。

三、大学体育的目的和任务的组织形式

《体育法》第 18 条规定："学校必须开设体育课，并将体育课列为考核学生学业成绩的科目。"大学体育的组织形式主要是指体育课教学、课外体育活动、课余体育训练和运动竞赛，它们构成学校体育工作的整体。为实现学校体育的目的，大学体育应从实际出发，充分利用各种组织形式，开展各项体育活动。

（一）体育课

体育课是我国高等学校教学计划中的基本课程之一，是实现大学体育目的的基本组织形式，同时是大学体育工作的中心环节。自中华人民共和国成立以来，我国各个大学均设置体育课程，并将其纳入教学计划，成为一门必修课。

教育部颁发的《学校体育工作条例》明确规定："体育课是学生毕业、升学考试科目。"为此，体育课考试不及格应补考，补考不及格应重修，重修不及格不予毕业，作结业处理。

体育课程的基本目标如下。

运动参与目标：积极参与各种体育活动并基本形成自觉锻炼的习惯，基本形成终身体育意识，能够编制可行的个人锻炼计划，具有一定的体育文化欣赏能力。

运动技能目标：熟练掌握两项以上健身运动的基本方法和技能；能科学地进行体育锻炼，提高自己的运动能力；掌握常见运动创伤的处理方法。

身体健康目标：能测试和评价体质健康状况，掌握有效提高身体素质、全面发展体能

的知识与方法；能合理地选择人体需要的健康营养食品；养成良好的行为习惯，形成健康的生活方式；具有健康的体魄。

心理健康目标：根据自己的能力设置体育学习目标，自觉通过体育活动改善心理状态、克服心理障碍，养成积极乐观的生活态度；运用适宜的方法调节自己的情绪；在运动中体验运动的乐趣和成功的感觉。

社会适应目标：表现出良好的体育道德和合作精神；正确处理竞争与合作的关系。

为实现体育课程目标，应使课堂教学与课外、校外的体育活动有机结合，学校与社会紧密联系，要把有目的、有计划、有组织的课外体育锻炼、校外（社会、野外）活动、运动训练等纳入体育课程，形成课内外、校内外有机联系的课程结构。

（二）课外体育活动

课外体育活动是大学生体育课的延续和补充，是实现大学体育目的的重要组织形式，主要包括以下类型。

1. 早练（晨运）

早练是大学生作息制度中的重要组成部分，应当根据学校所处地区的气候条件、地理位置以及学生个人的兴趣进行。

一般来说，早练是每天起床后 15~20 分钟的室外体育活动，不仅可以帮助学生保持合理的生活作息制度、促进身体健康、锻炼意志，同时可以为学生进行上课活动提供帮助。

2. 课间操

是指上完两节文化课后进行的轻微运动，时长一般保持为 15 分钟左右，其形式包括广播体操、练太极、散步等。

课间操不仅可以活动学生的躯体，使之进行积极性休息，还可以消除学生的脑力疲劳，适时转移大脑的兴奋中枢，保持更充沛的精力。

3. 单项体育协会或体育运动俱乐部活动

这是一种学生根据兴趣爱好自主选择的课余体育组织，是贯彻和实施全民健身计划的重要组织形式，职能包括宣传、发动、组织、指导所属成员参与课余体育锻炼，协助学校体育相关部门开展群众性体育活动或单项训练与竞赛。

（三）课余体育训练

课余体育训练是指大学生利用课余时间，对部分身体素质较好，并有体育专长的大学生进行科学系统训练的一种专门教育过程，它是实现大学体育目的的又一重要组织形式。

通过课余体育训练不仅可以将有体育才能的大学生组织起来进行系统训练，提高大学生的运动技术水平，同时可以借此培养体育骨干，推动学校体育活动的蓬勃发展，扩大体育传播，并促进校园精神文明建设。

（四）体育竞赛

体育竞赛是实现大学体育目的的重要组成部分，同时是大学课外体育的组成部分。大学体育竞赛有校内竞赛和校外竞赛，以校内竞赛为主。要经常开展校内群众性体育比赛，如组织各种球类运动、拔河、群众性的接力赛等喜闻乐见的体育比赛。这些比赛可由大学体育教研部领导、学生会体育部或相关体育协会去承办。

第二章　体育与健康

第一节　健康的概念

一、健康的定义

健康是一个人在身体、心理和社会适应方面达到完美状态的综合概念，而不仅仅指机体免除疾病。身体健康的个体具备充沛的体力，在完成日常工作时能够保持活力，同时心理方面感到愉悦，并且不会过度疲劳。

迄今为止，世界卫生组织（WHO）提供了最著名且具有权威性的关于健康的定义。该组织在 20 世纪 40 年代末期的章程前言中明确规定了健康的概念，指健康是指个体在身体、心理和社会适应方面实现完美状态，而不仅仅是摆脱疾病状态。

二、健康的内涵

健康的内涵包括躯体健康、心理健康、心灵健康、社会健康、智力健康、道德健康、环境健康、情绪健康。健康是指一个人在身体、精神和社会等方面都有一个好的状况。健康的十条标准：

1. 精力充沛，能从容不迫地应付日常生活和工作的压力而不感到过分紧张。
2. 处事乐观，态度积极，乐于承担责任，事无巨细不挑剔。
3. 善于休息，睡眠良好。
4. 应变能力强，能适应环境的各种变化。
5. 能够抵抗一般性感冒和传染病。
6. 体重得当，身材均匀，站立时头、肩、臂位置协调。
7. 眼睛明亮，反应敏锐，眼睑不发炎。
8. 牙齿清洁，无空洞，无痛感；齿龈颜色正常，不出血。
9. 头发有光泽，无头屑。
10. 肌肉、皮肤富有弹性，走路轻松有力。

健康包含了两个方面，一个是主要脏器没有疾病，并且具备了良好的生理功能，另一个就是对疾病的抵抗力较强，可以适应环境的变化。"健康不仅是指身体没有疾病，而且还包括心理健康、社会适应良好和有道德"，我们从事体育锻炼的最终目的就是要得到健康。

第二节　体育锻炼卫生常识

一、做好准备活动和整理活动

（一）准备活动

体育锻炼的过程需要进行准备活动和整理活动，以使身体从静态变为动态，避免盲目开始剧烈运动。准备活动的目的是为了预防运动伤害、提高身体适应性和运动表现。

在准备活动中，首先进行热身运动，如慢跑、快走或跑跳等有氧运动，以增加心率、血液循环和身体温度。热身运动有助于肌肉和关节逐渐适应运动的强度和频率。

其次，进行关节活动，通过关节的屈伸、旋转等动作来活跃关节周围的肌肉和韧带，增加关节的灵活性和稳定性。例如摇臂、摇腿、颈部转动等动作可以放松和活跃关节。

接着是拉伸运动，进行全身的拉伸运动，特别是针对将要参与的肌肉群进行局部的拉伸。正确的拉伸可以增加肌肉的柔韧性，减少肌肉疼痛和损伤的风险。拉伸动作应该在舒适的程度进行，避免过度拉伸或猛烈震荡。

然后进行动态活动，模拟实际运动的动作姿势和动作。例如，模拟篮球投篮动作、足球运球动作等，帮助大脑和身体建立运动模式，并为实际运动做好准备。

最后进行呼吸练习，深呼吸和放松呼吸有助于稳定心率、放松紧张情绪和提高注意力集中。通过深呼吸，可以补充足够的氧气，为身体提供所需的能量。

需要注意的是，准备活动的内容和强度应根据个人的身体状况、运动项目和目标确定，一般达到身体发热或微微出汗即可。

（二）整理活动

整理活动是指在运动结束后，通过一系列的活动和动作来帮助身体从剧烈运动状态恢复到正常状态的过程。这些活动旨在促进身体的恢复和修复，减少运动后的不适感。

首先是渐减活动，逐渐降低运动的强度和频率。通过进行缓慢的有氧运动，如慢跑或快走，有助于让身体平稳过渡到休息状态。这样可以防止血液在运动时过快流回心脏，减少晕眩和血压下降的风险。

其次是静态拉伸，通过保持每个肌肉组的拉伸姿势，帮助放松肌肉并恢复其柔韧性。静态拉伸可以减轻运动后的肌肉酸痛，促进肌肉的恢复和修复。

接下来是轻松活动，如散步、瑜伽或太极拳等轻柔的活动。这些活动可以增加身体的柔韧性和稳定性，减少肌肉紧张和僵硬，促进深层肌肉的放松。

另外，及时补充体内流失的水分也非常重要。运动会导致身体出汗，因此需要喝足够的水或运动饮料来保持身体的水分平衡，防止脱水的发生。

最后是轻度按摩，可以使用轻柔的按摩或自我按摩来放松紧绷的肌肉，促进血液循环和废物排泄。按摩有助于减轻运动后的疲劳感，并帮助肌肉恢复其弹性。

总的来说，整理活动的内容和强度应根据个人的身体状况、运动项目和目标来确定。这样可以使呼吸频率和心率逐渐降低，有助于身体平稳过渡到休息状态。

二、注意饮水卫生和饮食卫生

在运动过程中，身体会失去大量的水和能量，因此要注意保持饮水和饮食健康，及时补充身体需要的能量。

(一) 饮水卫生

保持水分平衡是指在运动前、中和后，合理摄取足够的水分以维持体内水分的平衡状态。为了预防脱水的发生，提前饮水非常重要，这可以确保身体有足够的水分储备。同时，在运动过程中，适时地补充水分以弥补运动过程中流失的水分。

根据运动的强度和持续时间，个体应该调整饮水量，因为不同的运动项目和强度会导致不同程度的水分流失。在高强度运动或高温环境下，需更加注重饮水量的增加。

此外，饮水的时间也需要注意，尽量在运动开始前一至两小时内饮用适量的水，以确保足够的水分摄入并给身体足够的时间来消化吸收。在运动过程中，根据身体的需要和感觉，可以适时进行补水，但不应过度饮水，以避免不适感的发生。

在选择饮水方式时，可以根据个人的喜好和运动情况来选择适合的方式，例如瓶装水、运动饮料或其他高效的补水方法。对于长时间运动，可以考虑使用含有电解质的饮料来补充身体所需的营养和离子。

此外，个人应该关注身体的信号，如口渴感和尿液颜色。口渴是身体需要水分的信号，及时补充水分是十分重要的。同时，关注尿液的颜色也是判断水分摄入是否充足的指标，浅黄色的尿液表明水分摄入良好。

最后，除了饮水，均衡饮食也是维持水分平衡的关键。水果、蔬菜和其他富含水分的食物可以为身体提供额外的水分补充。合理搭配饮食和水分摄入，有助于维持身体的水分平衡。

需要注意的是，每个人的饮水需求因个体差异而异，应根据自身的身体状况和运动需求进行调整。

(二) 饮食卫生

当身体因剧烈运动需要补充能量时，应当遵守食量小、热量高的原则，采用容易吸收的流质或半流质食物，注意以下几点。

1. 控制食物分量

在考虑饮食摄入时，应注意避免过度或不足的情况，以维持适当的能量平衡。适度进食可在提供足够能量的同时，预防消化不良等问题，并在运动前保持轻盈感。

2. 合理安排进食时间

在运动前，适度进食可为身体提供所需的能量和营养物质。而在运动后，及时补充营养有助于身体恢复和肌肉修复。通常，运动前 0.5 至 1 小时结束进食，运动后 1.5 小时开始进食，可以更好地满足身体的需要。

3. 避免过度饮食或节食

过度饮食或节食都不利于身体健康，而运动并不意味着可以无限制大量进食或过度节食。应合理控制饮食，根据个体的需求进行调整，避免给身体带来不必要的负担。

4. 养成良好的饮食习惯

良好的饮食习惯应成为日常生活的一部分，与水分摄入一同纳入考虑。培养规律、多样化和均衡的饮食习惯有助于提供全面的营养，维持身体健康，并促进运动表现。另外，应避免在运动前摄入过于油腻的食物，以免影响消化和舒适感。

第三节　体育运动中常见的生理现象、病症及其防治

在进行体育锻炼时，人体会承受运动负荷（即运动量）。一般来说，运动负荷是一种良性刺激，会促进人体健康、提升人体素质。然而，过大的运动负荷会加剧人体负担甚至引起疾病，此时则需要及时作出正确有效的防治，并相应地调整运动量，以帮助锻炼者保持健康的体魄。

一、运动性腹痛

运动过程中或运动结束时有时会发生腹痛，其发生原因多样（如运动前喝水、运动过于激烈等），以右上腹痛较为多见，常见于中长跑、马拉松、竞走、篮球等项目。

运动性腹痛的疼痛程度和运动负荷息息相关，往往和运动强度、运动量大小呈正相关，当增强运动强度和运动负荷时，腹痛程度增加。由运动引起的腹痛多数为钝痛和胀痛，与学生的身体机能状况、运动前准备活动、训练水平相关，一旦出现运动性腹痛后，可采取以下措施。

（1）减慢运动速度，调整呼吸节奏。

（2）用手按压疼痛的部位或者弯腰跑一段，做几次深呼吸。

（3）停止运动，点掐内关、足三里等穴位。

（4）如果上述步骤后，疼痛没能得到缓解，立即停止运动请医生处理。

为避免运动性腹痛的发生，体育教师应当遵守科学的锻炼原则，循序渐进增加学生的运动负荷；在运动前做好充分的准备活动；提醒学生运动前不宜过多饮水或饱餐；指导学生掌握科学的呼吸节奏和运动协调性；合理分配学生中长跑中的速度。

二、极点和第二次呼吸

（一）"极点"

"极点"是指在运动到一定程度后身体出现的一种症状，包括呼吸急促、胸口发闷、动作迟缓、协调性降低、运动欲望降低等，甚至还会出现呕吐的症状。"极点"的形成，是因为脏器的惰性比运动器官要大，脏器的机能跟不上运动器官的需要，无法将氧气输送到骨骼肌肉，将大量的二氧化碳、乳酸等代谢物从肌肉中排出，造成呼吸、循环系统的活性下降，从而引起运动器官的短暂失灵。

"极点"的发生与运动员的竞技水平、竞技项目、竞技强度、竞技前的预备动作等密切相关，竞技水平越高、竞技强度越低、竞技前的预备动作越充分，"极点"的发生就越迟，产生的生理响应也越少。在运动过程中，出现"极点"现象，是一种身体的正常反应，要求运动员用不屈不挠的意志力，不断地进行锻炼，才能渡过这一时期，进入"二次呼吸"。

（二）"第二次呼吸"

"极点"出现后，如果学生适当减慢运动速度、加深呼吸，则"极点"的生理反应会逐渐缓解甚至消失。随后，学生的身体机能将会重新改善、提高运动能力、增强氧气供应能力、动作变得更加协调，在生理过程中出现新的平衡，即所谓的"第二次呼吸"。

在体育活动中，人体会经历一个"适应—不适应—再适应"的循环过程，通过不断突破"极点"，使人体逐渐适应并加大运动负荷，从而使机体的各项功能得以发挥，使机体的力量得以提升，从而使机体的运动能力和运动表现得以改善。

总之，极点与第二次呼吸是运动中常见的生理现象，常见于长跑运动之中，无须疑虑和恐惧，只要学生坚持锻炼并处理得当，极点现象可以得到延缓和减轻，通常采取以下措施。

（1）准备活动要充分，让植物性神经提前兴奋。

（2）注意平时的锻炼，提高血液循环系统和呼吸循环系统的功能。

（3）当极点出现之后，降低运动速度和运动强度，并加深呼吸。

三、肌肉痉挛

肌肉痉挛（俗名抽筋）是一种突然间不自主的紧直性收缩，从而引起肌肉僵硬，且一时不容易缓解。

运动中最容易发生肌肉痉挛的部位是小腿腓肠肌，其次是屈拇肌和屈趾肌。目前，对肌肉痉挛的发病机理尚不明确，大部分研究认为其主要原因是神经和肌肉对外界刺激的阈值下降，其发生原因通常有几种。

（1）寒冷的刺激：在寒冷的环境中，如果准备活动不够充分，那么肌肉受到寒冷刺激就可能会发生痉挛，如游泳时受到冷水刺激，跑步时受到冷空气刺激等。

（2）大量排汗：人体在剧烈运动时往往会大量出汗，此时体内的氯化钠含量会降低，有可能引发肌肉痉挛。

（3）肌肉收缩失调：在运动的过程中，如果肌肉过快地连续进行收缩，缺乏放松的时刻，即可引起肌肉痉挛。如短跑过程中肌肉一直收缩，很容易发生痉挛。

（4）身体过于劳累：长时间的运动，肌肉疲倦，或者长时间的不正确的动作，都可能引起肌肉抽搐。

在运动过程中，如果发生肌肉痉挛的现象，此时牵引痉挛的肌肉即可缓解疼痛：当腓肠肌发生痉挛时，用力将足背伸，并伸直膝关节、按摩痉挛部位的肌肉；当屈拇肌、屈趾肌发生痉挛时，可用力使足和足趾背伸，并采用重推摩、揉捏等手法缓解。

为尽量避免肌肉痉挛的现象发生，应当做到以下几点：做好运动前的准备工作；冬季锻炼注意保暖；夏季锻炼补充盐分；水温低时不宜游泳；在疲劳和饥饿时避免剧烈运动。

四、肌肉酸痛

由运动引起的肌肉酸痛可以分为两种，即急性肌肉酸痛和慢性肌肉酸痛：前者是由于肌肉暂时性的缺血而导致酸痛，并伴有肌肉僵硬的现象，一旦肌肉活动消失即可以缓解；后者往往发生在运动结束后的 1~2 天之内，尤其是间隔较长时间的、运动量较大的情况下，持续的时间相对较长。

实际上，肌肉酸痛并不是一件坏事。当肌肉酸痛过后，经过肌肉内部细微损伤的恢复，肌肉组织将会变得更加强壮，以后同样的运动负荷不会再轻易发生损伤。

肌肉酸痛的主要表现是局部肌肉的酸痛和全身乏力，可以采取以下措施进行缓解。

（1）热敷。使用毛巾对酸痛的肌肉部位进行热敷。

（2）伸展练习。对酸痛的肌肉进行局部的静力牵张练习，保持伸张状态 2 分钟、放松状态 1 分钟，反复进行练习。注意，不可用力过猛。

（3）按摩。对酸痛的肌肉部位加以按摩，可以促进血液玄幻，有助于损伤恢复。

（4）针灸、电灸、口服维生素 C 等，可以减轻或缓解酸痛。

大家在运动的时候要根据自己的能力来调整自己的力量，逐步地增加自己的力量，这样就可以慢慢的改善自己的肌肉耐力，这样就不会再有这样的情况发生了。

五、过度紧张

过度紧张是指一时运动量过大，超过了身体负担能力因而导致的急性过度疲劳，其主要原因为身体机能状况差、运动强度低等。

过度紧张多发生在训练程度不够的中跑、自行车运动、中距离滑冰等运动中，比如疾跑后马上停止很容易发生过度紧张的现象，会出现头晕眼花、步态不稳、面色苍白或发绀、呼吸困难、胸痛、意识丧失等症状，还会出现脉搏快而弱，心律不齐等症状。

症状轻的时候可以平躺，注意保暖，服用热糖水或者是少量的镇静药物，可以进行短暂的休息，病情严重的时候或者是已经失去了意识的情况下，可以用手捏或者是针刺人中、合谷、内关等穴位，并及时让医生进行处理。

为尽量避免过度紧张现象的发生，体质虚弱、不常进行体育锻炼、有高血压等疾病的人，最好不要进行高强度的体育锻炼。同时，在运动前需要做好准备活动，注意循序渐进。

六、运动性疲劳

运动性疲劳是指运动本身引起的机体工作能力暂时降低的现象，这是一个十分复杂的身体变化综合反应过程，经过一定时间的休息和调整可以恢复。

运动性疲劳如何破？

1. 补水要少量多次

运动后要根据身体的出汗量和体重的变化来适当的补充水分。补充水分的时候，尽量在 4 个小时内补充足够的水分，避免快速补充水分造成肠胃不适。一般情况下，如果你在运动中失去了 1kg 的重量，那么你就需要补充 1.5kg 的水。还可以通过尿液来判断是否有足够的水分补充。

饮水的最佳温度为 5~13℃，低于周围温度有助于降温，但又不会因为太冷而导致肠胃不适。如果你正在进行高强度、长时间、大量出汗的运动，例如夏天的马拉松，那么你就应该喝运动饮料。

2. 注意补充蛋白质、维生素

长时间高强度的运动后，需要补充蛋白质，尤其是处于青春期的青少年。

在进行各种运动方式的体育锻炼时，可以根据自身的特点，适当补充一些维生素，如脂质、矿物质、维生素（主要是维生素 C 和 B 族维生素）。

3. 充足的睡眠

在运动引起的疲劳之后，足够的睡眠可以很好地缓解疲劳。在睡觉的时候，人脑的兴奋度会降低到最小，但是身体的合成代谢却会达到最大，这对锻炼之后的身体有很大的帮助。一般来说，锻炼之后的一天，最好是保证 8~10 个小时的睡眠。

4. 运动后要尽早主动恢复

在运动性疲劳出现之后，尤其是高强度的运动锻炼之后，不要立刻坐下，而是慢走、进行主动或被动的静息伸展运动。

这和运动前做好热身运动一样，可以提高运动效果，减轻运动伤害，缓解肌肉疲劳。若能与按摩结合使用，则效果更好。

5. 及时进行温水浴

做完运动后，可以泡个热水澡，这样可以加快身体里积累的乳酸的代谢，缓解疲劳。通常情况下，不能在运动后立即泡热水澡，可以在休息一段时间后，当体温慢慢接近正常，出汗也不再有明显的现象时再泡热水澡，水温以 40 摄氏度为好，不宜过高，每次 20 分钟以内。

七、晕厥

晕厥是指人体由于脑部突然供血不足而发生的一时性知觉丧失，并带有面色苍白、血压降低、呼吸缓慢、瞳孔缩小等症状。

在田径运动中，如果赛跑后立即站立不动，此时由于血液本身的重力，加上失去肌肉收缩对下肢毛细血管和静脉的挤压作用，就会使得大量血液积聚在下肢血管中，导致回心血量减少，脑部突然缺血，最终引起晕厥（即重力休克）。一旦发生晕厥的现象，可以采取以下措施。

（1）当有晕厥前驱症状出现时，应立即蹲下或平卧。

（2）轻的"重力休克"，可以搀扶学生走一段路，症状可以自行消失。

（3）如果比较严重，需要让学生平卧，足部略抬高，头部放低，松解衣领，自小腿向大腿做重推摩和全手揉捏，并立即请医生进行处理。注意，如果有呕吐现象，将学生的头偏向一侧。

在进行体育锻炼的时候，要做好热身活动，赛跑完不要立即站立不动，而是有缓冲的过程。同时，在锻炼过程中要注重锻炼方法，要根据自己的实际情况来选择合适的锻炼方法和运动量，不要盲目地追求目标，以免给自己带来伤害。

八、中暑

在夏季进行体育锻炼时很可能发生中暑，尤其是学生的身体疲劳、缺乏饮水、受到烈日照射的情况下，会加大中暑的概率。

当学生发生中暑现象时，需要让学生迅速离开热环境，让其到阴凉处休息，喝些凉开水或藿香正气水，补充缺失的水分和盐分。如果学生中暑发生昏迷，则立刻将其移动到阴凉通风的地方，并将头部垫高、松解衣服，额部冷敷，酒精擦身，时刻观察学生的反应，并迅速请医生处理。

总之，在炎热的夏季运动时，需要尽量避免室外活动，做到以下几点：提醒学生穿浅色、宽大、单薄的衣服；运行训练时间不宜过长；准备消热解暑的饮料，如绿豆汤；运动量较大的项目（如中长跑）在清晨或傍晚进行。

九、游泳性中耳炎

游泳性中耳炎早期发病时一般没有明显的全身症状，只会觉得耳朵有堵塞感、轻微耳痛、轻度听力减退等，因此很容易被忽略。然而到了病情后期，耳朵则会感到明显疼痛，甚至出现耳朵流脓、耳鸣或暂时性听力障碍等。

一般而言，游泳性中耳炎是由于细菌随水进入耳中而感染引起的，可以采取以下措施进行处理。

（1）将患耳内脏的水和脓液清除干净，再看有没有穿孔，可以选择适当的滴耳液进行治疗。

（2）在鼓膜穿孔前，可以使用酚甘油滴耳液进行治疗。在耳廓穿孔后，可以使用氯霉素、氧氟沙星、盐酸洛美沙星等抗菌滴耳液，以防止发生感染。

（3）及时到医院进行检查和治疗。

为尽量避免游泳性中耳炎的发生，学生在游泳前应当作好体格检查，包括将外耳道的耵聍取出、用蘸有凡士林油的脱脂棉塞紧外耳道、游泳后将外耳道积水排出、不要让耳朵直接受水拍击等。注意，如果呛水之后，应当按住一侧鼻孔将水排出，不要同时捏住两个鼻孔。

中耳炎多见于儿童，多见于游泳时耳朵进水，多见于细菌感染，多见于用力擤鼻涕。耳部流脓、疼痛、听力下降、耳鸣等，还会伴有发热、头痛、身体乏力等症状。

十、溺水

溺水是指大量的水被吸进肺部，导致人处于缺氧和窒息状态。多见于夏天的游泳场所、海滨、河流、湖泊、池塘等场所。

一旦发生溺水，应立即将溺水者救上岸边，清除口腔中的异物和分泌物，迅速进行倒水，并对其进行人工呼吸和胸外心脏按摩，最好是2个人同时施救。

人工呼吸做法：施救者一手托起溺水者的下颌，掌根轻压环状软骨，一手捏住溺水者的鼻孔，对准口部缓缓吹气，吹完后松开捏鼻孔的手，反复进行，不要间断。注意，每分钟做16~18次。

胸外心脏按摩方法：施救者双手重叠，放于溺水者的胸骨体下段及剑突部，并用力将胸壁下压约4厘米，随后放松双手。注意，每分钟60~80次，下压时用力均匀缓慢。

在抢救溺水者时，需要鉴别真死和假死。一般来说，溺水死亡者有四个特征，即呼吸停止、心跳停止、角膜反射消失、瞳孔对光反射消失。如果溺水者只出现上述1~2个特征，说明溺水者没有真正死亡，必须坚持抢救。

十一、低血糖症

成人的空腹血糖浓度低于 3.9mmol/L 就是低血糖，此时会出现一系列症状，如面色苍白、出冷汗、脉搏快而弱等，十分危险。

运动中发生的低血糖症状，往往因为长时间的剧烈运动导致体内血糖大量减少，最终使得皮质调节糖代谢的机制紊乱。当学生发生低血糖时，可以采取以下措施。

（1）让学生平卧，并给学生喝浓糖水或姜糖水，吃少量食品。

（2）如果学生发生昏迷，则可以用手指掐点百会、涌泉、人中、合谷等穴位，并迅速请医生处理。

为尽量避免学生发生低血糖现象，体育教师在学生空腹时不宜安排长时间的剧烈运动；对没有锻炼基础的学生应合理安排运动负荷；为学生准备一些含糖的饮料。

十二、运动性贫血

有些人在进行比较激烈的运动后，会表现出脸色苍白，头晕，心慌，呼吸急促，四肢无力，精神萎靡等症状，在检查身体指标时，除了红细胞和血红蛋白下降，其余都很正常，这就是所谓的"运动性贫血"。

贫血是一种临床表现，主要表现为血液中的红细胞和血红蛋白低于正常水平。运动性贫血的原因主要有以下几个方面。

原因一　红细胞破裂血红蛋白分解

在剧烈运动的时候，肌肉内会产生大量的代谢物—乳酸。人体内会积累大量的乳酸，如果乳酸的浓度达到一定程度，就会导致血液中的 PH（酸碱度）值降低，这加快了红细胞的破坏和血红蛋白的分解，从而造成血液中红细胞数目减少，血红蛋白下降，从而出现贫血。

原因二　大量排汗使铁随汗排出

在进行体育锻炼的时候，如果经常出汗，身体里的铁就会随着汗水排出体外，而铁是身体造血的重要物质，如果没有得到及时的补充，就会导致缺铁性贫血。

如果发生运动性贫血，可以适当的降低运动量，同时适当的补充一些营养成分，这样就可以迅速的缓解或者消除，具体措施如下。

运动性贫血症状较轻，只要注意休息，一般都会有明显的改善。当然，大多数人在运动过程中出现的贫血症状都比较轻微。假如出现了比较严重的运动性贫血，需要及时到医院进行治疗。

（1）一旦发生运动性贫血，要及时减少运动量，同时要补充蛋白质、铁剂、叶酸、维生素 b12 等，这都是造血所必需的，这样患者的症状就会迅速好转，甚至消失。

（2）运动性贫血患者应该注意加强自己的营养，不要做过多的运动，要慢慢的进行，在运动前可以口服一些抗氧制剂，也可以吃一些维生素 C、E 等，这样可以提高体内红细胞的抗氧化能力。

（3）补充功能饮料，这类饮料含有人体造血所需的物质，喝它可以防止运动性贫血，也可以补充体力。

（4）锻炼前、后，适当补充维生素 C、E 等抗氧化剂，可以提高红细胞的抗氧化能力。

需要注意的是，人体可以通过运动来进行调整和改善运动性贫血。比如，进行耐力训练时，要循序渐进，先设定一个较小的能够实现的目标，然后再逐步加大，通过这种方式进行耐力训练，能够帮助身体适应无氧呼吸的环境，防止运动性贫血。

十三、其他运动损伤

体育运动中最常见的运动损伤是开放性软组织损伤和闭合性软组织损伤两大类，前者包括擦伤、刺伤和切伤、撕裂伤等；后者包括挫伤、肌肉拉伤、关节韧带扭伤等。

（一）开放性软组织损伤

开放性软组织损伤的伤口和外界相通，容易引起出血和感染的症状，不同的症状有不同的处理措施和方法。

1. 擦伤

当皮肤受到外力摩擦后，很容易发生皮肤组织出血或组织液渗透的现象，这就是所谓的擦伤，常见于田径、球类运动中。

当出现擦伤后，如果是小面积擦伤，可以使用红药水或紫药水涂抹局部，无需进行包扎；如果是大面积擦伤，则需要使用生理盐水冲洗伤口，并用消毒纱布或凡士林纱布进行包扎。注意，面部擦伤不要使用紫药水涂抹。

2. 撕裂伤

撕裂伤多见于头皮、面部、额部等部位，如篮球运动中会因碰撞引起眉际撕裂伤。面积较小的撕裂伤可以用黏膏黏合，面积较大的撕裂伤则需要缝合伤口止血，并注射 1500～3000 国际单位的破伤风类毒素。

3. 刺伤和切伤

此类伤口的处理方法和撕裂伤基本相同。如果伤口小而浅，无需缝合，只需要用黏膏黏合即可；如果伤口深而宽，则需要进行缝合并注射破伤风类毒素。

另外，在刺伤和切伤中，时常因血管损伤大量出血，此时多用压迫绷带止血法进行止血，即用绷带缠绕伤口并压住创伤部血管。如果是动脉出血（危险性大，很容易失血过多），则需要采用指压法止血，要领为在出血部位的上方，用拇指或其余四指将动脉管压在相应的骨面上。

（二）闭合性软组织损伤

闭合性软组织损伤通常没有与外界相通的伤口，不同的症状有不同的处理措施和方法。

1. 挫伤

体育运动中常见的是肱四头肌损伤，治疗过程包括三个时期：一是限制活动期，在 24 小时内进行冷敷和加压包扎，抬高患肢；二是恢复活动期，在 48 小时后开始按摩和理疗，此时肿胀基本消除，开始活动肢体，直到患肢关节活动范围超过 90 度；三是机能恢复期，此时需要做一些阻力练习或非碰撞性活动。

2. 肌肉拉伤

引起肌肉拉伤的原因有很多，如准备活动不充分、身体肌肉伸展性差、疲劳或负荷过度、气温过低、气温过低等。

如果肌肉是微细的损伤或只有少量肌纤维撕裂，可以采用冷敷、局部加压包扎、抬高患肢、24 小时后按摩和理疗的方法；如果肌肉拉伤比较严重，则需要加压包扎后立即送往医院进行处理。

3. 关节韧带扭伤

关节韧带扭伤是常见的运动损伤之一，其引发原因多样，包括动作技术不正确、训练水平不够、运动场地有缺点等。

当关节韧带只是单纯的扭伤时，可以按照软组织损伤处理，即进行冷敷、敷药、压迫包扎、按摩理疗等流程；如果韧带发生了断裂，则需要进行固定处理（将断裂的韧带互相合拢），并到医院进行缝合。注意，伤后要合理进行功能锻炼，按照医生的嘱托进行科学恢复。

4. 关节脱位和骨折

当运动过程发生关节脱位（又称脱臼）或骨折的症状时，需要用夹板和绷带固定伤肢，并尽快送往医院。在这一过程中，需要对其进行止痛和抗休克处理。

固定方法：在骨折固定前，禁止移动伤员和伤肢，固定用的夹板长度和受伤肢体相称，固定时夹板两端、骨突和空寂部位要垫上软布，避免产生压迫性损伤，固定的松紧度要合适，不能压迫神经和血管，要注意漏出指尖或趾尖，以观察血液循环情况；在关节脱位固定时，采用两条三角巾对伤患不问进行包扎固定，注意观察患者的趾尖和指尖，避免产生压迫性损伤和血液流通不畅。

第三章　田径运动

第一节　跑步的正确技术要求

一、跑步的基本要求

跑步是一种通过自身动作使身体迅速移动的技能，虽然不同的赛跑技术在细节有着差别，但动作技术整体来看，跑步无非是一种两脚轮流支撑与腾空交替的周期性运动。因此，跑步的基本要求大同小异，只要掌握正确的跑步技术，就能跑得自然、放松、持久。

1. 前脚掌着地

跑步动作首先就是两条腿的动作，为了跑得更加省力，着地时通常采用前脚掌着地，并将两脚尽量落在直线上。注意，避免用足跟先着地，这样会加重你的负担，跑起来更加费力。当然，在长距离或超长距离的路程中进行跑步时，可以采用全脚掌着地的技术。

另外，由于两条腿在跑步时是轮流进行支撑和腾空的，因此两脚的支撑用力和摆动力应当均衡，最终使得摆动腿的大小腿适当折叠。

2. 注意摆动腿的摆动方向

在跑步过程中，摆动腿应始终指向前进的方向，这样才能有效提高跑的速度，避免两腿"外撇"（如 x 形腿跑）或"内扣"（如罗圈腿跑）。同时，两腿轮流支撑应当力求均衡，这样才能更好地发挥脚腕屈伸的力量。

3. 不要迈步过大

脚掌应该落在髋部，不要落在身体的前面。有一个办法可以避免跨得太远：提高步伐频率。较高的步频跑会使你的脚上下移动的速度更快，这样就很难进行太大的步幅。双足着地的频率大约是每分钟 170~180 次。

4. 让躯干也得到充分锻炼

当你的双脚抬起的时候，你应该让腹部的肌肉保持收缩。把头抬得离尾骨越远越好，这样可以最大限度地绷紧肌肉，锻炼身体的核心力量。

5. 注意你的拳头和肘部

让你的手略微屈曲，但是不能攥紧你的拳头，因为握拳会使小臂绷紧，从而影响肩膀的正常活动。另外，可以将肘部以一个合适的角度（90 度）拉向身体，但不能使肘部向外扩张，这么做可以让你的手臂动作更有效率。注意，应该像钟摆那样，用肩部的力量来推动你的双臂，这样就能让你的肘部保持一个平稳的弧度。

6. 科学的呼吸节奏

在中长跑过程中，可以通过口鼻同时进行呼吸来增加肺通气量。呼吸节奏应与运动节奏相一致，慢跑时采取三步一呼、三步一吸的方法；快跑时采用两步一呼、两步一吸的方法。在呼吸的时候，要注意增加吸气的深度。注意，可以用鼻子和半张开嘴（舌尖卷起，微微舔上颚）相配合。

另外，在跑动的时候，必须要保持身体的平衡，这就需要以正确的动作为依据，足落地运用全脚掌着地，通过弯曲膝盖缓冲过渡到前脚掌踏地。身体挺直，身体放松，手臂自然而有力。

二、跑步的准备姿势

（一）蹲踞式起跑

蹲踞式起跑一般用于短跑项目，动作要领如下，如图3-1所示。在每一个步骤中，要注意以下三个要点。

图 3-1　蹲踞式起跑

（1）蹲姿起跑，每一步都要做好准备，四指合拢，与大拇指呈"八"字型撑地，手臂与肩膀等宽，眼睛盯着起跑线，后腿膝盖着地，脚掌紧靠起跑器。

（2）蹲姿起跑的准备动作，肩膀向前倾斜，稍大于双手，眼睛盯着起跑线前30厘米，髋部抬高，前足与后足呈90°，后足与前足呈110°。

（3）蹲下，开始时要踩地，听到枪声后，双臂弯曲，双腿一前一后。

在短跑项目中，发令员是按照"各就位""预备""鸣枪"三个口令进行的，而运动员听到相应的指令需要作出对应的姿势。

（二）站立式起跑

站立式起跑一般用于中长跑，动作要领如下：将有力脚放在紧靠起跑线后沿，另一脚放在前脚跟后一脚远的地方，两脚间隔15~20厘米，两腿弯曲，上体略前倾，集中注意力，如图3-2所示。两臂的动作有两种姿势：一是在体侧自然下垂；二是前脚的异侧臂放在体前，另一臂后伸，这种姿势更为常见。

当听到发令的枪声时，参与者后腿用力蹬地并迅速前摆，前脚也迅速用力蹬直，两臂配合做积极有力的前后摆动，使身体迅速向前冲出，在短时间内获得最大的跑速。

在中长跑项目中，发令员是按照"各就位""鸣枪"两个口令进行的，而运动员听到相应的指令需要作出对应的姿势。

（三）半蹲踞式起跑

半蹲踞式起跑姿势和"站立式"的姿势基本相同，只是将前腿的异侧臂支撑地面，

图 3-2 站立式起跑

同时支撑地面的手将拇指和其他四指分开呈"人"字形，如图 3-3 所示。

图 3-3 半蹲踞式起跑姿势

半蹲踞式起跑姿势的体重主要落在支撑臂和前腿上，因此这种姿势比较稳定，不会容易因重心不稳而犯规。

第二节 各种赛跑项目

一、短跑

短跑的运动强度大、时间短，需要参与者在处于大量缺氧的条件下，以最快的速度跑完规定的路程，短跑项目主要分为 50 米、100 米、200 米、400 米。

短跑又被称为快速跑，需要身体的协调配合，具有高反应性、高灵活性、高强度等特点。短跑的特征就是起跑时在原地不动，然后不断地加速，以最快的速度到达终点。

（一）50 米、100 米、200 米短跑

不同短跑项目需要的技术大同小异。通常来说，短跑的技术可以分为四个环节，即起跑、起跑后的加速跑、途中跑以及冲刺。注意，在 200 米、400 米短跑项目中，还存在弯道起跑和弯道跑等技术。

1. 起跑技术

在这类短跑项目比赛中，运动员开始时使用的是"蹲踞式"。蹲起动作的目的是获取前进的动力，以最快速度脱离原地，为起步后的加速度创造良好的条件，如图 3-4 所示。

首先，在听到"各就位"的口令后，运动员走到起跑线前，做好准备姿势：两只手

（a）各就位　　（b）预备　　（c）鸣枪（跑）

图 3-4　短跑起跑技术

在起跑线后方撑地，两只脚按顺序踩在起跑器上，后腿半跪在地上，两只手四根手指并在一起，虎口打开，两只手打开与肩同宽的距离，重心适当的向前移动，肩膀大约与起跑线平行，头部和躯干在同一水平线上，全神贯注的聆听下一声口令。

其次，听到"预备"的指令，慢慢提起髋部，肩膀向前移动，双脚踩着起跑器的脚掌。这时，前腿的膝角应该在 55~70 度，而后腿的膝角应该在 110~135 度。把全身的重量放在两腿和前面的眼睛上，全神贯注地听着枪声。

最后，一听到发令枪的声音，双手就会离开地面，胳膊就会弯曲起来，然后又会快速地、有力地挥舞手臂，然后双脚就会离开起跑器。与此同时，前肢迅速、有力地踢、伸展，使上半身更大程度地向前倾斜，从而推动身体向前。

2. 加速跑技术

所谓加速跑，就是运动员在起跑之后，利用蹲位的力量，以最快的速度，在最短的时间里进入中段跑步中。可将其划分为两类，即在直道上起步后再加速、在弯道上起步后再加速。

（1）直道上起步后再加速：在出发的同时，大腿主动向后下压，出发后的第一步大约是三到四脚半，之后的步长逐渐增加，直至跑完全程。开始时，身体自然地向前倾斜，随着速度的增加，身体趋于笔直。加速跑的头几步，两脚落点自然分开，随着步长的增加，两脚落点逐渐合并在一条直线上（加速跑一般为 25~30 米），再自然地过渡到途中跑。注意，起跑冲出后第一步不宜过大，身体不要突然抬起，如图 3-5 所示。

（2）在弯道上起步后再加速：利用切入点的方式，以直线的方式进入内线。由于快步跑的路程相对于直道快步跑来说要短一些，因此上半身提离的时间要提前一些，身体要顺势向内倾斜，尽可能地沿内分道前进。

3. 途中跑技术

途中跑包含后蹬和前摆、腾空、落地缓冲等几个步骤。

（1）后蹬和前摆：摆动腿快速有力地向前向上摆出，并带动同侧骨盆前送大腿与水平面约成 15°~20°，支撑腿在摆动腿积极前摆的配合下，形成支撑腿和摇摆腿之间的相互配合，这是途中跑成功的关键。

（2）腾空：在支撑腿完成后，也就是进入了弹跳阶段。摆腿以髋关节为轴心，主动下压，膝盖放松，小腿随着摆腿下压的惯性，自然而然地往前伸，做好着触地的准备。

（3）落地缓冲：在摆动腿的前脚掌着地的时候，就开始了落地缓冲阶段，着地位置大约是距离身体重心投影点的一脚半处。注意，腿的各个关节的缓冲过程不应该是被动

图 3-5 直道上起跑后加速跑

的，应该积极地向前加速，把身体的重心向前移，然后转向向后踢。在跑步过程中，保持头部笔直，上身略微向前倾斜。

4. 终点跑技术

终点冲刺是短跑的最后一个环节，包含最后冲刺技术和碰撞技术，它的目标是尽可能地以较快的速度到达终点。终点跑技术参与者需要加强两腿蹬地的力量和两臂的摆动速度，如图 3-6 所示。

图 3-6 终点跑技术

（1）在最后 15~20 米的时候，运动员应该注意提高自己的挥臂速度，这是因为手臂摆动的速度和下肢摆动的频率紧密相连，只有这样才能将速度的损失降到最小。

（2）冲绳法：在冲绳距离终点 1~1.5 米的距离内，快速俯身，胸口撞击终点绳。

注意，越过终点线后，要有节奏地逐步放慢速度，不要突然停下来。

（二）200 米、400 米赛跑

在 200 米和 400 米项目中，不可避免会涉及弯道，在这一过程中，需要参与者掌握弯道起跑和弯道跑技术，其他技术和 100 米短跑相同。

1. 弯道跑起跑技术

弯道起跑和直道起跑基本上是一样的，不同的是，你的左手要放在离起跑线 5~10 公分的地方。要求有适当的前倾角度，强劲地踢腿和摆动，逐渐加大步伐，如图 3-7 所示。

在进入弯道的时候，应该沿着跑道的内侧分道线的切线跑进，注意自己的身体要适时地向内侧倾斜。

图 3-7　弯道起跑

在弯道跑的时候，整个身体向内倾，右肩比左肩要高，蹬地和摆动的方向都应该与身体向圆心方向倾斜趋于相同，跑速越快，跑道的弧度就越大，身体的倾斜程度也就越大。

2. 弯道跑技术

弯道跑时要求身体重心向弯道内侧倾斜，用右脚掌内侧和左脚掌外侧着地，右手臂的摆动幅度稍大于左手臂，如图 3-8 所示。

图 3-8　弯道跑技术

两脚着地时，右脚掌内侧先着地，左脚掌则外侧先着地；后蹬时，右脚用脚掌的内侧着地，左脚脚掌是外侧先着地；右侧摆动时膝关节稍向内摆动，左腿摆动时膝关节稍向外摆动，且右腿摆动幅度比左腿大。

同时，在进行两臂摆动的时候，右的摆动幅度和力量应该稍微大一点，右臂前摆稍稍向左前方，在后摆的时候，关节稍向右后方，左臂靠近体侧摆动。

二、中长跑

中长跑又被称为耐力跑，项目包括 800 米、1500 米、3000 米、5000 米、10000 米以及马拉松，是一项需要采用较长时间完成较长距离的有氧项目，要求参与者具有一定的速度和持久性，具有较大的运动量。

中长跑的跑步技术动作和短跑相似，采用站立式跑步姿势，主要区别在于跑步的频率较低、步幅较小、用力程度较低、躯干姿势更接近于身体直立姿势、两臂的摆动幅度较小。一般而言，中长跑的技术包括起跑、起跑后加速跑、途中跑及终点跑等，每种技术需要注意的点有所差别。

1. 起跑和起跑后加速跑

在中长跑项目中，中距离（如 800 米、1500 米等）采用蹲踞式或半蹲踞式起跑；长距离（如有 3000 米、5000 米等）则采用站立式起跑。在听到口令后，运动员会通过下肢的有力地踩地，迅速将后腿向前摆动，并迅速伸直前腿。同时，上肢和下肢的协调摆动促使身体向前加速推进。

在加速跑阶段，上半身会向前倾斜，通过积极的臂部和下肢的摆动来增强推进力。当跑过一定距离后，运动员会逐渐进入匀速而有节奏的中长跑状态。

2. 途中跑

在跑直道的时候，需要双脚平行奔跑，抬起的双腿不向里也不向外，笔直向前，前脚掌着地跑步。在跑弯道的时候（以右转弯为例），需要左脚前脚掌外侧，右脚前脚掌内侧着地，左腿膝关节外展，右腿膝关节内扣，身体重心向内倾斜，并协同用力，速度越快，倾斜角度越大，右臂的摆幅要比左臂的摆幅略大。

（1）上体姿势

身体要挺直或者略微向前倾斜，头要与脊椎在一条线上，胸口要朝前，下巴要略微收拢，脖子要放松，全身不要太紧绷。注意，上半身不能过于剧烈地摇晃。

（2）摆臂姿势

双手呈 90° 左右的弧形，双手或握紧成拳头，肩部的皮带也随之放松，以肩膀为轴心，作自然的前后摇摆。

（3）腿部动作

①后蹬与前摆

后蹬与前摆是中长跑技术中最关键的动作之一，在摆动腿通过身体正下方向前摆动时，支撑腿的各个关节需要迅速伸展，包括髋关节、膝关节和踝关节，最后脚趾离开地面。

后蹬结束后，小腿肌肉放松并向大腿靠拢，然后进行前摆，大腿积极地向下施压，使用前脚掌着地。

②腾空

在腾空的瞬间，运动员会充分地放松用力推地的腿，并迅速而有力地将大腿向前上方摆动。当后蹬腿的大腿开始向前摆动时，小腿会随着惯性自然地摆起，同时膝关节会弯曲，形成大小腿折叠的姿势。小腿顺应惯性自然地折叠，这有助于使摆动腿能够积极、迅速而又节省力气地向前摆动。

③落地

当脚接触地面后，膝关节会略微弯曲。在垂直阶段，脚跟会稍微下降或者整个脚掌着地，以减小脚着地时的冲击力，为后蹬的过渡创造条件。

3. 终点跑

加快摆臂的速度，加大摆幅，并与腿部的动作相结合，以提高频率。冲刺跑的距离要根据自己的体力情况、战术要求和临场情况来确定。在到达终点之前，身体要向前倾斜，并要做好撞击的准备。

三、接力跑

接力跑技术可以分为短跑技术和传接棒技术两大类，短跑技术这里不再赘述，主要介绍传接棒的技术要点。

（一）接力跑的起跑技术

1. 持棒起跑

第 1 棒为传棒人，必须用右手握住棒子，采取蹲踞姿势，棒子不能接触到起点及起点前方的地面，其动作与短跑动作一样，其持棒握法如图 3-9 所示。

握法：

（1）将右手五指放在地上，双手握着棍子的末端。

（2）用右手大拇指和食指支撑地面，用另三根手指托着棒子。

（3）把棍子拿在右手的中指上。

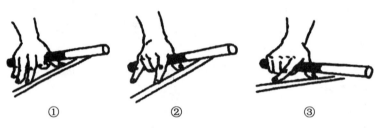

① ② ③

图 3-9 起跑的持棒手法

2. 接棒人起跑

第 2.3.4 棒运动员分别从各自的出发位置，单手持地，半蹲、半蹲、直立两种方式，均为单手持地。

第 2 棒和第 4 棒的接棒选手，要站在各自的分道线上，右腿在前面，右手在地上，重心向右倾斜，头向左，眼睛要盯着传棒者的方向，眼睛要盯着自己的起点。

第 3 棒的接棒者，要站在两个分道的中间，左脚在前面，左手在地上，身体的重心要稍微向左边倾斜，头要向右边转动，眼睛要盯着接棒者的速度和自己的开始标志。另外，接 2、4 棒选手还可以采用左脚在前，右手持地，头向左转，目视接棒选手所处的位置，做好接棒准备。

（二）接力跑的传、接棒方法

1. 上挑式

接棒运动员的双臂自然向后伸展，手臂与躯干呈 40～45 度角，手掌向后，拇指与其他四指自然分开，虎口向下，传棒运动员将双臂由下向前向上传挑送到接棒运动员的手上，如图 3-10 所示。

上挑式的优点在于，接棒人向后伸的动作比较自然，容易掌握，缺点在于容易造成掉棒或影响持棒快跑。

图 3-10　上挑式

2. 下压式

接棒队员双臂后伸，与身体呈 50～60 度夹角，手腕向内旋转，手掌向下，大拇指面向内，其他四个手指向外。传棒人把球杆的顶端从上往下传递给接棒人，如图 3-11 所示。

图 3-11　下压式

下压式的优点在于，接棒人可以握住棒的一端，有利于持棒快跑，缺点则是接棒人在接棒时手臂比较紧张和不自然。

四、跨栏跑

跨栏跑是一项短距离竞赛项目，在快速奔跑的过程中需要连续地越过一系列数量确定、高度规定和距离设定的栏杆。最早的跨栏跑比赛可以追溯到 1837 年的英国，当时被称为障碍跑，参赛者需要越过埋在地面上的木支架和木栅栏。随后于 1935 年设计出了轻便的 L 形栏架，成为现代跨栏跑的标准器材。

目前在国际正式的跨栏跑竞赛项目中包括男子 110 米栏、400 米栏以及女子 100 米栏和 400 米栏等项目。通过长期的跨栏跑训练，可以发展学生的肌肉力量、速度、柔韧性和灵活性等身体素质，促进全面身体发展。

跨栏跑技术可以分为短跑技术和跨栏技术两大类，短跑技术这里不再赘述，主要介绍直道跨栏跑的技术要点。由于 110 米栏和 100 米栏的技术差别较小，这里以 110 米栏技术为例进行介绍。

（一）起跑至第一栏技术

起跑到第一栏加速跑的目的是要迅速起步、主动加速，为成功跨越第一栏、确立全程跑的节奏打下良好的基础。在跨栏跑项目中，运动员采用蹲踞式起跑的方式开始比赛，而起跑器的安装方法和起跑动作与短跑基本相同。当起跑后跑至第一栏时，大多数运动员会以 8 步的方式进行起跨，此时将起跨腿置于前方；然而，个别身材较高的运动员可能会选择以 7 步的方式进行起跨，并将摆动腿置于前方。

技术要领：在直道栏起跑后，加速跑时，两腿两臂要协调好，要主动地用力蹬摆，后蹬的角度要大于短跑，身体的重心要比较高，躯干要提早抬起，在跑到第六步之后，做好起跨过栏的准备。在最后一步中，通过加速双腿的摆动，并用一只脚的主动触地，来缩短每一步的10~20公分，以达到踩到起跑点的目的，从而提高起跑的速度。

（二）过栏技术

过栏是跨栏的一个重要环节，包括起跨攻栏、腾空过栏、下栏落地等，如图3-12所示。通常来说，110米栏跨栏步步长3.30~3.50米，100米栏跨栏步步长2.80~3.05米。

图3-12 过栏技术

1. 起跨攻栏

起跨是指从起动脚掌踩在起动点上开始，直到后腿离开地面为止所做的全部支撑动作，其决定过栏速度和下栏后继续跑的效果。

在跨栏跑项目中，起跨动作的执行需要保持较高的跑速。对于110米栏，起跨点与栏杆之间的距离通常为2.00~2.20米，而对于100米栏，这一距离为1.90~2.10米。在进行起跨动作时，后蹬的要求是要迅速而有力地将脚蹬离地面，并在蹬地结束瞬间使起跨腿的髋、膝、踝关节充分伸展，使其与躯干和头部基本成一条直线。起跨后蹬的角度在110米栏约为68°~72°，而在100米栏约为70°。

技术要领：当起跨腿踏上起跨点时，摆动腿开始折叠，足跟靠近臀部，膝关节向下弯曲，以髋为轴，大腿积极带动小腿向前方摆动，直到膝盖超过腰部的高度。摆动腿的速度越快，有利于增加蹬地力量并完成摆动腿过栏动作。在起跨动作过程中，两腿的蹬摆需要良好的配合，上体倾斜角度逐渐增大，摆动腿的反侧臂屈肘向前上方摆动至肩部高度，而另一臂则屈肘贴近身体侧面。整个身体将力量集中向前方用力，保持平衡和舒展，以形成一个优良的攻栏姿势。

2. 腾空过栏技术

腾空过栏是一种技术动作，由起脚离地至过栏后摆脚落地。在跳越栅栏时，身体重心在起跳时呈抛物线向前移动。

（1）摆动腿技术

在过栏的一刹那，摆动腿积极向前伸展，使身体在过栏的一刹那，尽可能向下挤压，缩短在栏上的停留时间。

技术要领：在起跨腿离开地面之后，摆动腿一直往前向上摆动，直至膝盖超出围栏的高度，同时小腿快速往前摆动，脚背向上勾起。同时，异侧臂和肩部向栏板上方伸展，使得肘部超过膝盖，并且确保异侧臂与摆动腿基本平行。同侧臂向后摆，上半身向前倾斜，身体与下摆成锐角，眼睛向前看。

（2）起跨腿技术

技术要领：在蹬离地面之后，要快速地将自己的身体进行折叠，然后用踝关节勾脚的脚尖向上翘，在过栏的时候，大、小腿的折叠几乎与地面平行，在过栏之后，膝关节要主动的向上方提拉，如图 3-13 所示。

图 3-13　腾空过栏

3. 着地技术

着地技术要求积极落地，迅速转换为跨栏跑动。

技术要领：摆动腿需要积极地向下施加压力，在着地后，髋关节会略微缓冲，而膝盖和踝关节则需要保持伸直，以确保保持较高的重心稳定。同时，起跨腿要迅速提拉向正前方摆出，以积极地迈出第一步，躯干也需要适当抬起。

（三）栏间跑技术

栏间跑技术指的是过栏后摆动腿的脚着地点至起跨腿的脚踏上下一个起跨点这段距离内所呈现的技术。正确使用栏间跑技术，可以有效提高速度，为成功跨过下一栏创造良好的条件。

栏间跑的技术和短跑基本一样，节奏鲜明，可以分为三步、四步和五步栏间跑。技术要领：为降低身体重心的上下波动，跨栏时要维持较高的重心，同时要高抬大腿，前脚掌着地。因为栏间的距离和跑步的步数是固定的，而且步长也是相对稳定的，因此，要想提高栏间跑的速度，主要是通过提高步频，改善跑步的节奏，如图 3-14 所示。

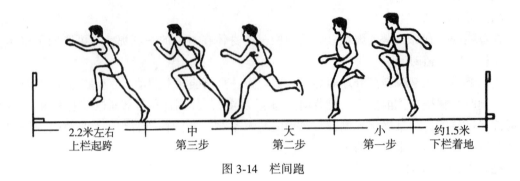

2.2米左右	中	大	小	约1.5米
上栏起跨	第三步	第二步	第一步	下栏着地

图 3-14 栏间跑

第三节 跳 跃

一、跳高

（一）跳高的起源和发展

跳高的历史可追溯到古希腊时期。据史书记载，公元前 8 世纪，古希腊体育运动会中的一项项目叫做"跳马"，运动员需以奔跑助跳的方式跳过一个水沟或木桩。这可以被视为跳高运动的起源。

在 19 世纪末 20 世纪初，跳高以绳子横挂的形式得以普及。运动员使用弹性杆或直接跃过横挂的绳子，即最早的跨越式跳高，后出现了滚式、剪式和俯卧式跳高。直到 1960 年代，西德选手拉夫·卡恩率先引入了现代跳高中的重大突破——福斯贝里翻身技术（Fosbury Flop）。运动员采用背跃方式，并在越过横杆后倒躺落地，大大提高了跳高高度。

自此以后，跳高的竞技水平不断提高，世界纪录屡创新高。不同国家和地区也开始培养跳高选手并举办跳高比赛。通过跳高可以提高学生的力量、速度、跳跃等身体素质，培养学生不畏艰险、勇于挑战的意志品质。

（二）跳高的基本技术

跳高的基本技术可以大致分为助跑、起跳、过竿和落地四部分，这里以背越式跳高为例，介绍跳高的基本技术，如图 3-15 所示。

1. 助跑

全程助跑力求轻松、自然、快速、准确。同时要注意高抬膝，脚必须沿弧线跑进，身体向弧线内沿倾斜。背越式跳高可以分为直线跑和弧线跑两部分，前者目的在于发挥水平速度；后者目的在于降低身体重心和加快踏上起跳点，进而有力地快速起跳。

起跑点与起跳点的连线与横杆的夹角约 75°左右，弧线一般呈逐步缩短曲率半径的近似抛物线型，如图 3-16 所示。

2. 起跳

在助跑的最后一步，起跳脚须顺弧线的切线方向踏上起跳点，同时摆动腿开始摆动，

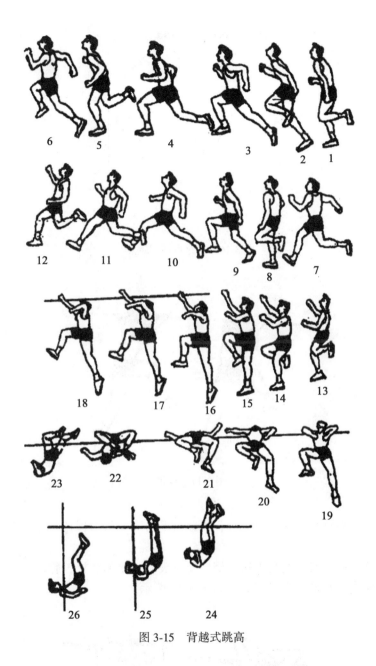

图 3-15 背越式跳高

身体积极前移。注意，当身体重心移到起跳脚上方时，应当迅速摆正身体，并将摆动腿屈膝向起跳腿同侧肩摆动，通过起跳腿有力的蹬伸，从而完成起跳动作。

起跳时，起起腿的髋、膝、踝关节必须充分伸直，这是直立腾起的关键，同时身体应尽量与地面保持垂直，如图 3-17 所示。注意，起跳点应距横杆的垂直面约 60~100 厘米，与横杆垂直面约成 10°~25°的夹角。

3. 过竿和落地

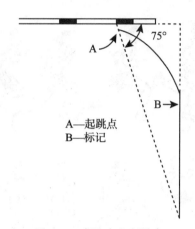

图 3-16　起跑点和起跳点

图 3-17　起跳

由于身体腾空后逐步转为背对横杆，因此过竿时需要努力保持身体的上升趋势，其动作要领如下：

当肩和背高于横杆时，两肩迅速后倒，充分展髋，小腿放松，膝部自然弯曲，身体成反弓形与横杆成交叉状仰卧在横杆上，如图 3-18 所示。

图 3-18　过竿

注意，髋部的伸展动作要延续到臀部越过横杆。当膝盖后部靠近横杆时，两小腿积极地向上举，含胸收腹，自然下落以肩领先着垫。

（三）跳高的场地和竞赛规则

1. 场地

跳高比赛通常在田径场上进行，有专门的跳高区域。跳高区域包括起跳区、着陆区和跳高杆的设置区域。

起跳区：一个狭长的跑道，长度可以根据运动员的需要调整，但通常为 40~50 米，铺设有塑料跑道或其他合适的表面材料，以提供良好的摩擦力和弹性。

着陆区：通常是一个长方形沙坑，用于减少着陆时的冲击力。

2. 竞赛规则

运动员需要横跨一根放置在起跳区上的横杆。这根横杆被称为"横栏"。对于每个运动员而言，最开始的横栏高度是一个起始高度，然后逐渐提高。通常，横栏的高度会每次增加一定数值（如 2 厘米）。

运动员每轮只有三次机会来成功越过横栏。如果无法越过，他们将被淘汰。越过横栏的顺序由运动员自行决定，并在轮到自己之前可以选择跳过高度。

通常来说，胜利者是能够越过最高高度的运动员。如果多位运动员在同一高度都成功越过，胜利者将是越过最高高度后所用越过横栏次数较少的运动员。如果两名或多名运动员具有相同的最高高度和越过横栏次数，则可能需要进行进一步的挑战或决胜轮。

（四）跳高的注意事项

1. 热身和准备

在进行任何体育运动之前，都要进行适当的热身运动来预防受伤和提高身体柔韧性。比如，进行一些跳高特定的热身动作，如蹲跳、腿部拉伸和臂部摆动等。

2. 技术训练和正确姿势

跳高是一项高度技术性的项目，运动员需要通过专业指导学习正确的技术和姿势。学会正确的起跳、悬停、蹬腿等动作，以获得更好的高度和平衡。

3. 安全着陆

在着陆区域时，要保持身体的平衡和稳定，以减少受伤风险。学会正确的姿势，如弯曲膝盖、向前倾斜并将重心放在前脚掌上有助于减少着陆冲击。

4. 防止超负荷训练

避免过度训练和过度使用跳高技术，以免引发肌肉疲劳和潜在的运动损伤。给身体充足的休息时间和恢复时间，以确保身体能够适应训练负荷。

二、跳远

（一）跳远的起源和发展

跳远作为一项竞技活动的历史可以追溯到古代文明。早期的人们可能通过跳过障碍物（如河流、溪流或行列中的对象）来展示他们的身体能力。后来，跳远作为现代田径项目，要求运动员以最大的水平距离跳越一个区域，发展历程如下。

古代：在古埃及、古希腊和古罗马时期，跳远被视为一种娱乐和体能训练的方式。然而，在这个时期还没有固定的规则和标准来衡量距离。

中世纪：在中世纪欧洲，跳远开始演变成一项竞技运动。人们通过比赛来展示他们的跳远技巧和能力。然而，这个时期的跳远活动仍然缺乏规则和统一的标准。

19世纪末：随着现代体育的兴起，人们对于跳远项目的标准化和规范化产生了兴趣。1896年，跳远成为第一届现代奥运会的一项正式比赛项目，并以水平距离为标准。

技术发展：随着时间的推移，运动员们开始研究和改进跳远技术，以寻求更好的成绩。其中一项重大创新是美国运动员迈克尔·鲍威尔（Mike Powell）在1991年创造的现代跳远世界纪录，他采用了冲刺速度和起跳技巧的结合，让跳远运动有了新的突破。

跳板技术：20世纪初，运动员开始使用跳板来辅助跳远。跳板技术使得运动员可以更好地利用弹性和速度，在起跳时获得更大的推力，从而跳得更远。

总之，跳远作为一项田径项目，凝聚了运动员对速度、力量、技术和协调性的完美结合，可以发展学生的速度、协调、灵敏以及弹跳能力，培养学生坚强勇敢的品质。

（二）跳远的基本技术

跳远技术包括助跑、起跳、腾空以及落地四个部分，每个部分需要掌握的要领各不相同。这里介绍三级跳远和立定跳远两种形式。

1. 三级跳远

（1）助跑

助跑是为了迅速有力地起跳做准备，并以更快速、准确的方式踏上跳板，距离通常在3.5~4.5米之间，初学者可在2.5米左右。

在助跑过程中，采用站立式姿势，站在起跳线后方。身体直立，双脚与肩同宽分开，稍微外展脚尖，身体放松但警觉。迈出第一步时要保持身体稳定，将重心向前转移，用力推开地面。

助跑的关键在于不断加速。通过快速迈步和大幅度摆臂等动作来增强速度。最初几步可以使用小而快的步伐，然后逐渐过渡到较大的步幅。

在确定助跑步点时，通常会标记两个位置，即起跑点和距离起跳板6~8步的地方。后者的作用是确保助跑的准确性。

（2）起跳

起跳需要确保获得最快的垂直速度和合理的腾起角度，因此需要尽量获得最大的垂直速度。在助跑的最后一步时，起跳腿应积极下压，使全脚掌着地。

此时，上半身保持正直或稍微向后仰，并迅速前摆摆动腿。当身体重心前移至起跳腿支点的垂直部位时，快速有力地伸展髋、膝、踝三个关节，上半身挺起，摆动腿大腿积极向前上方抬至水平位置，小腿自然下垂。同时提腰、提肩、顶头，两臂积极上摆至肩关节水平位置突然停止，以增加起跳效果，如图3-19所示。

（3）腾空

空中姿势分为蹲踞式、走步式以及挺身式三类，是指起跳腿自然放松，膝关节稍屈，留在身体后面，摆动腿的大腿保持高抬，小腿放松保持在体前不动的姿势，其动作要领如下：

蹲踞式：在维持腾空步的姿势下，摆动腿的大腿保持高抬，小腿放松在身体前方不动，同时两臂向前摆动。起跳腿逐渐抬起并与摆动腿靠拢，形成空中的蹲踞姿势。

走步式：摆动腿开始向后下放后摆，起跳腿屈膝前抬，并随着动作交换髋部左右转

图 3-19 起跳

动，肩轴也配合向相反方向扭转。同时，两臂做相应的环摆动作。接着，摆动腿快速屈膝前摆，向起跳腿靠拢。此时，两臂摆至体前，上体前倾，两小腿前伸准备落地，完成两步半的走步动作。

挺身式：起跳后，摆动腿积极下压，小腿呈弧形向前、向下、向后摆动，而起跳腿逐渐与摆动腿靠拢。同时，两臂向下侧、后上绕环，展开髋部、挺胸，形成空中挺身式动作。接着向前收腹举大腿，两臂从上向前、下后摆动。上体前倾，小腿伸展并最终落地，如图 3-20 所示。

图 3-20 挺身式

（4）落地

落地时可以采用前倒落地和侧倒落地两种姿势。关键在于膝关节伸直，脚尖勾起，同时两臂后摆。当接触地面时，两腿快速屈膝，髋部前移，同时两臂屈肘前摆。

前倒落地法中，脚跟着地后，前脚掌下压，屈膝向前跪。上体在两臂前摆的同时，迅速移过支撑点，身体向前倾斜下降。

侧倒落地法中，脚跟着地后，一条腿紧张支撑，另一腿放松。身体迅速向放松腿的一侧倾斜下降。在落地时，主要目标是使两腿抬高并尽量向前伸出小腿。

2. 立定跳远

和三级跳远不同，立定跳远并没有助跑的过程，其技术分为以下几个部分。

（1）预备姿势

在预备姿势中，摆臂的协调对跳远成绩至关重要。正确的动作要领如下：

站立时双脚与肩同宽，两臂前后摆动，前摆时两腿伸直，后摆时屈膝降低重心，上体稍微前倾，手臂尽量往后摆。摆动过程中应保持直臂，并使前摆达到头顶，通过反复进行前摆直腿和后摆屈膝的动作，由慢到快来避免预摆不协调的问题。

（2）起跳腾空

起跳腾空阶段类似于三级跳远，练习者需要掌握适当的起跳速度和角度。正确的动作要领如下：

起跳时，应加大后摆幅度，腿部屈膝角度加深，重心着陆在前脚掌上。随着手臂的摆动，双腿快速蹬地，通过身体各部分的协调配合，使身体向上腾空。关键是要确保充分蹬地，否则起跳高度和速度可能不够。

（3）落地缓冲

落地缓冲阶段包括收腹举腿、小腿前伸、脚跟先着地以及屈膝缓冲。这与三级跳远的缓冲动作相似，不再赘述。

动作关键：小腿前伸要适当。

（三）跳远的场地和竞赛规则

1. 场地

场地：跳远比赛通常在田径场上进行，使用的场地称为跳远徒步道。这条徒步道是一个长而窄的跑道，一般为40~45米长，宽为1.22米。

起跳线：在跑道的一端有一条称为起跳线的标线，选手需要从该线上起跳进行跳远。

落地区：起跳后，跳远选手的目标是尽可能远地落在跳远区域内。跳远区域由一条粉笔或标线边界标定，通常为2.75米宽。选手的跳远成绩是以最靠近起跳线的落地点为准。

2. 竞赛规则

测量和计分：跳远的成绩是通过测量起跳线与选手落地点之间的水平距离来确定的。通常使用卷尺等工具进行测量。竞赛成绩以米为单位进行记录，取距离最近的整数。

赛制：跳远比赛通常采用多轮制，每位选手有三次跳跃机会，选手的最佳成绩将作为最终成绩计入比赛排名。

（四）跳远的注意事项

热身和拉伸：在进行跳远之前，进行适当的热身运动和拉伸是非常重要的。这样可以减少肌肉拉伤和其他潜在的伤害风险。进行一些动态拉伸和活动，以提高身体的灵活性和血液循环。

姿势正确：学习正确的跳远姿势是至关重要的。确保采用正确的助跑、起跳和落地姿势，这可以帮助你获得更好的距离和准确性。寻求体育教师的指导，并定期进行姿势修正。

逐渐增加训练强度：跳远是一项技术性运动，需要时间和持续的训练来提高。逐渐增加训练强度，避免过度训练和突然增加负荷，以免引发运动损伤。

注意落地：跳远的落地是一个关键环节，要注意着陆的平衡和稳定性。尽量避免重重地落地，以免给关节和骨骼带来过大的冲击力。着陆时保持自然的弯曲，通过膝关节和脚掌缓冲冲击。

选择适合的鞋类：选择适合跳远的运动鞋是必要的，它们应该提供良好的支撑和缓冲效果。跳远鞋通常有平坦的底部和较硬的中底，以提供更好的稳定性和推动力。

安全设施：确保比赛或训练场地具备安全设施，如起跳线、标志线、跳远沙坑等。这些设施对于进行跳远项目至关重要，可以减少意外伤害的风险。

第四节　投　掷

投掷是力量性运动，需要凭借人体的力量，通过发力技术和相对应的身体姿势，将器械投掷出尽可能远的距离，常见的体育比赛项目有铅球、标枪、铁饼等。

一、铅球

（一）铅球的起源和发展

在古希腊，铅球是奥运会的项目之一。据历史记载，公元前 5 世纪的时候，古希腊人就开始进行铅球的比赛。当时的铅球是由铅制成，形状呈球状，重量并不固定，通常是根据选手个人的实力和能力来选择合适的重量。比赛时，选手将铅球用力抛掷出去，距离越远则成绩越好。

随着时间的推移，铅球逐渐发展成为一项专业化的竞技项目。在 19 世纪中期，国际田联（IAAF）成立后，铅球成为正式的田径项目之一，并开始制定统一的规则和标准。规定了铅球的重量、尺寸和投掷姿势等要求，使得比赛更加公平和规范化。

在现代，铅球已经成为国际田联和奥林匹克运动会的正式项目。比赛时，选手需要将铅球从指定起点用力抛掷出去，距离越远则成绩越好。选手在比赛中需要通过训练和技巧来提高抛掷的力量和准确性。

（二）铅球的基本技术

1. 握球和持球

在握球和持球方面，投掷手的五指自然张开，将球放在食指、中指和无名指的根部，同时用大拇指和小指支撑球体，以防止它滑落。然后将球放在肩膀上的锁骨凹陷处，并贴近颈部，使肘关节垂直下垂，手腕稍微向外旋转，掌心朝前。

2. 预备姿势

预备姿势常分为两类，即"高姿"和"低姿"，以确保平稳执行滑步的准备动作。一般情况下，我们采用"高姿"来进行示范，例如在背向滑步的情况下，如图 3-21 所示。在这种姿势下，持球者背对投掷方向。双脚分开站立于投掷圈内靠近后沿的位置，体重集中在持球臂同侧脚上，另一只腿自然弯曲，脚前掌着地。非持球手臂则自然伸向上方。当然，如果采用侧向滑步，则应面对投掷方向。

3. 滑步

（1）背向滑步

动作顺序为：预摆→身体团缩→摆左腿→蹬右腿→拉收右腿→左脚内侧积极着地。以右手投掷为例，在做好预备姿势后，左腿进行一到两次预摆和团身，并随后向后上方摆动。此时，臀部向后移动，同时右腿（作为支撑腿）迅速有力地蹬伸并将前脚掌蹬地。在蹬直瞬间，脚尖向内转，并将右腿拉回至投掷圈圆心附近，与投掷方向形成约 130°～140°的角度。与此同时，左腿迅速下落。

图 3-21 高姿掷球

图 3-22 背向滑步

（2）侧向滑步

基本同于背向滑步。应侧对投掷方向，摆动腿的摆动方向应侧对投掷方向，支撑腿蹬直后，脚尖仍按原方位落地。注意，动作顺序与背向滑步相同。

4. 发力掷球

在滑步结束的瞬间，需要将手中的铅球向远方进行投掷。动作如下：髋部向投掷方向转动，上体随之边转边抬起，同时两腿充分地蹬伸，挺胸并伸直手臂，将球以推动的方式向前上方推出。紧接着，手腕内旋，手指快速而有力地用力拨动球，使球沿着约 38°~42° 的出手角度迅速飞出。

5. 跟进并维持平衡

在手指追拨球体至球出手刹那，右腿顺势前摆，脚踏在左脚附近，左腿后摆，降低重心，以维持身体平衡。

（三）铅球的场地与竞赛规则

1. 推铅球场地

推铅球的比赛通常在专门的田径场地上进行，称为推铅球场，要求如下：

场地尺寸：推铅球场地通常为圆形区域，被称为投掷圆圈。该圆圈直径为 2.135 米，通常由金属或混凝土制成。

场地标记：圆圈内通常有一个中心标志和两个辅助线（左右边界线），选手需要在这些标志内进行推铅球动作。

2. 竞赛规则

技术要求：选手必须按照规定的技术要求进行推铅球动作，如坐姿、站姿或转体姿势。

推铅球动作：选手需要将铅球从肩部或脖子后方推离身体，并向前方投掷出去。铅球必须推离身体，不允许抛掷或投掷。

试投次数：每名选手通常有三次试投机会。在资格赛或决赛中，能进入下一轮的选手通常有额外的试投机会。

计分方法：比赛的成绩以推铅球的最远距离为准。距离是从铅球着地点到投掷圆圈的边界线之间的水平直线测量出来的。

裁判判定：比赛中会有裁判对每次试投进行观察和评估，确保选手的动作符合规则并给予正当的成绩。

（四）推铅球的注意事项

姿势正确：选择适合自己技术和身体条件的姿势，并确保姿势正确。不正确的姿势可能导致受伤或影响推铅球的效果，因此需要对推铅球技术有着明确的概念。

加强身体训练：推铅球需要较大的力量和爆发力。因此，进行全面的身体训练，包括力量训练、核心稳定性训练和爆发力训练，以提高推铅球的能力。

技术练习：除了力量训练外，还要进行专门的技术练习，以改善推铅球的技术动作和节奏。这可以通过与教练的指导、观看示范视频和模仿优秀选手的动作来实现。

注意安全：在推铅球过程中，要确保周围没有人员或障碍物，以免造成意外伤害。同时，要选择合适的场地和设备，确保场地平整，投掷圆圈清洁，铅球没有被损坏。

逐渐增加强度：在训练过程中，逐渐增加推铅球的强度和重量，避免突然过大的负荷，以免引起肌肉拉伤或其他运动损伤。

保持适当的休息和恢复：给予自己足够的休息和恢复时间，避免过度训练和疲劳，这有助于避免运动损伤。

二、掷标枪

（一）掷标枪的起源和发展

标枪最早起源于远古时代的狩猎活动。早期的人类使用长杆或尖木棒来投掷，以增加狩猎的效果。随着时间的发展，掷标枪逐渐从狩猎和战争中脱离出来，成为一项独立的运动项目（最早出现在古希腊运动上）。在公元前 5 世纪，古希腊人开始制定标枪的规则和技术要求，并设立了专门的训练和比赛。

随着时间的推移，标枪的设计和制造不断改进。尖端的材料从木头转向金属，标枪的重量、平衡和气动特性也得到了优化。这些改进使得运动员能够投掷更远的距离。国际田径联合会（IAAF）于 1898 年创立，并在 20 世纪初开始规范掷标枪比赛的各项规则和标准，确保比赛的公平性和安全性。标枪投掷成为了奥运会和其他国际赛事的常见项目。

标枪从最初的狩猎工具逐渐发展成为一项专业化的体育竞技项目，并在全球范围内得到广泛的认可和参与。

（二）掷标枪的基本技术

掷标枪技术由握枪和持枪，持枪助跑、最后用力与缓冲三个部分组成，如图 3-23 所示。

图 3-23　投掷标枪技术

1. 握枪和持枪

主手（习惯握持物体的手）在握持标枪时，应该将手放在标枪的中间部分，以确保稳固和舒适的握持。主手的手掌应位于标枪把手的下方，并略微向上倾斜，与标枪的中心对齐。与把手接触的区域应具有足够的表面积，以提供更好的控制力。同时，手指应轻轻弯曲并包裹住把手，避免过度紧握。拇指和食指可以稍微向后伸展，以增加额外的稳定性和控制。

一旦握好标枪后，面向沙坑，并在距离 2 米、4 米、6 米处屈臂将标枪举于肩部。大小臂的夹角约为 90°，而枪尖稍低于枪尾，如图 3-24 所示。

图 3-24 持枪的姿势

2. 持枪助跑

（1）预跑

助跑的全程距离一般为 25~35 米，预跑约为 15~20 米，应跑 8~12 步至第二标志线。持枪臂应自然地前后摆动。在这一阶段，需要有弹性地逐渐加速到标志线前。

（2）投掷步

投掷步一般为五步，由第二标志线起到起掷弧内沿为止，动作如下。

第一步：当左脚踏上第二标志线时，右脚向前摆动，同时右肩向右转动并向后引枪（以右手掷枪为例）。左肩逐渐靠近标枪，髋部与投掷方向保持正对。

第二步：随着左腿的前迈，髋肩继续向右转动，完成引枪动作。上半身转向侧对投掷方向，左脚与投掷方向成较大角度着地。视线向前，上半身保持笔直。

第三步：进行交叉步，右膝关节自然弯曲，大腿有力带动小腿积极地向前迈出。当右腿经过左腿时，左腿用力蹬伸，促使右大腿加速向前摆动，形成下肢快速向前、上肢落于后面的超越器械动作。此时髋部转向投掷方向，上半身与肩部形成扭转和交叉的姿势。投掷臂完全伸直，与肩部平齐，枪尖略低于头部。当右脚着地时，脚尖与投掷方向成 45°角，右腿与躯干成一条直线，整个身体倾斜与地面成 50°~60°角，如图 3-25 所示。

50°~60°

图 3-25 交叉步

第四步：随着右脚着地，在惯性和重力的作用下，右膝关节弯曲，同时左腿积极有力地向前迈出，并将动力传递至髋部。左脚掌快速撑地制动，使用内侧区域着地。这四个步骤的节奏应该是连续不断的，即"哒—哒—哒—哒"，以确保无间断地进行动作转换，并在最后阶段施加力量。如图 3-26 所示。

图 3-26 第四步

第五步：继续利用右腿的蹬伸力量，右髋关节快速转送能量，同时投掷臂的上臂开始向上旋转，带动小臂和手腕向上翻转。当上半身完成向投掷方向的旋转时，投掷臂已经旋转到肩部位置，同时左臂内收，形成了"满弓"姿势。

3. 最后用力与缓冲

随着右腿的蹬伸，身体重心逐渐转移到左腿上，左腿迅速蹬伸，然后以胸部和臂部为支点，进行爆发式的"鞭打"动作，使标枪从左肩前上方以约 30°～35°角向前飞出。在标枪离手瞬间，要积极甩腕和手指，使标枪顺着纵轴旋转飞行。

标枪离手后，需要稍微将身体向左转，同时右膝关节弯曲制动，以缓冲向前的冲力，保持身体平衡，并在此后迅速降低重心，进行缓冲跳跃，使身体逐渐稳定下来。

(三) 标枪的场地和竞赛规则

1. 标枪的场地

标枪投掷区：标枪投掷区通常位于椭圆形或半圆形的投掷区域内。该区域应平坦、无障碍物，并且有良好的投掷线和标记。

投掷线：投掷线是标枪投掷区的重要界限，标明了选手起跑的位置。投掷线通常是直线，距离投掷区的终点一定距离。

标记：标记是用于标识投掷区内不同位置的线或点。例如，投掷线前方的标记用于测量投掷距离，而标记区内的特定点则用于记录落地点。

2. 标枪的竞赛规则

出场顺序：选手根据抽签或预定的出场顺序进行比赛。每位选手有多次机会进行投掷，通常会有 3～6 次机会。

技术动作：选手在投掷过程中需要采用正确的技术动作，包括起跑、加速、释放和平衡控制等。投掷过程中不允许跨越投掷线或做出违反规则的动作。

计分与排名：选手的成绩是根据最远的投掷距离来评定。通常，选手最好的一次投掷结果被计为最终成绩。根据投掷距离，选手将按照成绩排名。

犯规：在标枪比赛中存在一些可能导致犯规的情况，如越过投掷线、投掷时失去平衡等。如果选手犯规，其投掷结果将被判定无效。

（四）投掷标枪的注意事项

安全距离：在投掷标枪之前，请确保你周围的区域是安全的，并且没有其他人或障碍物。在投掷区域周围设置好明确的安全距离，以防止意外发生。

正确的训练和指导：标枪是一项技术性较高的运动项目，需要适当的训练和指导。确保你受过专业教练的指导，并在正确的环境中进行训练，以避免受伤或造成错误的技术习惯。

适当的热身和拉伸：在进行标枪投掷之前，进行充分的热身运动和拉伸，以减少肌肉拉伤和其他潜在的伤害风险。确保你的身体处于良好的状态和柔软的状态。

技术正确性：学习和掌握正确的标枪投掷技术，包括起跑、加速、释放和平衡控制等动作。不正确的技术动作可能导致投掷不准确或受伤。

适当的器材：使用合适的、符合规定的标枪器材。确保标枪的长度、重量和平衡适合你的身体和技术水平。

注意力和集中力：在进行投掷时，保持专注和集中精力。避免分心或分散注意力，以免影响投掷的准确性和效果。

适度的练习量：不要过度训练，给予自己适当的休息和恢复时间。过度使用标枪可能会导致疲劳和肌肉损伤。

尊重规则和裁判决定：遵守标枪比赛的规则和裁判的决定。尊重比赛的公正性和公平性，服从裁判的指示。

三、掷实心球

（一）掷实心球的起源与发展

掷实心球的竞技发展经历了漫长的历史过程。在古希腊时期，掷实心球被广泛用于各种竞技比赛，包括奥林匹克运动会和其他体育盛会。随着时间的推移，这项运动逐渐向世界其他地区传播开来。

在现代，掷实心球成为了田径运动的一部分，被广泛普及和发展。国际田径联合会（IAAF）将其列为一项正式的田径项目，并设立了相关的规则和标准。

经常采用不同的方式掷、传、接实心球或做持球跑、跳等练习，可以有效地增强上肢、肩带、腹、背及腿部肌肉群的力量，增大肩关节的活动度，提高全身的协调性。

（二）掷实心球的技术要点

掷标实心球由以下四个部分组成，技术动作如图 3-27 所示。

1. 姿势与站立

脚部姿势：站在投掷区内，双脚分开与肩同宽。将一个脚稍微向前迈出，以保持平衡。

上半身姿势：身体正直，背部略微向后倾斜，保持自然呼吸。

2. 投掷动作

准备动作：将球握在手掌中，手肘伸直，手臂垂直于地面。注意保持手腕松弛。

启动动作：用一步或连续几步作为启动动作。利用腿部力量和加速度来推动投掷动作的开始。

图 3-27 投掷实心球

加速阶段：在加速过程中，将球从身体后方推出，同时伴随着另一只手的向前和向上运动。

3. 释放

释放动作：将球从手中释放出来，同时手臂伸展，手掌向上侧翻。手臂的伸展和转动能够为球提供更好的发力和旋转。

准确性：注重投掷的准确性和目标方向。通过练习和技巧来提高准确性，如调整步伐、力量分配和手部的控制。

4. 平衡与稳定

动作平衡：保持身体的平衡和稳定，以确保正确的投掷姿势和力量输出。

支撑腿稳定性：确保支撑腿的稳定性和抗震能力。这样可以有效地传递上半身的力量和力量转移。

（三）投掷实心球场地与竞赛规则

1. 场地

实心球比赛的场地称为投掷区，通常是一个圆形的区域，中心有一个标志性的投掷区域，叫做环。投掷区的表面通常是平坦的，并且有足够的空间供选手进行投掷。

实心球一般是用硬橡胶或皮革制成外壳，内装填充料。其重量一般为 1.5 千克和 2 千克，大小同于排球或略小于排球。

2. 竞赛规则

技术要求：选手需要使用特定材质制成的实心球进行投掷。男子组和女子组的实心球重量不同。

扔球动作：选手站在投掷区的一侧，面向投掷区域。

投掷距离：比赛的目标是投掷出尽可能远的距离。距离是从内环到实心球落地点的水平测量，通常以米为单位，取小数点后两位数。

记录方法：受测者持球站在投掷线后，每人投掷三次，丈量每次由投掷线后沿至实心球着地点后沿之间的垂直距离，登记三次中的最佳成绩（犯规时不丈量成绩）。

（四）投掷实心球注意事项

加强热身：在开始实心球投掷之前，进行适当的热身运动以准备身体。热身可以包括拉伸、旋转和其他全身性的运动，以提高血液循环、增加灵活性和预防受伤。

选择合适的实心球重量：根据自己的实力和能力，选择适合的实心球重量。开始时，可以选择较轻的球，逐渐增加重量。使用过重的实心球可能会导致肌肉劳损或受伤。

注意身体姿势和平衡：保持良好的身体姿势和平衡对于成功的投掷非常关键。确保站立姿势稳定，背部略微向后倾斜，并注意维持整体平衡。

安全投掷区域：确保在安全的投掷区域进行实心球训练和比赛。投掷区域应足够宽敞，避免与其他运动员或障碍物发生碰撞。

注意力集中：在投掷实心球时，要保持注意力集中，专注于技术和动作。分心可能导致错误的投掷姿势或意外发生。

第四章 体操运动

第一节 体操运动简介

体操是一种通过徒手或借助器械进行身体锻炼的运动项目，旨在提高肌肉、韧带和骨骼的发展，并促进力量、柔韧性和灵敏性等身体素质的提高。它适用于不同性别、年龄和职业的个体，可以根据个人需求选择适合的体操项目。

体操运动在 1895 年的第一届奥林匹克运动会上首次亮相，当时主要是男子项目。直到 1928 年的第九届奥运会和 1934 年的第十届世界体操锦标赛，女子竞技体操比赛才开始出现。随后，体操运动得到了持续发展。在 1936 年的第十一届奥运会上，男子竞技体操项目明确定为自由体操、鞍马、吊环、跳马、双杠和单杠；在 1952 年的第十五届奥运会上，女子竞技体操项目明确定为跳马、高低杠、平衡木和自由体操。

现代竞技体操在俄罗斯、日本、德国、罗马尼亚、美国和中国等国家有着较好的发展，并且在世界体操大赛中表现出色，取得了辉煌的成绩。这些国家的队伍展现了高水平的技术和出色的表现。

第二节 技 巧

一、技巧的基本技术

技巧运动是一种综合性体育活动，其核心特点在于动作的技术性和艺术性的结合。运动者通过掌握和熟练运用各种动作技术，展示出身体的协调性、平衡性和柔韧性，以达到艺术表演的效果。

1. 前翻滚动作

前翻滚动作是一种技巧运动中常见的动作之一，旨在提升身体的灵活性和柔韧性。如图 4-1 所示。该动作可以被分解为以下几个关键步骤：

①准备姿势：站立姿势，身体直立，微微屈膝。

②下蹲撑垫：屈膝下蹲，双手向前伸直并着地，用手掌支撑身体重量。

③腿伸直与提臀：迅速蹬地，将两腿伸直，并同时提起臀部。

④头部滚动：低头用头后部着垫，并沿着身体的后部逐渐滚动。

⑤身体着垫：从头部着垫开始，身体依次经过肩、背、腰、臀等部位接触地面。

⑥团身收腹：当背部着垫时，迅速收腹，将身体团成一团。

⑦两手抱小腿：双手抱住小腿，使身体保持紧凑的蹲立姿势。

⑧站立还原：迅速将身体从团身状态还原到站立姿势，完成整个前翻滚动作。

图 4-1 前翻滚动作

2. 后翻滚动作

首先，从站立姿势开始，进行下蹲，即屈膝使臀部向下移动，保持胸部含胸、下颏低头的姿势，并且双手用力推撑地面，快速将身体团成一团并向后滚动。

随后，同时屈臂，将双手放置于肩部位置，手指朝后，掌心向上，抬肘内收的姿势，使臀部、腰部和背部依次着地。

接着，当身体重心完全转移到肩部时，双手均匀用力推垫地面，并同时抬起头部完成翻转动作，变成蹲撑的姿势。

最后，以蹲撑姿势为基础，通过肌肉用力将身体恢复到站立姿势，完成整个后翻滚动作。如图 4-2 所示。

图 4-2 后翻滚动作

3. 鱼跃翻滚动作

在开始时，从两臂后举的半蹲姿势开始。双臂向前摆动，同时双脚用力蹬地向前上方跃起。在离地时，身体要保持含胸、稍微屈髋的姿势，以确保腾空时的稳定性。

随后，根据身体的运动力量，双臂将循势撑垫地面，并同时屈臂。在这个过程中，身体会低头并团起来，完成前滚翻动作。

最后，通过撑垫地面和屈臂的力量，让身体重新抬头起立。完成整个鱼跃翻滚动作。如图 4-3 所示。

4. 头手倒立动作

该动作从蹲撑的姿势开始。双臂弯曲，将身体前撑垫与肩部宽度相等，上臂与前臂约成直角，同时将头的前额部分用力撑垫地面，与两手形成一个等边三角形。

图 4-3 鱼跃翻滚动作

接着，在保持身体稳定的前提下，重心前移并提臀，直到重心移至垂直面。在此过程中，臀部要向上推起，并伸直髋部，以实现头手倒立的姿势。

最后，保持稳定的头手倒立姿势。在这个姿势中，头部用力撑垫地面，上半身与双臂形成稳定的三角支撑结构。如图 4-4 所示。

图 4-4 头手倒立动作

5. 肩肘倒立动作

该动作从直腿坐垫的姿势开始。身体向后滚动，同时收腹并举起双腿，直到两脚的脚面举至头部上方。在此时，要伸直腿部，展开髋部，并挺直腹部，使脚面绷紧，形成肩肘倒立的姿势。如图 4-5 所示。

图 4-5 肩肘倒立动作

6. 侧手翻动作

该动作从侧向站立的姿势开始。双臂向侧方举起，左腿向侧方举起并蹬在垫子上，右腿向侧上方摆动。上体向左侧倾斜，同时两手腕稍微向外旋转，在依次触地的过程中，经过分腿手倒立，两臂依次顶肩推垫。在这个过程中，双脚依次落地成为两臂侧举的分腿站立姿势，然后再并腿直立。如图 4-6 所示。

图 4-6 侧手翻动作

二、技巧成套动作

（1）从前空翻变为直腿坐姿——从后空翻变为肩肘倒立——再从后空翻变为单膝坐姿。

（2）平衡——一只脚踩在地上，一只脚抬起，形成蹲式—站起来，跳起来。

（3）动作要领：翻滚流畅，方向正确，伸髋直体，倒立稳定，肩部快速推举，屈膝支撑，保持身体平衡。

（4）分组：每四个人一块垫子，轮流进行。

注意姿势，特别是双腿绷紧，屈膝挺直，前一个翻身，低下身，含胸。旋转时，动作流畅，身体笔直要有动作的节拍，要有足够的缓冲，要有足够的旋转速度。

第三节 单 杠

一、单杠技术动作

单杠作为一种训练工具，其特点在于通过围绕杠进行各种动力性练习动作，包括摆动、屈伸、摆越、转体、回环、空翻、腾跃等。这些动作的执行能够增加上肢肌肉和肩部肌肉的力量，并且提高关节的灵活性、韧带的柔韧性以及整体身体的灵活性。

1. 拉单杠的标准姿势

两只手紧紧抓住单杠，手掌向外（也就是手掌面向身体的侧面）。在空中的时候，膝盖会微微弯曲，脚踝会交叉。让你的头在中心，和你的脊柱在一条线上。两手之间要有一个肩膀的宽度。如图 4-7 所示。

2. 单腿蹬地翻身上成支撑动作

从屈臂正握站立悬垂的起始姿势开始。在这个动作中，左腿向前迈出一步并蹬地，同时右腿经由前往后上方用力摆动。接着，左脚蹬地后迅速与右腿并拢，同时进行倒肩动作，并屈臂引体，使上半身贴近杠并翻转。当上体翻至杠前水平面时，通过控制腿部、翻转腕部、抬头和挺身，最终形成支撑的姿势。如图 4-8 所示。

3. 单腿摆越成骑撑动作

以右腿摆越为例，动作从支撑的姿势开始。在支撑姿势中，双臂伸直并顶住肩部，重

图 4-7　单杠动作

图 4-8　单腿蹬地翻身上成支撑动作

心向左侧移动，左手用力撑住杠。接着，右手推离杠，同时右腿迅速经过身体侧面向前方摆越过杠，右手立即改变握法并撑直，形成骑撑的姿势。如图 4-9 所示。

图 4-9　单腿摆越成骑撑动作

4. 后倒挂膝上动作

以挂右膝为例，动作从骑撑的姿势开始。在骑撑姿势中，左腿向后摆动，臀部向后移动。接着，右腿屈膝挂住杠，并同时进行上体直臂支撑后倒。在这个过程中，身体经过挂膝悬垂，接着左腿向前上方伸腿并送髋，形成弧形后摆动作，直到接近杠下垂直部位时。随后，利用身体的惯性力量进行后摆，并同时使用直臂压住杠，右腿前伸压住杠，最终挺身成骑撑的姿势。如图 4-10 所示。

二、单杠成套动作

单杠成套动作由摆动动作组成，不能停顿，动作包括各种换握、向前或向后大回环、各种转体、扭臂握和飞行动作。

（1）练习引体向上（手是正握）。

图 4-10 后倒挂膝上动作

（2）练习腾身反转上杠。

（3）练习双手撑杠单脚跨杠知。

（4）练习道跨杠翻转旋转回 360 度。

（5）练习摆体上杠旋转 360 度下杠。

（6）练习跨杠反转旋转 360 度下杠。

（7）练习踩杠旋转 360 下杠。

（8）练习 360 度大回环。

第四节 双 杠

一、双杠技术动作

双杠是男子竞技体操的一项项目，它涵盖了支撑、悬垂、摆动、摆越、屈伸、倒立、转体、空翻、回环和静止等一系列动作。这些动作可以单独进行练习，也可以组合成联合动作进行训练。通过双杠的动作练习，可以有效增强上肢、肩部、胸背以及腰腹肌肉的力量，同时促进柔韧性和协调性的发展。

1. 支撑摆动动作

支撑动作的开始阶段是以肩为轴，两臂伸直，身体前后摆动，并且应尽量减小肩部前后移动。当身体摆至双杠下垂直面时，腰腹应放松以便进行向前或向后的加速摆动。前摆阶段是从身体后摆至达到最高点时开始的，此时脚尖向后下方延伸，肩部稍微前倾。在身体摆至垂直面时，需要用力向前上方踢腿送髋，并向后顶肩。接着从前摆阶段过渡至后摆阶段，这时应固定肩部，用力支撑双杠。当身体接近垂直面时，稍微屈髋并加强向后摆腿，同时含胸顶肩，将肩角拉开，使腰部保持紧绷状态并伸直腿，直至摆至最高点。如图4-11 所示。

2. 分腿坐行进动作

分腿坐动作的开始阶段是向前挺髋，上体前倒，并且两臂伸直，在身体前稍远处用手撑杠。同时，两腿伸直并用大腿内侧对杠进行压力，并进行腿后摆和前摆动作。当摆到超出杠面时，进行分腿动作，即用大腿内侧沿杠面向后滑动至手撑杠前，形成分腿坐姿态。然后继续向前移动。如图 4-12 所示。

图 4-11 支撑摆动动作

图 4-12 分腿坐行进动作

3. 分腿坐前滚翻成分腿动作

分腿坐动作的开始阶段是将两手握住杠，靠近大腿处，上体前倒屈臂，并顺势提臂屈体，使两肘外展，同时将两肩放在手前撑杠的位置。随后，低头前滚，保持两腿并拢的屈体姿势，当臀部移至杠上垂直位置时，迅速将两手向前换握杠，通过屈体挂臂撑的过程，并及时分开两腿下压，同时用力压杠，形成分腿坐的姿势。如图 4-13 所示。

图 4-13 分腿坐前滚翻成分腿动作

4. 支撑前摆挺身下动作

以右侧下为例，支撑摆动的开始阶段是两腿加速向前上方摆动，同时身体的重心向右移动。当摆过杠面并接近极点时，制动腿，即左腿用力制动停止摆动。接着，左手推杠迅速将右杠换握于右手前，同时松开右手，并将右手摆至侧上举的位置。同时，伸髋挺身落地，使身体成为左手握杠的侧立姿势。如图 4-14 所示。

5. 支撑后摆挺身下动作

以左侧下为例，支撑摆动的开始阶段是当身体后摆接近极点时，制动腿用力制止摆动。同时，右手推杠将其换至左手撑杠的位置，左手则侧举起来。这样使得身体平移出杠

图 4-14　支撑前摆挺身下动作

的范围，同时进行挺身下的动作。如图 4-15 所示。

图 4-15　支撑后摆挺身下动作

二、双杠成套动作

双杠成套动作是由支撑摆动、悬垂摆动、一杠动作以及静止等多个动作组成的。其中，摆动和空翻的直接连接是构成双杠成套动作的主要要素。通过运用不同动作的组合和转换，运动员能够展示出流畅的动作连贯性和技巧的完整性。

双杠成套动作的完整记写如下：以挂臂撑为起始姿势，进行前摆动作，上身成为支撑一后摆动作，使身体转变为肩倒立姿势，保持 2 秒。接着进行屈体前滚翻动作，以分腿坐姿收尾，同时两手握住杠，身体前倾。随后，两腿向后伸展，并顺滑地滑动杠中央，最终下降到挂臂撑的前摆姿势。再次进行屈体动作，完成挂臂撑的屈伸动作，上身转变为支撑一后摆动作，最后进行挺身下的动作。

第五节　形 体 训 练

一、形体训练的内容

所谓"形体训练"是基于运动人体科学理论的，借助徒手或各种器械，并运用特定动作的方式和方法，旨在改变个体的原始形态状态、提升身体的灵活性和可塑性的基本训练。同时，它也是为了提高个体的形体表现力而进行的形体技巧训练。

（一）站立

面部表情应自然明朗，额部应稍微下垂，嘴巴应闭合，胸腔应挺直，腹部应收缩，腰部应保持伸直。髋部应略微前倾，手臂应自然垂下，双手应略微转动，食指和掌指关节近乎直立，中指应位于裤子夹层但不触及；双腿应并拢，脚跟应靠近，两脚间的夹角为45°，但若膝盖无法并拢，则可增加夹角至60°。如图4-16所示。

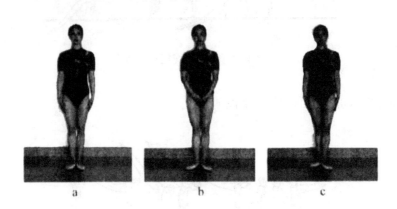

图4-16 站立姿势

从侧面观察，以墙为支撑的站立姿势中，只有脚后跟、比目鱼肌、腓肠肌的肌肉腹部（小腿腹部）和臀部与墙接触，其他部位不能接触墙面。保持正确的站立姿势可以避免驼背，使胸部内凹。

（二）步法

1. 柔软步

进行柔软步时，从自然站立的姿势开始，左腿向前下方伸直，并使脚面向外侧。逐渐由脚尖到全脚掌着地，将重心前移。接着进行右脚的动作，两腿交替进行。同时，上肢保持自然状态，前后摆动。如图4-17所示。

图4-17 柔软步

2. 足尖步

进行足尖步时，从并立且提起踵部的姿势开始，左腿向前下方伸直，同时使脚面绷直朝外。逐渐由脚尖到前脚掌着地，将重心前移。接着进行右脚的动作，两腿交替进行。同时，双手叉腰。如图4-18所示。

3. 弹簧步

图 4-18　足尖步

以普通弹簧步为例，起始姿势为并立且提起踵部的姿势，双手叉腰。左脚向前迈出一步，同时稍微屈膝半蹲，将重心转移到左腿上。接着，左腿伸直并提起踵部，同时右腿向前下伸，使膝盖与脚面绷直。随后，进行右腿的动作。这样左右腿交替进行。如图 4-19 所示。

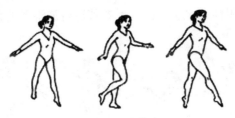

图 4-19　弹簧步

4. 变换步

以普通变换步为例，起始姿势为自然站立，两臂侧举。右脚向前迈出一步进行柔软步，并将重心转移到右腿上。同时，两臂由身体前方下摆至下举位置。左脚紧随着并拢到右脚的位置。接着，右脚再次向前迈出进行柔软步，使右脚站立，而左腿则伸直并点地。同时，两臂由下摆位置移动至左臂前举，右臂保持侧举姿势。如图 4-20 所示。

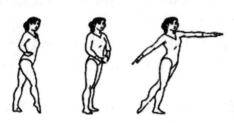

图 4-20　变换步

5. 跑跳步

以向前跑跳步为例，节拍开始前，通过左脚蹬地跳起，并同时使右腿屈膝抬起至低于 90°的位置。在第一拍的上半拍中，右脚向前着地；在下半拍中，右脚随即蹬地跳起，并同时使左腿屈膝抬起低于 90°的位置。接着，进行另一脚的动作，同时双臂自然摆动。如

图 4-21 所示。

图 4-21 跑跳步

6. 华尔兹步

以向前华尔兹为例，起始姿势为并立且提起踵部，两臂侧举。左腿向前进行柔软步，并使其落地时稍微屈膝，同时将重心随之前移。接着，右腿和左腿依次进行足尖步，即先右腿再左腿，使之触地时仅使用足尖。同时，左臂进行波浪般的动作。如图 4-22 所示。

图 4-22 华尔兹步

（三）手形、手臂的基本姿态

1. 手形

（1）手指上的芭蕾舞。从手腕到手指，划出一道完美的弧线，然后是三根手指，食指和中指交叉，拇指和食指平行。

（2）击掌也就是掌心，在徒手操作时，五指并拢，伸直双手。

（3）出拳，是大拇指和食指、中指相触成一个圆圈，其余手指微微弯曲的一种自然姿态，也叫半握拳。

（4）摊开手掌。五指张开，放于一面，当你抬起胳膊的时候，你的手腕会向内弯曲一些。

2. 胳膊的基本姿势

上肢由 7 个基础部位组成。常见的胳膊姿势有：侧平、前平、上平、斜举等。

（1）波浪

所谓的波纹，就是人体每一个关节都有规律地弯曲和伸展，形成一道道柔软而又连绵不绝的波纹，将波纹传递出去。如图 4-23 所示。

一种以确定的起点和逐步到达终点为特征的波浪运动。经过多次的训练，能使人的身体变得更加灵活，使人的肌肉和韧带变得更加灵活，并能使人的身体更加协调。波浪运动的具体内容有：手指波浪，手臂波浪，胸波浪，髋波，躯干波浪，向前、向后全身波浪，侧波浪及波浪组合等。

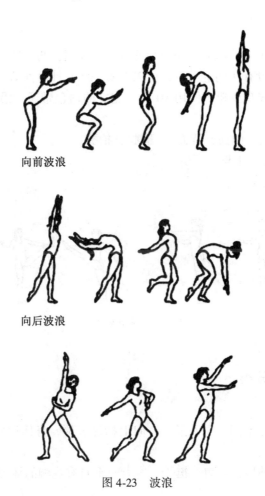

向前波浪

向后波浪

图 4-23　波浪

（2）头部

头部姿态练习可在屈、伸、绕的基础上，采用与手臂练习相结合的练习，以避免由反复进行头部运动带来的枯燥感。

（3）胸部

胸姿训练为重点，目标明确，可运用徒手训练和器械训练。

动作一：用手或者拿着哑铃来做手臂的扩张动作，重点是在扩张动作的时候要尽量地挺胸和腹部，在恢复动作的时候要让胸部放松。

动作二：俯卧撑，按照练习者的身体状况，进行不同的动作，女孩可以做跪着的动作，男孩可以做俯卧撑。落地的时候，要挺胸收腹，手肘的动作要根据手臂的力量而定。

（4）腰腹部

练习1：坐于地面，两手向后倾斜，双脚交替向上抬起，脚面，脚背绷直。

动作2：平躺式抬高，平躺于垫子上，两脚呈四十五度角抬起，再放回原位。

练习三：两两一组，其中一人仰面躺下，双手放在腰部，向上提起身体，另外一人坐在仰面躺下的同桌后面。

（5）腿部

腿的姿势是一个很重要的部分，当双腿并拢时，大腿，两个膝盖，小腿内侧要紧贴在一起。其实很多学生都没有达到这一点，所以要做一些有针对性的练习。如图 4-24 所示。

训练1：纠正 X 型或 0 型腿，使用 10 厘米宽度的白色带子，沿着直线走，要领与前面的步法要求相同。

训练2：推棒（正面，侧面，背面），磨腿，抬腿。

训练3：上劈，下劈，上劈，下劈。

训练4：两步之间打腿。

图 4-24　腿部姿势

二、形体训练的分类

（一）背靠背

操作程序：右手握住手柄，左手张开，向上抬过头顶。身体后倾，肩膀尽可能平坦，后背紧绷。

运动区域：背肌，伸展，开肩，挺胸，宽背。平时有拢胸的坏习惯，可以多做一些练习。

错误的做法：颈部不能伸直，后背松弛，脊柱不能发力。

（二）脚蹬

操作过程：右手握住把手，右脚放在把手上，双膝伸直，背部笔直，身体保持笔直。

活动区域：拉伸大腿的韧带，让双腿变得更纤细。

错误的做法：屈膝，脚不伸直，后背也是弯的。

（三）蹲下

动作过程：右手握住把手，左手向下伸直，两只脚后跟合拢，脚趾张开成直线。蹲下，膝盖向脚趾张开，髋部向前顶。

运动位置：拉伸大腿内侧的肌肉。

错误的做法：当你下蹲的时候，你的膝盖会往前弯，这会伤害到你的膝盖。

（四）触地动作

动作过程：右脚向前伸直，脚趾接触地面。右手张开到右边，左手伸到前面，做一个半圆。注意腹部收缩，胸部挺直，双眼向下看。

运动区域：腹部收拢，让腿部线条变得纤细，脊背变得笔直，有助塑造优雅的身姿。

错误的做法：屈膝，驼背和过度放松的腹部。

三、形体训练的目标及要求

（一）形体训练的目标

1. 培养和形成良好的气质

形体训练对培养良好的气质具有重要作用。形成良好气质的方法多种多样，包括得体的衣着、适度的打扮、小节的严谨、言辞的适度、高雅的品位以及高尚的道德修养等。而形体训练是培养优良气质的一种重要途径。

2. 形体训练可提高人的神经系统及脑部的机能

神经系统主要包括中枢神经系统和周围神经系统。中枢神经系统由大脑和脊髓组成，而周围神经系统则由连接大脑和脊髓的神经纤维构成。全身的神经系统是机体主要的功能调控系统，调节着身体各器官和系统的活动。通过神经系统的调控，身体能够对内外环境的变化做出相应的反应，以使内外环境达到和谐一致，从而保证身体生命活动的正常进行。

3. 形体训练对心血管功能的改善作用

形体训练有助于改善心血管功能。心血管系统是由心脏和血管构成的闭合管道系统，依靠心脏的泵血作用来驱动血液循环。形体训练通过骨骼和肌肉等运动系统来实现，这些运动过程需要大量的氧气和营养供应，并排除产生的废物。这个艰巨的工作依赖于人体内封闭的血管循环系统来完成。

4. 形体训练可以增强自信

从某种意义上来说，形体训练能够提高我们的自信心。在一个重视外表形象的社会中，外表形态是他人对我们的第一印象。因此，形体训练对我们非常重要，不论在面试、就业、比赛或考试等场合。一般来说，经过身体锻炼的人对自己的身体素质更为自信满意，这样在面试、比赛、考试等情境下更具底气。

（二）形体训练的要求

1. 练习前一定要热身。

2. 锻炼时应穿着有弹力的紧身衣或宽松的休闲装，并可穿着体操鞋、舞蹈鞋或运动鞋。

3. 为了防止意外受伤，在训练过程中请勿佩带饰品。

4. 锻炼要有计划，有步骤，逐步进行，避免忽冷忽热，间歇性的锻炼。要坚持学习，努力使学生能够系统地掌握与身体素质锻炼相关的知识与方法。

5. 训练场所要保持清洁、宁静。

6. 在进行器械操练时，必须有人协助，尤其是使用组合器械时，必须注意安全。

7. 训练期间及训练之后，要注意适量补充水分，并且要在饮食上进行合理的调节。

第五章 篮球运动

第一节 篮球运动概述

篮球运动起源于 1891 年，由美国马萨诸塞州的春田学院基督教青年会体育教练詹姆士·奈史密斯发明。其灵感来自于当时工人和儿童用球向"桃子筐"投准的一种游戏。1932 年，国际业余篮球联合会在瑞士日内瓦成立，进一步推动了篮球运动的发展。1936 年，男子篮球首次成为第 11 届奥运会项目，而女子篮球则在 1976 年成为第 12 届奥运会项目。1992 年，国际篮球联合会允许 NBA 职业球员参加第 25 届奥运会。

篮球运动在中国传入的时间是 1895 年。同年 3 月 26 日，在天津青年会举行了中国第一次正式篮球比赛。1956 年，中国建立了全国联赛的竞赛制度，并试行了运动员、教练员和裁判员的等级制度。近年来，中国篮球在亚洲地区一直占据主导地位，并多次代表亚洲参加世界大赛。

篮球运动是一项在全球范围内广受欢迎的体育运动，其独特的魅力吸引着大批的篮球爱好者，尤其是大学生这个年轻人群体。高校开展篮球运动教学活动，旨在实现体育教学的目标，并促进大学生身心健康的全面发展。

第二节 篮球运动技术

一、移动

移动技术是篮球运动的基础，其通过各种快速、突然的脚步动作达到进攻时摆脱防守，防守时盯住对手，以争取攻守主动的一种手段。

1. 基本站立姿势

作用：在场上既稳定又站立的姿势。

动作要领：双脚可以前后摆开，或者左右打开，宽度稍微大于肩宽，同时两膝微屈，重心集中在两脚之间。上半身稍微向前倾斜，脚跟轻微地离开地面，两臂自然地弯曲放在身体侧面，头部抬起，胸部收紧，目光朝前。

关键：屈膝和降低身体重心，以保持最佳的机动性。

2. 起动

作用：改变运动员静止状态。

动作要领：利用后脚或异侧脚的前脚掌有力地蹬离地面。同时，上半身迅速向前倾斜或侧转，以将重心移向跑动方向。手臂应协调地摆动，而脚则快速朝着跑动方向迈出。在起动后的前两到三步中，需要保持短促且快速的动作，以充分发挥速度在最短距离内的优势。

关键：移动重心和突然蹬离地面进行起动。

3. 跑

作用：改变运动员的位置、提高速度，可以分为以下几种类型，见表5-1。

表5-1　　　　　　　　　　　　　跑的技术类型

类型名称	作　用	技术要领	关　键
侧身跑	有利于运动员观察场上情况，超越防守与迅速摆脱防守	跑动时，要注意头部和上体的自然扭转，朝向有球方向。脚尖应朝向跑行方向，以保持速度并观察场上情况	上体侧身转肩，使脚尖指向跑行方向
变速跑	利用速度变化来完成攻守任务	加速时，要短促有力地利用前脚掌蹬离地面，上体稍微前倾。减速时，上体稍微直立，前脚掌用力抵住地面，以降低跑速	通过前倾重心后的倒转以及运用脚的后蹬和前顶动作来改变速度
变向跑	突然改变方向并加快速度以摆脱防守	变向时，右脚尖内扣，同时右脚前脚掌内侧用力蹬地，随之腰部扭转，上体向左前倾，左脚向左前方迈出一小步，右脚迅速向左腿的侧前方迈出一大步，继续跑动	右脚蹬地，屈膝内扣，转移重心，加速跑动
后退跑	是一种背对跑行方向的跑动方法	利用两脚的前脚掌轮流蹬地向后跑动，同时提起脚跟，身体稍微前倾，抬头观察场上情况，双臂协调摆动以保持身体平衡	前脚掌蹬地，提脚跟，保持身体平衡

4. 跳

跳是篮球运动员争取高度和远度的方法，分为双脚起跳和单脚起跳两种形式。

双脚起跳：在篮球比赛中常用的动作，包括跳球、投篮、抢篮板球和抢断球等。动作要领是，在起跳之前，将两膝弯曲，下降身体重心，稍微前倾上体，并使两臂弯曲，肘部向外张开。然后，在起跳时，用力蹬地，同时运用提踵、提腰和摆臂的力量，使身体向上腾起。落地时，先用前脚掌着地，屈膝缓冲以保持平衡，并为后续动作做好准备。关键是在重心下降时，用力蹬地，同时协调腰部和臂部的提摆动作，使身体自然伸展。

单脚起跳：常用于改变方向、接球、投篮和争夺篮板球的动作。动作要领是，在起跳时，最后一步的步幅要小，起跳脚要用全脚掌着地。屈膝降低重心，用力蹬地。另一腿屈膝上抬，同时摆臂和提腰帮助起跳。落地时，保持屈膝以保持平衡。关键是通过身体重心的前移和后倒，运用后蹬和前顶的力量来改变速度。

5. 急停

急停是篮球运动员在跑动中突然制动速度的方法，分为跨步急停和跳步急停两种形式。

跨步急停：又称为两步急停，动作要领是在急停时，先向前跨出一大步，第二步落地时，双膝屈曲，腰胯用力下沉，身体略微侧转，前脚掌内侧蹬地，将重心放在两脚之间。注意，在第一步跨出时，前脚掌蹬地，同时屈曲双膝，上体侧转，转移重心；第二步用力蹬地，身体内转，降低重心。

跳步急停：又称为一步急停，动作要领是在跳步急停时，要注意保持身体平衡。注意，在急停时，可以使用单脚或双脚起跳，身体稍后仰，同时双膝弯曲，重心下降，保持身体平衡。

6. 转身

转身通过改变运动员站立的位置和方向进行防守和进攻，可以分为前转身和后转身两种形式。

前转身：执行该动作时，将左脚作为中枢脚，提起左脚的踵部，用力前脚掌着地；右脚的前脚掌从内侧用力蹬地，同时上体稳定地向左转动，右脚快速地跨出一大步并着地。

后转身：执行该动作时，将左脚作为中枢脚，提起左脚的踵部，用力前脚掌着地；同时右脚的前脚掌从内侧用力蹬地，身体利用力向右后方旋转，右脚快速地跨出一大步并着地，保持身体平稳。

7. 滑步

作用：移动方法。

动作要领：左脚向左跨出并落地时，右脚跟随左脚的移动而滑动，然后再次用左脚跨出。

关键：屈膝降低重心，使身体保持水平滑动。

8. 交叉步

作用：及时起步和抢占有利位置。

动作要领：交叉步向右时，左脚用力蹬地迅速向右方交叉迈出，上体稍微向右转动，并使左脚着地，紧接着右脚快速向右侧跨出。

关键：控制重心的平衡。

9. 后撤步

作用：将前脚变为后脚。

动作要领：两膝弯曲，重心下降，前脚掌的内侧着地，同时腰部用力向后转动骨盆。前脚先进行后撤动作，后脚紧随其后，然后用力蹬地并进行滑步。

关键：前脚用力蹬地，转胯迅速后撤。

10. 攻击步

作用：抢夺球权、干扰对手的接球、传球或投篮。

动作要领：后脚用力蹬地，使身体产生向前的推力，并迅速将前脚向前跨出以逼近对手。同时，落地时将重心偏移到前脚上，保持身体平衡，并将前脚同侧的手伸展前方，进行干扰和抢截性的防守动作。

关键：两脚同时向前蹬跨，实现突然的推进。

二、传、接球

传、接球应有一定的目的性，既能安全地被同队队员接住，又能为接球后顺利地完成下一个进攻提供方便。因此，传、接球技术必须贯彻快速、隐蔽、及时、到位的要求，如图 5-1 所示。

图 5-1 传、接球

1. 双手胸前传球

保持双手自然分开，拇指相对成八字形状，并将手指根部以上部位放在球的侧后方，使手心空出，同时两肘自然弯曲于体侧，将球放置于胸前。肩部、臂部和腕部的肌肉要保持放松状态，注视着传球目标，身体采取基本姿势。

在传球时，后脚用力蹬地，身体重心向前移动，同时两臂向前伸展，手腕从下向上翻转，同时拇指用力向下压，食指和中指用力弹拨，将球传出去。

2. 双手头上传球

双手持球置于头上，两肘向前伸展。在近距离传球时，小臂快速向前摆动，手腕前屈并外翻，同时拇指、食指和中指用力向前拨球。当传球距离较远时，需要运用蹬地和腰腹部的力量来带动上臂发力。通过小臂前甩，手腕和手指用力前屈，将球传出去。

需要特别注意小臂前摆和手腕前屈的快速有力动作，以便于带动手指拨球。

3. 双手低手传球

可以选择将球置于腹前或腹侧。在传球时，手腕以下而上的方式进行翻转，并且小指、无名指和中指用力拨动球，使得球能够柔和地传出。注意，小指、无名指和中指的用力拨球至关重要。

4. 单手肩上传球

当右手进行传球时，左脚向传球方向跨出半步，双手将球引至右肩侧上方，肘关节外展，手腕后屈，右手握球的位置位于球的后下方，同时左肩对准传球方向，重心落在右脚上。在出球时，右脚蹬地的同时转体带动上臂，肘关节率先移动，前臂快速向前甩动，手腕前屈，最后通过食指、中指和无名指的弹拨和下压动作将球传出。

5. 反弹传球

向前下方用力击地，击地点根据防守者的位置决定，通常应在传球者和接球者之间的 2/3 处。球弹起的高度应该适中，一般为接球人的腹部位置。注意，出球速度要快，击地点要恰当。

6. 接球技术

双手接球时，目视来球，两臂迎球伸出，手指自然张开，两大拇指相对成"八"字形，当手指接触球的刹那，两臂回收缓和来球的冲力，将球接牢；单手接球时，伸臂迎球，当手触球时，手臂回缩，同时另一手迎上去扶持接牢。

传、接球是球类运动员们的配合的保证，一个球队的传、接球技术过硬的话，球队夺冠的机会就大。所有需要配合的球类运动都需要有一个扎实的传、接球技术。

三、运球

运球是篮球运动中一种非常重要的个人进攻手段。它既是一种强大的个体进攻工具，又是一种整体进攻与战术协调的桥梁。运球的技术可以分为以下几种。

1. 高运球

带球时，球在腰间的弹跳高度被称为高带球。球员可以利用这种技巧来增加前进速度，或者调整攻击的节奏和站位。如图 5-2 所示。

图 5-2　运球

在进行操作时，球员需要略微向前倾斜上身，头朝前方。以肘部作为轴心，将球拍压在球后上方，使球拍位置落于身体前方。双手和双脚的动作需要协调一致，以有节奏性地将球带向前方。

动作要领包括确保球拍与球的相对位置一致，同时双手和双脚需要相互配合，以实现高带球动作。

2. 低水平运球

当进行低带球时，球在膝盖下方弹起，这种技巧常用于应对对方的逼抢或贴身防守，以保护球并摆脱对方的干扰。

动作方式包括迅速屈膝，降低身体重心，将头部朝前，身体向前倾斜，并靠拢到防守者的侧面，同时用身体和双脚来保护球。同时，通过手腕和手指用力拍打球，短时间内控制球的位置，以更好地控球、突破防守并向前推进。

动作要领涉及快速屈膝、降低身体重心、身体向前倾斜的动作；拍打球的动作需要短而有力，同时手和脚的配合要协调。

3. 急停和起跳

急停步和起跳是一种在带球过程中通过突然改变速度来突破对方防线的策略。通常在对方紧密防守时使用。

动作方法包括在带球急停时，双手迅速向球的前上方拍击，同时进行一个跨步急停，并转为低位置运球，利用手臂、上半身和腿部保护球。随后进行带球急速起跳，后脚强烈踩地，同时将球向后推出，以超越对方。

动作要领包括拍球与球位的协调配合，稳定和迅速起身等关键要素。

4. 换手运球

身体前方变向换手运球是一种运球者在运球过程中通过突然的变向来突破对方防守的技术。通常情况下，这个技术被用于应对对方的拦截。

运动方式的举例：假设一名持球者正在用右脚带球向对方的右边移动。首先，他以极快的速度将球向对方的左边运动，当对方向左边移动进行拦截时，持球者会突然改变方向。他会用右手迅速拍压住球的右边后上方，然后将球贴近身体，向左边击球使其落在身体的左边前方，随后球会反弹回来。与此同时，持球者会迅速用右脚向左边前方迈步，上体向左转，前倾并转动肩膀，再用手将球拍压在球的后上方，以加快带球突破的速度。

动作要领包括确保球拍在正确的位置和方向上，及时进行跨步，侧身护球，并迅速超越对方。

5. 回旋运球

回旋运球是一种在运球队员被防守堵截且与对方距离较近时，通过后转身改变运球方法以突破防守的技术。

操作方式：以右手带球为例。在进行运球转身时，运球队员可以侧对防守者，以左脚作为中枢脚位，并将球控制在身体的右侧。接下来，运球队员可以用右手按住球的右侧上方，随后进行后转身，右脚蹬地后撤。在此过程中，运球队员可以将球拉向身体的后侧使其落地反弹。随后，他可以用左手继续带球，并从对方的右侧进行突破。

四、投篮

投篮的主要方式有：原地单手肩上投篮、原地双手胸前投篮、跳投、行进间单手低手上篮、行进间单手高手上篮、扣篮等。投篮不仅需要讲究方式，还需要掌握正确的技术，这样才能事半功倍，如图 5-3 所示。

图 5-3 投篮

投篮应注意以下几点：

（1）持球方法正确。

（2）瞄准点准确。

（3）身体各部位协调用力。

（4）出手角度适宜。

（5）保持球的旋转。

（6）注意投篮弧线和入篮角度。

1. 正面三步单手上篮

三步上篮又称跑篮，是快攻中不可缺少的投篮技术。三步上篮一般分边路投篮和正面投篮，因不能利用篮板，所以特别要注意对球的控制。如图 5-4 所示。

①腕和手指轻轻地把球拨出，从篮圈前沿轻放入网

⑤跳起的同时右手向上方60°的方向中伸出

②持球于无防守队员的一边

60°

④右膝屈成90°，手、膝节奏一致

③用左脚起跳

①右脚前迈接球

图 5-4　正面三步单手上篮

2. 反手上篮

当进攻队员沿底线突破到篮下，已处于篮圈下面时，可运用反手投篮。在最后一步起跳时，上体向后仰，抬头看篮，手掌向上，持球前部下方，当球举到最高点时，手腕沿看小指方向转动拨球，使球旋碰板入篮。关键是先确认球篮的位置，准确把握跑动距离、起跳时间以及勾手投篮的时机，如图 5-5 所示。

投篮是篮球比赛中的核心技术之一，也是直接且高效地决定比赛胜负的方法。进攻方通过运用各种技术和战术，旨在创造更多且更优质的得分机会，并努力将球投向篮筐以得分。而防守方则积极采取防守措施，目的在于阻止对手的进攻。

五、持球突破

接球急停要稳，突破的动作要快、要狠，要会保护球，避免带球跑违例。持球突破是持球队员运用脚步动作和运球技术相结合的、快速越过防守者的一项攻击性很强的进攻技术。持球突破的主要方式有原地交叉步突破、原地顺步突破。如图 5-6 所示。

如果把突破与投篮和传球有机地结合起来，让突破变得更加灵活，那么突破的威力就

④手指展开持球，拇指对向端线方向

⑤用手腕和手指轻、快拨球，使球自然地反转

③肩线与篮板成直角

⑥投篮后，必须确认入网与否

②左脚跳起，右膝屈成90°

①从右侧入左侧通过篮下时接传球

图 5-5　反手上篮

图 5-6　持球突破

会得到更大的发挥。

1. 交叉步持球突破

在篮球运动中，进行突破时，运动员可以通过调整身体的重心、动作和球的处理方式来实现。具体而言，当运动员想要进行左侧突破时，他们可以采取以下步骤。

首先，运动员以右脚为中枢脚，从防守队员的左侧进行突破。在这一过程中应该做到两脚左右开立、两膝微屈，保持身体的重心较低，并将球紧紧握持于胸腹之间。接下来，他们可以向左前方迈出左脚，假装即将向左突破。当对手的重心向左偏移时，运动员可以迅速用左脚前脚掌内侧蹬地，同时向右侧前方大步迈出。在此过程中，运动员的上体向右转，左肩下压，并将球引向身体的右侧。

随后，在右脚离地之前，运动员可以利用右手推放球于左脚尖外侧。同时，他们应该用力蹬地，以快速超越对手。

2. 同侧步持球突破

在左侧突破时，以左脚为中枢脚，采取与交叉步突破相似的准备姿势。在具体执行突破动作时，可以遵循以下步骤。

运动员采取准备姿势，以左脚为中心，从防守队员的左侧开始突破。当准备发起突破时，运动员假装要进行投篮动作。当对手的重心前移时，运动员利用左脚向内侧蹬地，并迅速用右脚跨出到防守队员的左侧。同时，运动员稍微将上体向右转，探肩，重心向前移动。

在左脚离地之前，运动员用右手推放球于右脚外侧偏前方。同时，他们利用左脚用力蹬地，以迅速超越防守队员。

六、抢篮板球

篮板球是篮球中的一个技术术语，主要表现在对禁区内有利位置的把握，对球落点的判断，起跳，空中抢断，拿球后的跑动等方面。它在篮球运动中具有很强的攻击性和防御性。

（一）抢占位置

要设法抢占在对手与球篮之间的有利位置上。抢进攻篮板球时要判断球的落点，利用各种假动作冲抢；抢防守篮板球时要注意用转身挡人的动作先挡人后抢篮板球。不论抢进攻还是防守篮板球，都要抢占在对手与球篮之间的位置上。

（二）抢夺先机

要想办法在对方和篮筐之间找到一个比较好的位置。在抢攻篮板时，要对篮球的落点进行判断，采用多种佯攻方式进行抢攻；在抢断防守篮板时，要注意在抢断篮板前要利用回旋阻截，都要抢到对方和篮球的中间。

（三）抢球的行为

在两手抢篮板的时候，在手指接触到篮球的一刹那，两手紧紧地抓着篮球，腰部和腹部发力，快速地将篮球向胸腹部方向拉去，同时两个手肘向外伸展，护住篮球。

如果单手抢篮板球，当你跳起到最高点且手指接触到球时，应当快速地屈指、屈腕、屈肘，然后收臂，将球往下拉，同时，你还可以用另外一只手握球，将球护在你的胸腹位置。

在进攻中抢到篮板后，或补篮或投中，或快速地把球传给队友，再次组织进攻；防守时抢下篮板，或在半空中带球、落地后快速传给队友。如图5-7所示。

七、防守对手

防守对手是队员合理的运用防守动作，积极抢占有利位置，破坏和阻挠对手的进攻意图和行动，并以争夺控制球权为目的。防守对手的方式有以下几种。

1. 防守无球队员

根据球和对手的位置，灵活选择和变换自己的防守站位。防守队员要与球和对手保持等距离的三角形关系，并及时洞察对手的移动路径，运用封堵、卡位、滑步、贴身盯防、

图 5-7　抢板篮球

挤压和夹击等防守技巧，以阻止对手进行空切或底线溜球接球等进攻动作。

2. 防守有球队员

根据对手的位置，站在对手和篮球之间。在前后左右移动中，及时洞察对手的进攻意图，并使用抢球、打球和断球等防守技巧，以阻止对手的突破、投篮和传球。

打球和抢断时防守对手的有效方式之一，其方式如下。

打球：防守队员需要屈膝降低臀部，采用碎步移动。当进攻队员接球瞬间暴露球或失去保护球的注意力时，防守队员可以采用由下至上的打球方式，掌心向上，用手指和掌根击打球的下部。如果进攻队员持球较低（低于腹部），则可以采用由上至下的打球方式，掌心向上，用手指和手掌外侧击打球。

抢球：抢球者需要先靠近对手，并观察对手持球的空隙位置。动作需要迅速、突然而果断。当双手的手指碰触到球并控制住球时，可以用力猛拉。可以通过后拉手臂或转动双手的方法将球抢过来，也可以采用转体的方法抢断球。

断球：断球是指从对方接球队员的侧面或后面跳出来截获球的动作。断球时，需要屈膝，降低重心，然后采取行动。

第三节　篮球运动战术

一、进攻战术基础配合

进攻战术基础配合是两三个进攻队员在进攻中采用的协同动作，创造进攻条件和机会的简单配合。作为攻击战术一部分的篮球基本配合，其类型主要有以下几种。

1. 传切配合

传切配合是篮球中常见的一种进攻配合方式，主要包括一传一切和空切两种形式。

一传一切是指持球队员在传球给队友后立即切入篮下位置，准备接收队友的回传球并进行投篮。这种配合方式依靠球的快速传递和队员之间的默契协作，可以制造出空位得分的机会。持球队员需要观察队友和防守者的位置，选择恰当的时机进行传球和切入篮下，从而获得得分机会。

空切是指无球队员根据球的转移情况，在比赛中从不同的方向或侧向迎球或插入篮下，为接球和得分创造机会。在这种配合中，无球队员需要敏锐地观察比赛局势，找准时机进行切入，并与持球队员产生配合，完成精准的传球和得分动作。

2. 突分配合

在这种配合中，持球队员通过个人突破动作吸引防守者的注意力或遇到补防时，及时将球传给位置合适的队友，为其创造出进攻机会。

注意，突破队员的动作要突然、快速；突破队员在突破过程中要随时观察场上情况，以及时分球或投篮。

3. 掩护配合

掩护配合是一种进攻队员之间通过合理的身体动作，以阻挡防守者的移动路线，为队友创造摆脱防守的机会的配合方法。具体而言，有两种常见的掩护技巧：

前掩护：掩护队员在传球给队友后，迅速移动到防守者身前，以阻挡对方的行进路线，为队友创造出与防守者的距离，使其有更好的机会摆脱对手。

运球掩护：掩护队员利用运球的方式接近防守者，通过掌握球的控制权和身体的位置，为队友提供一个突破或传球的机会。

这种掩护配合的方法可以有效地打乱对方的防守战术，为进攻方创造出更多的机会和空间，以增加得分的可能性。

4. 换防配合

在换防配合中，防守队员需要密切观察进攻队员的动态以及他们之间的配合关系。一旦发现进攻队员之间有掩护关系形成，防守队员需要准确判断并迅速做出反应，及时呼应队友进行防守位置的交换。这样可以阻止进攻队员得分的路径，并削弱他们的进攻威胁。

二、防守战术基础配合

基本的防守战术配合，是一种由两个或三个球员组成的，为阻止对手的进攻而进行的一种简单的配合。这些措施包括：

（1）开始配合。当掩护球员接近自己时，防守者要主动上前一步，接近自己的防守对手，从掩护球员面前挤过或抢过，继续防守自己的对手。

（2）穿透配合。在攻击方做掩护时，作为掩护方的防守方应向同伴发出警告，并向后退一步，使同伴能及时越过自己与被掩护方的距离，以保持防守。

（3）迂回配合。在攻击球员做掩护的时候，作为掩护球员的防守球员会主动向对方靠拢，让对方绕过自己，然后继续防守对方。

（4）换防配合。这是一种在防守球员之间进行及时的配合和交换，以打破进攻球员的掩护配合。

（5）关上房门。是指两个防守者靠得很近，互相配合，互相进攻的一种配合方式。

（6）两面夹击。指两个防守方球员在同一时间内，有目的地作出突然动作，阻止和包围持球球员。

（7）辅助防守。是一名防守方在队友被突破后，立刻舍弃他的对手，转而对其最具威胁的进攻方进行补防。

三、快攻与防守快攻

1. 快攻

快攻是一种在对方尚未组织好防守的情况下，通过迅速且合理地利用时间、人数和位置上的优势转化为进攻的战术。

发动快攻的时机通常是在抢下后场篮板球、抢断得球、掷界外球或跳球后。在训练快攻战术时，可以按照以下步骤和方法进行。

发动与接应的练习：练习抢下篮板球后的快攻发动以及确定接应位置，然后逐渐增加练习的难度。

快攻推进阶段的练习：先练习中路推进，然后再练习边线推进，最后进行中路和边线的结合推进的训练。

快攻结束阶段的练习：在快攻进行到最后阶段时，进行快速的传球，并要求接应队员主动选择合适的位置。

在训练过程中，要求传球快速准确，而接应队员则需要主动找到合适的位置接球。

2. 防守快攻

防守快攻是一种有组织地限制对方快攻速度并破坏其配合路线的防守方法。提高防守快攻能力的练习方法包括以下几种。

封堵第一传和接应的练习：采用二攻二守或三防三夹击等方式，围堵对方的第一传和接应队员，并加大难度逐步提高练习效果。

以少防多的练习：进行一防二或二防三的练习，让防守方在人数上处于劣势时，学会合理分配防守任务并有效协作。

全场综合防守快攻的练习：进行二防二、三防三或五防五等练习，要求球员积极封堵对方的第一传和接应队员，并加强攻守转换的速度和配合默契。

在训练过程中，要求防守方在传球过程中迅速准确，同时接应队员需要主动选择合适的位置进行防守。

四、人盯人与进攻人盯人防守

（一）人盯人

"人盯人"是一种最基础的防守形式。从运用的角度来看，它可以有效地控制对手，限制对手的专长，并能以对方的配合范围和攻击的侧重点为依据，适时地调整防守位置，并配置防守力量。以下是人盯人防守的练习步骤和方法。

个人防守能力的训练：注重提高球员的防守基本功，包括快速移动、灵活变向、脚步协调等方面的技术训练，以增强个人防守的能力。

在进攻队员球动人不动条件下的防守队员选位练习：模拟进攻队员保持球的运动而防守队员不主动出击的情况下，要求防守队员通过选取合适的位置来进行盯防，以保持对手控球人的限制。

在进攻队员人动球动条件下的防守练习：模拟进攻队员与球一同运动时，防守队员需要随时调整盯防位置，保持对手的限制和干扰，并在合适的时机进行抢断或封堵。

半场攻守练习：在比赛场地的半场范围内进行人盯人防守练习，要求防守队员通过紧密盯防对手球员，限制其进攻路线和得分机会。

全场紧逼人盯人练习：在全场范围内进行人盯人防守练习，要求防守队员积极堵截对手的进攻路线，紧密盯防对手球员，全面限制对方的进攻效果。

在以上练习过程中，要求传球速度快，接应队员需要主动选择合适的位置进行防守。

（二）进攻人盯人防守

进攻人盯人防守是一种全队进攻战术，通过运用个人技术动作如传接球、投篮、运球和突破等，以及团队战术基础配合如传切、掩护、策应等，实施紧密盯防对手球员的防守策略，练习步骤如下。

战术分段、分位练习：针对全队进攻防守战术，根据战术要求进行分段和分位练习。通过细化练习内容，让球员逐步理解和掌握不同位置的进攻和防守要点，培养适应不同场景的能力。

在消极防守情况下的全队战术练习：模拟对手采取消极防守的情况下，要求全队运用战术配合和个人技术，通过快速传球、切换位置等方式寻找并利用对手防守漏洞，形成有效的进攻威胁。

半场攻防对抗情况下的战术练习：在半场范围内进行攻防对抗练习，要求球员根据防守特点选择相应的配合方法，并与队友进行紧密的战术协作，以实现高效的进攻和紧密的防守。

进攻全场紧逼人盯人防守的练习：在全场范围内进行全队进攻的紧逼人盯人防守练习。要求球员积极移动，根据对手的防守特点和位置选择合适的配合方式，通过快速传球、切换位置等技术动作，实施紧密盯防，限制对手的进攻。

在以上练习过程中，要求传球速度快，接应队员需要主动选择合适的位置进行配合。

五、区域联防

篮球区域联防指的是由进攻转变为防守的时候，防守队员会快速地撤回到后场，每一名队员都会分工负责对特定的区域进行防守，对进入该区域的球和进攻队员进行严密的防守，并与其他队友进行配合，用一定的队形把各个防守区域有机地联系起来，而构成一种防守战术。

区域联防的练习步骤与方法如下。

（1）基本落位队形的练习。

（2）分解练习：一防二、二防三、防溜底线、防背切、防中锋等的练习。

（3）消极进攻情况下的五对五完整练习。

（4）积极进攻对抗情况下的完整练习。

要求：站位合理，注意协防。

第四节　篮球运动竞赛规则

一、比赛场地与设备

1. 球场

篮球场一般为长方形，在国际篮联举办的正式比赛中，球场的尺寸通常如下：长 28 米，宽 15 米。球场分为两部分，各 14 公尺，15 公尺宽。针对其他比赛场地，可以使用尺寸在正式比赛场地长度减少 4 米、宽度减少 2 米的范围内的现有球场。关键是确保这些变动是成比例的，以保持比赛的公平性和一致性。

2. 设备

对于奥林匹克比赛和其他世界性比赛，篮板的尺寸应符合以下规定：横宽为 1.80 米，竖立高度为 1.05 米，篮板下沿距地面的高度为 2.90 米。篮板的中心垂直落在场上，距离端线内沿的距离为 1.20 米。篮圈水平面距离地面的高度为 3.05 米。

此外，规定还包括篮球的相关要求：篮球的圆周不得小于 0.749 米，也不得大于 0.78 米。篮球的重量应在 600 克至 650 克之间。

二、比赛、暂停、替换

1. 比赛

篮球赛有两支队伍，每一支队伍有五名队员，一名队员担任队长，七名队员担任替补队员。将球投进对手的篮筐，得分 2 分；3 分线以外投中对手篮可得 3 分，罚进 1 次可得 1 分。比赛时间内，得分多的队伍获胜。

比赛分上、下半场共 4 小节，每小节 10 分钟，半场中间休息 10 分钟。下半时终场时，如两队得分相等，则延续 5 分钟进行加时赛，得分仍相等，再延续 5 分钟，直至分出胜负。

2. 暂停

每支球队在每个半场内有两次暂停的机会，每次暂停时长为 1 分钟。在决胜时段内，每支球队准许使用一次暂停。需要注意的是，未使用的暂停不能在下半时或决胜时段内使用。球队可以选择以下时机请求暂停：

（1）当球成死球并停止比赛计时钟时，球队可以请求暂停。

（2）当对方球队投篮得分时，球队也可以请求一次暂停，但必须在投篮队员将球离手前提出请求。

3. 替换

在篮球比赛中，当替补队员准备进场时，应向记录员报告，并立即做好比赛的准备。替换的时机如下：

（1）当球成死球并停止比赛计时钟时，替补队员可以请求替换进场。

（2）在违例后，只有掷界外球的非犯规方队伍可以请求替换。一旦获准替换，对方队伍也可以请求替换。

（3）当对方队伍投篮得分时，替补队员也可以请求替换，但必须在投篮队员将球离手前提出请求。

第六章 排球运动

第一节 排球运动概述

排球运动起源于 19 世纪末的美国。其创始人威廉·摩根认为当时流行的篮球运动过于激烈，于是创造了一种相对温和、适合各年龄段人群参与的室内游戏。最初的排球比赛是将网球网挂在高处，使用篮球胆进行传递，要求球不触地，受到极大欢迎。1896 年，在斯普林费尔德体育专科学校举行了世界上最早的排球比赛。随后，摩根制定了排球比赛规则，为排球运动的发展做出了重要推动。

排球运动逐渐传播至全球。1900 年传入印度，1905 年传入中国，1906 年传入古巴，1908 年传入日本，1910 年传入菲律宾。亚洲最早的排球比赛是 1913 年在菲律宾马尼拉举办的。1947 年，国际排球联合会成立，推动了排球运动的国际化。1964 年，排球首次成为奥运会正式比赛项目。

沙滩排球则起源于 20 世纪 20 年代初的加利福尼亚州圣莫尼卡海滩。1930 年，圣莫尼卡举办了第一场双人沙滩排球比赛，这种比赛形式成为现在最为普遍的打法。1996 年，沙滩排球首次成为奥运会正式比赛项目。

第二节 排球基本技术

一、准备姿势和移动

（一）准备姿势

为方便进行各项技术动作而采取的合乎情理的体位，被称作预备位。一个合理的预备姿态，能很容易地完成各项击球动作，为快速启动、快速移动和击球创造最佳的环境。准备姿势可以分为以下 3 种，半蹲比较常见。

1. 稍蹲

稍蹲是一种比半蹲身体重心稍高的姿势，其动作方法与半蹲相同。通常在扣球助跑前或对方正在组织进攻时使用，适用于不需要快速起动的场合。

2. 半蹲

两脚左右开立稍比肩宽，并保持一定的稳定性。其中一脚略微放在前方，在姿势中起到平衡和支撑的作用。双脚的尖端适当内收，同时脚跟略微提起，以保持身体的稳定性。膝关节保持一定的弯曲程度，既可以保护关节，也有利于身体的灵活性。

同时，上体稍微前倾，重心向前移动，两臂放松自然，呈现自然的弯曲，双手放于腹部前方。视线注视来球，以保持对比赛的专注。

3. 低蹲

身体重心比半蹲更低，主要用于防守和接拦回球等。如图 6-1 所示。

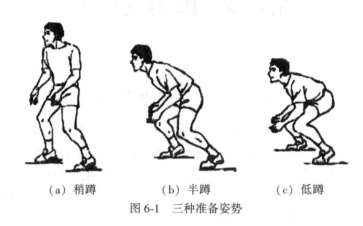

（a）稍蹲　　　　　　（b）半蹲　　　　　　（c）低蹲

图 6-1　三种准备姿势

动作要领；低蹲时，两脚左右，前后的距离要更宽一些，膝部的弯曲程度大于半蹲姿势。身体重心更要靠前，两肩前探超出膝关节，膝部垂线超脚尖，手臂置于胸腹之间。

（二）移动

移动是指从起动到制动之间的位移动作，其目的是及时接近排球，占据场上的有力位置，以便于更好地击打排球，其移动步法可以分为以下几种。

（1）并步：当来球与身体距离大约一步左右时，可以采用并步移动。这种步法中，近球一侧的脚向来球的方向迈出一步，同时另一脚迅速而有力地蹬地，并快速跟上，以达到接球准备的姿势。

（2）滑步：连续两次并步被称为滑步。当来球距离身体较近且弧线较高时，可以采用滑步。在向右滑步时，右脚先向右迈出一步，然后左脚迅速地并上，并落在右脚的左侧。连续执行并步动作即形成滑步。滑步主要用于完成传球、垫球和拦网等动作。

（3）跨步：当来球较低且距离身体较近时，可以采用跨步。首先向移动方向跨出一大步，同时屈膝、上体前倾，并将身体重心移到跨出的那条腿上。跨步可以向前、向侧或向侧前方进行。

（4）交叉步：当来球在体侧约 2 米距离时，可以采用交叉步移动。在向右移动时，上体稍微向右转，左脚从右脚前方向右侧交叉迈出一步，接着右脚再向右侧大步跨出，同时身体转向来球的方向，保持击球前的准备姿势。

（5）跑步：当球与个体之间的距离较远时，适宜采用跑步作为移动方式。跑步时，运动者应注意保持双臂的协调摆动。尤其是球位在侧方或后方时，运动者应迅速而协调地进行身体转动和跑步动作。

二、发球

在排球比赛中，发球是第一步。发球是一种击球方式，由一号位球员在自己的发球区把球掷出，然后用单手把球打到对手的区域。如图 6-2 所示。下面以右手发球为例，介绍发球的几种基本方法。

图 6-2　发球

1. 正面下手发球

准备姿势：站立时面对球网，两脚自然开立，左脚在前，两膝微屈，上体稍前倾，重心在两腿之间，左手持球于腹前。

抛球：将球在体前右侧轻轻抛起，离手约一球距离。同时，右臂以肩为轴向后摆动，保持伸直状态。

击球：接着，在挥臂阶段，右脚蹬地，身体重心随后臂以肩为轴向前摆动，并移至前脚的位置，击球部位应该针对球的后下部进行击打。注意，进行击球动作时，手指和腕部要保持紧张，可以使用全掌、虎口或半握拳等方式来击球。最后，完成击球后，身体应随着重心前移，迅速进入到比赛场地内。

2. 侧面下手发球

准备姿势：左肩对网站立，双脚左右分开与肩同宽，两膝微屈，上体稍前倾，左手持球置于胸前。

抛球：将球在身体的正前方抛起，高度约为 25 厘米，离身体约一臂远。

击球：右臂摆至右侧下方，利用右脚蹬地和向左转体的力量，带动右臂向前摆动，保持手臂伸直，接着，使用全手掌、拳或虎口的方式对准球进行击打，以球的后下部为击球部位。

3. 正面上手发球

准备姿势：两脚自然开立，左脚向前并用左手托球放置于身前。

抛球：手掌平拖上送，将球平稳垂直抛在右肩上方。

击球：挥臂，在右肩上方手臂伸直的最高点以全手掌击球的后中下部，各手指自然张开吻合球，手腕迅速主动地推压动作使球上前旋飞行。

4. 勾手发球

准备姿势：左肩对网，双脚左右开立，稍微比肩宽，重心略偏于右脚上，左手持球置于腹前。

抛球：将球垂直地、平稳地向左侧前上方抛起，确保抛球的稳定性和准确性。

击球：抛球的过程中，身体的重心下降并迅速向右脚移动，以带动放松的右臂向侧后方摆动，并同时进行挺胸的动作，在击球时，需要用力将右脚置地，将重心移至左脚上，并利用向左转体的协调力量，在最高点迅速挥臂。使用全手掌对准球的中下部进行击打。

三、垫球

这是一种以身体协调发力为前提，以手臂的回击为目的，将来球从垫击面上弹回的击球技术。如图 6-3 所示。

图 6-3　垫球

1. 正面双手垫球

在判断来球的方向后，迅速移动到落点，并面对来球，采用半蹲姿势站立。当球接近腹前时，两手掌根紧靠，两手指重叠合掌互握，两拇指平行排列，腕部贴合，同时放松手部肌肉，手腕下压，使得两臂外翻形成一个平面。当球飞行到离腹前一个臂距离时，两臂夹紧并前伸插到球的下方，同时向前上方蹬地抬臂，使用前臂腕关节以上约 10 厘米的桡骨内侧平面进行击球，击中球的后下部。身体的重心随着击球动作的进行前移，以将球击出。

2. 体侧垫球

当来球飞向体侧时，如果队员无法及时移动以对正来球，可以使用双手臂在体侧进行垫球。当球飞向体侧大约一步的距离，由于速度较快或者球的高度较低，队员应立即向前或者向侧边迈出一步，屈膝制动，并将重心放在迈出的那条腿上。同时，上半身前倾，臂部下降，双臂前伸插入球的下方，使用前臂击打球的后下部，以将球击出，并迅速还原动作。

根据垫球技术的特点，垫球时需要遵循"一插、二夹、三抬臂"的原则。

四、传球

排球是一种基本的组织和战术，主要用于进攻和衔接防守，如图 6-4 所示。在传球过程中，动作要领如下。

1. 准备姿势

站立时需要稍微蹲着，上体抬起，但身体重心保持稳定，不后移。注视着球的位置，

图 6-4　正面上手传球

双手自然抬起，屈肘，放松地放置于脸前。当来球接近额头时，开始蹬地伸膝和伸臂，两手微张从脸前向前上方迎球，并且全身各部位的动作要协调一致。

在接球时，手指的排列可以形成"一"字形或"八"字形，这样的手型有助于与球体相吻合，使触球面积比较大，从而增加接球的准确性。

2. 击球点

在距离额前上方 1 米处，便于观察来球和传球目标，有利于控制传球的准确性，同时有利于伸臂击球。

3. 用力方法

在向前传球时，需要协调蹬地伸膝向上展体和伸臂的顺序来完成手臂传球动作。传球过程中，迎球伸臂主要由拇指、食指和中指来承担球下落的力量，而无名指和小指则帮助控制球的稳定性。

而在向后传球时，通过蹬腿、展腹、抬臂和伸肘的动作，产生指腕的弹力，将球向后上方传出。在传球过程中，手腕应始终保持后仰的状态，以增加传球的效果。同时，大拇指也应该发挥更多的力量，以确保传球的准确性和稳定性。

五、扣球

在排球比赛中，扣球因其能发挥全身的力气而快速有力，是最具攻击性的一种进攻方式。扣球指的是用身体在半空中进行的击球，每次扣球都要经过四个环节，即准备姿势、助跑起跳、空中击球和落地，如图 6-5 所示。

1. 准备姿势

站立在距离球网约 3 米的位置，双臂自然下垂，身体稍微蹲着，保持脚步的灵活性，专注地观察二传队员的动作。

2. 助跑起跳

根据二传球的高度、球速和个人习惯，选择适当的助跑方式。以两步助跑为例，先迈出左脚一小步，接着迅速跨出右脚一大步，脚跟先着地，然后全脚掌着地。左脚及时并上，稍微落地在右脚之前。起跳时，双腿屈膝、蹬地，双臂自然向后画弧，并向上挥动，以增加弹跳高度。

图 6-5 扣球

3. 空中击球

起跳后，挺胸展腹，稍微向右转，右臂向后上方抬起，形成反弓形状。迅速转体，收腹，带动肩部、肘部和腕部关节形成鞭状挥动动作。击球时，手指微张呈勺状，并保持紧张状态，用整个手掌包住球，击中球的后上部，通过屈腕和指向前推压的力量，使击球的球加速上旋。击球点应保持在最高起跳时，双臂伸直的前上方。

4. 落地

尽量同时双脚着地，屈膝收腹，以减缓下降的冲击力。

以上便是垫球技术的步骤，需要注意每个动作的细节和配合，以确保技术的稳定性和有效性。

六、拦网

拦网可分为单人拦网和集体拦网，包括准备姿势，移动起跳、空中拦网，落地 4 个部分。如图 6-6 所示。

图 6-6 拦网

1. 准备姿势

队员面对球网，两脚平行开立，约与肩同宽，距离网 30 ~ 40 厘米。两膝稍屈，两臂在胸前自然屈肘。

2. 移动起跳

根据对方二传球高低、远近、球速及个人习惯，可采用并步、交叉步、跑步等方法，重心降低，两膝弯曲，用力蹬地，两臂加速向前上方挥动抬起，使身体垂直起跳。

3. 空中拦网

起跳时，两手贴近额前并平行球网向网上沿的前上方伸出，两臂伸直，两肩尽量上提，两臂保持平行。拦网时，两臂尽力过网伸向对方上空，两臂间隔以左右拇指间不漏球为宜。两手接近球时自然张开，屈指屈腕呈勺形。当手触球时，两手突然紧张，手腕用力下压盖住球的前上方。

4. 落地

如已将球拦回，则可面对对方，两腿屈膝缓冲，双脚落地。如未拦到球，则在下落时就要随球转头，并以转头方向相反的一只脚先横过来落地，随即转身面向后场。

第三节　排球基本战术

一、阵容配备及位置交换

（一）阵容配备

通常，一支排球队有 12 个运动员，外加一个教练，一个助理教练，一个队医。12 个人，上场 6 个人，所以排兵布阵，对于每个教练来说，都是一个很大的课题。排球队的球员配置，有"五一配备"，也有"四二配备"。

1. 五一配备

这也是排球队中比较常见的一种阵型，也就是 5 个进攻球员+1 个二传球员，也就是 2 个主攻球员，2 个副攻球员，1 个接应球员，1 个二传球员。五个前锋围着二传打，配合起来比较容易，只要熟悉了二传的传球方式就行了。二传手放在前排，因为前排只有两个进攻者，那么二传手就需要在后排进攻者的位置上，这样才能弥补进攻者的不足。在二传位置上，前排就有 3 个进攻点，增加了二传位置，增加了三个进攻点的数量。

2. 四二配备

这样的阵型，需要两个优秀的二传，而且还要对两个二传的传球特点了如指掌。这样的阵容，在比赛中通常会有两个主攻，两个副攻，两个二传。四二阵型的特色在于，因为有了两名二传，因此拥有了更多的战术多样性，以及更多的战术组织方式。

不过也有一个弊端，那就是前锋只能有两个人，不能保证足够的火力，也不容易让对手知道足球会落在哪里。

当然，四二阵型的话，必须要有一位二传手是攻击型的，不然的话，攻击型的球员和五五阵型的球员相比，就显得有些逊色了。

（二）位置交换

在排球运动中，有 6 个位置，即 1，2，3，4，5，6。第二至第四个座位在前排，第一、第五、第六个座位在后排。我们只需要记住下面两条就可以了。

1. 排球的第一个位置，就是第一个位置，如果第一个位置的人赢了，就会被第二个位置的人赢了，第二个位置的人输了，就会被第一个位置的人赢了。

2. 若下一场比赛一方再次得分，则所有球员将以顺时针旋转一次，也就是 1 号球员将回到 6 号球员，2 号球员将回到 1 号球员将回到 1 号球员手中。按照这个顺序，当第一个位置的第一个球员再次回到第一个位置发球的时候，就算是完成了第一个回合的轮换。

如发球局出现错误，裁判将给予错误的一方处罚。这里需要说明的是，这只是改变了发球位置，在比赛中，球员的跑位是没有限制的，场上的任何位置都可以，但是后排的球员不能在前排区域扣球或者拦网。

因为一支球队，通常都是两个主攻，一个二传，一个替补，一个自由球员，所以才会出现"强轮次"与"弱轮次"的区别。

"强轮次"就是两个主攻手都在前面，一般都是 2 号位或者 4 号位，这样二传手可以有更多的选择，也有更高的成功率。

"弱轮次"是指在前排只有一名主攻时，二传手传球的选择会减少，很容易被对手猜测出传球路线，从而增加了被拦网的概率。

二、进攻战术

1. "中一二"进攻战术

"中一二"进攻战术是一种常见的排球进攻战术，其阵型包括二传手站位于 3 号位置，并由 5 号队员垫球传至 3 号位置。接球的 3 号队员将球传给 2 号或 4 号队员进行扣球进攻。这一战术的具体配置如图 6-7 所示（实线表示传球路线，虚线表示队员的移动路径）。

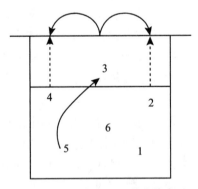

图 6-7 "中一二"进攻战术

2. "边一二"进攻战术

"边一二"进攻战术是排球比赛中常见的一种进攻战术，其阵型包括二传手站位于 2 号位置，并由 6 号队员进行垫球传至 2 号位置。接球的 2 号队员将球传给 3 号或 4 号队员进行扣球进攻。这一战术的具体配置如图 6-8 所示。

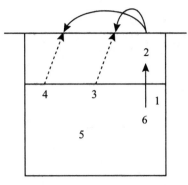

图 6-8　"边一二"进攻战术

三、防守战术

1. 接发球防守

（1）5 人接发球防守战术

5 人接发球防守战术是排球比赛中最基本、最常用的接发球方法之一。该战术的阵型包括除前排的 1 名二传手或准备插上的后排二传手外，其他 5 名队员都参与接发球。在 5 人接发球时，队员的位置应根据自身的一攻战术来确定。

（2）4 人接发球防守战术

4 人接发球防守战术是一种阵型，在该阵型下除前排的 1 名二传手和准备插上的后排二传选手外，其他 4 名队员都需要参与接发球。这种战术的特点是可以缩短插上和扣快球队员跑动的距离，从而有利于提高进攻的速度。

2. 接扣球防守

对于接扣球防守战术，它由拦网和后排防守两部分组成，其中涉及无人拦网、单人拦网、双人拦网和三人拦网等不同的防守战术。在此，我们将简要介绍双人拦网防守战术。

在双人拦网防守战术中，主要适用于对手扣球力量较强、线路变化较多的情况下。其中的方法包括了"边跟进"防守和"心跟进"防守等实施策略。

（1）"边跟进"防守

具体而言，在"边跟进"防守中，队员采用成"M"型站位，2 号和 3 号分别位于网前进行拦网动作，4 号则后退至攻防线后方参与后场防守，而 1 号或 5 号选手负责跟进保护和防守对方的吊球。这种战术适用于对方进攻力量强，扣球较多而吊球较少的情况。具体的"M"型站位如图 6-9 所示。

（2）"心跟进"防守

"心跟进"防守是一种战术阵型，当队员成为"M"型站位时，2 号和 3 号站在网前进行拦网，4 号队员后退至攻防线后方参与后场防守，而 6 号队员则专职负责跟进、保护拦网和防守对方的吊球。这种战术适用于对方经常进行扣球和吊球的结合进攻。

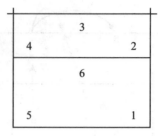

图 6-9　"M"型站位

第四节　排球运动竞赛规则

一、比赛场地与设备

FIBA 对排球场地的要求也很严格：比赛场区与无障碍区是排球的两部分。比赛场区是一个 18 米×9 米的矩形区域，周围留有 3 米以上的无障碍区域，赛场上方高度不低于 7 米，且不能设置障碍物。

在场地中央有一条横线，将场地分成两部分。攻击线是在距中场 3 米远的地方划出的，又叫"3 米线"，当后场球员完成攻击动作时，他们的脚是不能越过这条线的。所有的线条都是 5 厘米宽。在排球场的正中央，有一张网。网子宽度为 1 米，长度为 9.5 米~10 米，悬挂于球场外的两个柱子上。女网高度 2.24 米，男网高度 2.43 米。网子的两端，与网子的边线及中心线相垂直，每一端都有一条宽 5 厘米，长 1 米，在网子的外侧，每一端都有一条长 1.80 米，红白两色的标牌，标牌的顶端比网子的上缘高 80 厘米。

二、计分办法、暂停与替换

1. 计分方法

排球比赛采用五局三胜制，即需要某队赢得三局才能获得一场比赛的胜利。比赛采用每球得分制，这意味着接发球队在赢得一球后将得到一分，并且获得发球权，同时队员按照顺时针方向轮转一个位置。

在前四局比赛中，为了赢得一局比赛，队伍需要先达到 25 分，并且同时领先对手 2 分。当比分达到 24∶24 时，比赛将继续进行，直到某队取得两分的领先为止。

而决胜局（第五局）的比赛规则稍有不同，队伍需要先达到 15 分，并且同时领先对手 2 分才能获胜。

2. 暂停

①在每局比赛中，当一方队伍取得 8 分和 16 分的领先时，比赛将进行为期 30 秒的技术暂停。这个技术暂停的目的是让队伍有机会调整战术、恢复体能或者进行必要的讨论，以更好地应对比赛局势。

②在每局比赛中，教练员或者场上队长有权利请求一次暂停，每次暂停的时间不得超

过 30 秒。这个暂停请求可以用来处理战术调整、疲劳恢复或者组织队伍的需要。

3. 替换

每局比赛中，只有经教练员或场上队长向裁判员提出请求后才能进行换人。每队在一局比赛中最多有 6 次换人机会。首次上场的队员只能被替换下场 1 次，并且当再次上场时必须回到原来的轮次位置。替补队员每局只能有 1 次上场的机会。

需要注意的是，在一个队伍请求换人之前和之后，他们可以在不干扰比赛过程的情况下请求一次暂停。然而，连续换人是不允许的。

第七章　足球运动

第一节　足球运动概述

一、足球运动的起源

足球是一项起源于中国古代蹴鞠，并在英国发展演变而来的现代体育运动。现代足球运动始于 1863 年，当时伦敦的 11 个俱乐部和学校在弗里森酒店举行会议，创立了英格兰足球协会，并制定了世界上第一个统一的足球规则。1904 年，法国、比利时、丹麦、荷兰、西班牙、瑞典和瑞士共同创立了国际足球联合会（FIFA），为足球运动的发展提供了国际组织和统一管理。

二、足球运动的特点

1. 群众性

除了正式的 11 人制足球比赛外，足球运动也可以在任何开阔的场地进行，例如"三人制""五人制""七人制"比赛。这使得足球成为一项广泛参与的群众运动。

2. 竞技性

足球运动的竞技性表现为激烈的对抗性，比赛条件的不确定性，以及心理上的强烈刺激。运动员需要具备高度的体能和技术水平，同时还需要良好的战术意识和团队合作能力。

3. 文化性

足球运动融合了丰富的文化内涵，它不仅满足人们的生理和心理需求，还反映了人们的行为举止、思想感情等方面的身体文化运动。足球在世界范围内受到广泛欢迎，并成为国家间交流与文化交流的重要形式之一。

第二节　足球运动技术

足球技术是指运动员在比赛中以符合规则的方式展示的各种合理动作的技术。这些技术可以分为两大类：有球技术和无球技术。无球技术包括启动、奔跑、急停、转身和假动作等动作，而有球技术则涵盖了踢球、停球、运球、头顶球、掷界外球、抢截球、假动作以及守门员技术等，这里主要介绍有球技术。

一、踢球

踢球技术指运动员通过合适的踢球方式将球传递、射门或者传球给队友，可以大致分为以下几种。

图 7-1　脚内侧踢球

1. 脚内侧踢球

这种踢球方法是一种运动员通过使用跖趾关节、舟骨和跟骨构成的三角部位，将球以内侧脚部击球的技术，动作要领如下：

首先进行直线助跑，在支撑脚踏在球的侧方大约 15 厘米的位置，膝关节微屈。上体稍微前倾，同时在支撑脚着地的同时，踢球腿以髋关节为轴由后向前摆动。在前摆的过程中，膝关节屈曲外转，使得踢球腿的内侧与出球方向正对，小腿加速前摆，脚尖略微翘起，使脚底与地面平行。然后利用脚部内侧击球的后中部，将球准确地踢出。踢球之后，踢球腿会继续摆动，并顺势向出球方向迈步，如图 7-1 所示。

2. 脚背正面踢球

这种踢球方法是一种运动员通过使用脚背正面的楔骨和跖骨末端构成部位，将球以脚背的正面击球的技术，动作要领如下：

首先进行直线助跑，最后一步略大并积极着地，支撑脚放置在球的侧方 10~12 厘米处，脚尖正对出球方向，膝关节微屈。踢球腿在支撑脚前跨的同时，向后摆起，小腿屈曲。与此同时，支撑脚着地时，以髋关节为轴，大腿带动小腿由后向前摆动。当膝盖接近球正上方时，小腿作出爆发式前摆。踢球腿绷直，脚趾扣紧，利用脚背正面的击球区域后中部与球接触。踢球腿随着球继续提膝前摆。如图 7-2 所示。

3. 脚背外侧踢球

这种踢球方法是一种运动员通过使用脚背外侧部位与球接触的技术，动作要领如下：在踢球腿的膝盖接近球的正上方时，小腿作出爆发式前摆。同时，膝盖和脚尖内转，脚面绷直，脚趾扣紧，利用脚背外侧部位与球接触。踢球腿随着球的继续前摆。如图 7-3 所示。

4. 脚背内侧踢球

这种踢球方法是一种使用脚背内侧和趾骨末端部位与球接触的技术，动作要领如下：

运动员需要进行斜线助跑，助跑方向与出球方向成 45°角。支撑脚的脚掌外沿着地

图 7-2　脚背正面踢球

图 7-3　脚背外侧踢球

面，微屈膝盖，脚尖指向出球方向，在球的侧后方约 20 厘米处踏地。身体稍微倾斜向支撑脚一侧。当支撑脚着地的同时，踢球腿以髋关节为轴，通过大腿带动小腿从后向前摆动。当膝盖接近球的正上方时，小腿作出爆发式前摆动作，脚尖稍微向外转，脚背向下绷紧，脚趾扣紧，利用脚背内侧部位与球接触。运动员以该区域的后中部踢球（对于踢高球，击球部位是中下部）。踢球腿随着球的继续前摆。

二、停球

所谓的"停"，就是为了更好地控制住球，让球落到自己的脚下，可以大致分为以下几种方式。

1. 停地滚球

首先，运动员的支撑脚应正对来球，膝关节微屈，肩部与来球方向保持对正。其次，运动员的接球腿应抬膝并向外展开，脚尖稍微翘起，脚底与地面保持基本平行，脚内侧与来球对准并向前迎球。当脚内侧与球接触时，运动员快速后撤，将球稳定地接在脚下。

2. 停弹球

首先，运动员需要根据来球的落点及时调整位置，支撑脚放在球的侧前方相对位置上，膝关节微屈，身体向接球后球运行的方向偏移。其次，运动员抬起接球腿小腿并放松，脚尖稍微翘起，脚内侧朝着接球后球运行的方向，并与地面成一锐角。当球刚离地面反弹时，运动员的大腿朝着接球后球运行的方向摆动，并用脚内侧轻推球的中上部。

3. 停半空球

　　首先，运动员根据实际情况选择合适的接球高度，并抬起接球腿，使脚内侧对准来球的方向并向前迎球。然后，在接触球的瞬间，运动员快速后撤，并将球接住放置在所需的位置上。如图7-4所示。

图7-4　停半空球

三、头顶球

　　头顶球是一种有目的地用额头把球打到指定目标上的运动。如果碰到胸下面不能触及或者规则不允许触及的某些球，就可以用头部来解决。头顶球主要包括两类：一是前额正面顶球；二是前额侧面顶球。

　　1. 前额正面顶球技术要领

　　（1）身体正对来球，两腿前后开立，膝微屈，上体后仰，重心置于后脚，两臂自然张开。

　　（2）当球运行到身体垂直部位前的瞬间，后腿用力置地，重心前移，迅速向前摆体，微收下额，用前额正面击球的后中部。如图7-5所示。

图7-5　前额正面顶球

　　2. 前额侧面顶球技术要领

　　两脚前后开立，与来球方向同侧的脚在前，两膝微屈，重心置于后脚。上体和头部向出球的相反方向倾斜，两臂自然张开。当球运行到体前上方时，后脚用力蹬地，上体迅速向出球方向扭摆，屈体甩头，用前额侧面击球的后中部。如图7-6所示。

图 7-6 前额侧面顶球

运用头顶球技术，既可以传球，也可以抢断球，高球射门，还可以通过鱼跃冲顶球来扩大球员的控制范围，在防守时抢险。

四、运球与运球过人

（一）运球

运球技术只是一种运球的方法，也就是用身体的某一部位去接触球，让球可以随着运球者一起移动，可分为以下几种形式。

1. 脚内侧运球

脚内侧运球时，运动员的支撑脚踩在球的侧前方，膝关节微屈，重心转移到支撑脚上，身体略微向运球方向倾斜。运球腿屈膝抬起，脚尖向外转，当向前迈步时，用脚内侧推球向前运动。

这种运球方法适用于掩护性运球，虽然运球速度较慢，但控球相对较容易。

2. 脚背正面运球

脚背正面运球时，身体放松，上体稍向前倾，两臂自然摆动。运球腿屈膝抬起，脚跟提起，脚尖指向下方，当向前迈步时，用脚背正面推球前进。这种运球方法直线推拨球，速度较快，适用于需要快速前进或有较大纵深距离的情况。

3. 脚背外侧运球

脚背外侧运球与脚背正面运球相似，区别在于脚尖稍微向内转，用脚背外侧推球前进。这种运球方法适用于需要改变运球方向或进行快速奔跑的情况。它不仅容易控制运球方向和提高运球速度，而且具有较高的灵活性和可变性，因此备受运动员喜爱。

（二）运球过人

是一种以控制球为前提，按照战术要求，结合对方的防守站位和重心的变化，通过速度、方向或动作的改变，取得时间、空间、位置上的有利条件，来突破对方的防守。

　　身体转向运球过人：通过快速转身或变换身体方向来使对方防守球员失去平衡或距离，然后迅速将球移动到对方的另一侧，从而突破对方封堵。

　　过人变向：通过突然变换运球方向来出其不意，迷惑对方防守球员。可以使用突然的假动作、快速的身体变向或过人动作，快速改变球的方向，使对方无法及时反应。

　　加速过人：在面对对方防守球员时，通过迅速加速，以快速的速度冲过对方，甩开对手。

　　传球过人：利用传球来突破对方，可以是地面传球或空中传球。

　　运球过人是运动员对球和进攻能力的一种重要表现方式，对运球及突破技术的熟练掌握和合理运用，对于掌控比赛节奏、丰富战术变化、突破严密防守、创造射门机会等都有着现实的意义。

五、抢截球

　　抢截球是一种足球技术，是指在比赛中，抢下对手脚下的球，或者使其失去对球的控制权，常用的抢截球方法包括以下两类。

　　1. 正面抢球

　　这个姿势包括两脚前后开立、两膝微屈，并且身体的重心下移，使其集中于两脚上。当控球队员的运球脚即将触球地面或刚刚着地时，抢球队员的支撑脚会用力着地，而抢球脚则以脚内侧对球进行接触，并且屈膝向球的方向迈步，以便封堵住球的路径。随后，身体的重心会转移到抢球脚上，而支撑脚则会前跨以控制住球。如图 7-7 所示。

图 7-7　正面抢球

　　2. 侧面抢球

　　当控球队员与对方控球队员进行平行跑动时，他们会将中心稍微下移，并靠近对手的一侧，同时将手臂紧贴身体。当对方接近自己一侧的脚即将离地时，控球队员会利用肘关节以上部位对对方相应部位进行冲撞，以使其失去平衡，并趁机将球控制在自己的脚下。如图 7-8 所示。

　　抢截球时要善于运用合情合理的碰撞，动作快，狠，果断。正确的判断力和抉择力对行动的成功至关重要。

图 7-8 侧面抢球

六、掷界外球

掷界外球是指运动员在比赛中，将越出边线的球按照规则要求，采用双手掷入场内既定目标的动作，可以分为以下两种形式。

1. 原地掷界外球

首先，双手自然张开持球，虎口相对，略靠球的后方。两脚可以选择左右或前后开立，并且直臂将球举至头后上方，上体后仰成背弓状态，同时膝关节弯曲。在掷球时，双脚蹬地，腹部向前收缩屈体，双臂急速向前摆动，并用力将球掷出。完成掷球后，后脚可以沿地面向前滑动，但两脚均不能离地或踏入场内。

2. 助跑掷界外球

首先，双手持球于胸前。在进行助跑时，当进行最后一步跨出时，上体后仰成背弓状态，同时将球举至头后。掷球的动作与原地掷界外球相同。

七、射门

射门是足球的技术术语，是用踢球，顶球，铲球等技巧把球送进对手的球门。这就是他们在进攻中的终极目标，决定着一场比赛的胜利。

打法有很多种，如对着地面滚球，空中球，反跳球，直线球，曲线球等；有直射，带射，反射之分。在投篮时，必须保持冷静，机智，果断，自信，快速，准确，有力量，并能根据不同的情况作出不同的反应。

八、守门员技术

（一）接球技术

接球是守门员最主要的技术，包括接地滚球、平空球和高空球。

1. 接地滚球

直腿式：两腿自然并立，脚尖正对来球，上体前屈，两臂并肘前迎，两手小指靠近，手掌对球。手触球的刹那随球后引屈肘、屈腕，两臂靠近，将球抱于胸前。

跪撑式：多用于向侧移步接球。接左侧球时，左腿屈，右腿跪撑于左脚附近，距离不得超过球的直径，其余动作与直腿式接球相同；接右侧球时，动作相同，方向相反。

2. 接平空球

指膝以上、胸以下的空中球。接球时面对来球，两手掌心向上，两手小指相靠，前迎接球。上体前屈，当手触球时两臂向后撤引缓冲，将球抱于胸前。

3. 接高空球

面对来球，两臂上伸，两手拇指相对呈八字形，其余四指微屈，手掌对。在最高点手触球瞬间，手指、手腕适当用力，缓冲来球并将球接住，顺势转腕屈肘、下引，将球抱于胸前。

（二）击托球技术

守门员在与一个或多个对手争抢空间或自己身体失去平衡时，可以采用击托球技术，包括拳击球和托球两种形式。前者需要守门员握紧拳，准确判断来球的运行路线，在接近球的瞬间用单拳或双拳击球；后者需要在判断来球运行路线的基础上，向后跃起托球。

（三）扑接球技术

扑接球技术分为扑侧面球和扑平空球两类。

扑侧面球的技术动作如下：来球时异侧脚用力蹬地，双手快速向侧伸出，一只手置于球后，另一只手置于球的侧后上方，同时身体向同侧脚方向倒地，落地时以小腿、大腿、臀、肘外侧依次着地，落地后抱球团身。

扑平空球的技术动作如下：来球时侧脚用力蹬地使身体跃起，身体在空中伸展，手指用力抓住球，接球后以球、肘、肩、上体、臀、腿外侧依次着地并迅速团身。

（四）发球技术

发球技术分为手掷球和脚踢球。

手掷球包括单手肩上掷球和侧身勾手掷球，其要点如下：用转体和挥臂、甩腕的力量将球掷向预定的目标。

脚踢球包括踢空中球和踢反弹球两类，这两种踢球的动作与脚背正面踢球基本相同，但由于要求踢得远，所以守门员都是向前上方踢。

第三节　足球运动战术

足球战术是指在足球比赛中，为了在比赛中获得胜利，根据主客观情况采取个人行动和集体配合的方法。足球战术可以细分为比赛阵型、进攻战术和防守战术三个主要组成部分。比赛阵型涉及球队球员在场上的位置布置和排列，进攻战术着重于如何有效地抢夺和保持控球，并通过有组织的进攻形成得分机会，而防守战术则注重如何有组织地保护自己的球门，并限制对方的得分机会。

一、比赛阵型

足球比赛阵型是指为了适应攻守战术的需要，队员在场上根据位置排列和职责分工的基本形式。不同阵型的命名取决于队员排列的形状。阵型的顺序一般按照后卫、中场、前锋的顺序进行排列。由于守门员的职责相对固定，一般不计入比赛阵型中。常见的比赛阵型包括4-2-4、4-3-3、3-5-2和4-4-2等。例如，4-2-4阵型指的是4名后卫、2名中场和4名前锋的排列方式。

二、进攻战术

1. 个人进攻战术

个人进攻战术涵盖了采取有效措施，以摆脱对方防守球员；通过跑动到有利位置，接应队友传球；以及进行运球突破对方防线，寻求射门机会等行动，其最终目的是实现进球得分。

2. 局部进攻战术

局部进攻中常用的战术配合之一是"二过一"战术配合。该战术配合发生在局部地区，涉及两名进攻队员通过连续的传球和跑位来突破一名防守队员的配合。具体而言，有以下几种常见的"二过一"战术配合策略。

（1）斜传直插二过一

当对方防守队员逼近持球的进攻队员时，进攻队员将球斜向传给队友，并立即沿着对方防守队员身后的空间进行直插跑动，以接应队友的传球。这种战术配合可通过图7-9（实线表示传球方向，虚线表示跑动方向，曲线表示运球方向）进行描述。

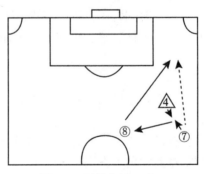

图7-9　斜传直插二过一

（2）直传斜插二过一

进攻队员将球直接传给队友，当对方防守队员逼近控球队员时，队友将球传至对方防守队员身后的空间，同时进攻队员立即斜向插入空间，以接应队友的传球，如图7-10所示。

（3）踢墙式二过一

当防守队员逼近持球进攻的队员时，进攻队员将球传给队友，而队友则立即将球传至对方防守队员身后的空间，进攻队员迅速切入空间，以接应队友的传球，如图7-11所示。

3. 整体进攻战术

整体进攻战术通常涵盖了边路进攻和中路进攻两种策略。

（1）边路进攻

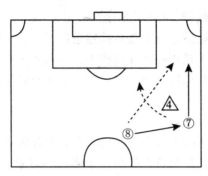

图 7-10 直传斜插二过一

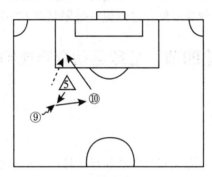

图 7-11 踢墙式二过一

是指在对方半场两侧地区展开的进攻，其目的在于利用场地宽度，拉开对方防线，使对方边路防守队员分散并形成相对薄弱的防守。通过利用对方边路空当，进攻队员能够突破对方防线，进而创造传中等机会以进行射门。

（2）中路进攻

是指在对方半场的中部地区展开的进攻。中路进攻的特点在于有更多的进攻人数和配合点，从而创造更多的射门机会。然而，由于对方中路的防守通常更为严密，突破难度也较大。

三、防守战术

1. 个人防守战术

常见的个人防守战术包括选位和盯人。

选位指防守队员根据自身位置职责和比赛实际情况，在战术上选择适当的防守位置。通常，防守队员的选位应在本方球门中心与对方球员所构成直线上，以更好地限制对方进攻。

盯人是指防守队员对进入本方防守区域内的对方球员进行紧密监控，并及时封堵对方的接球或传球线路。通过盯人防守，防守队员可以有效地干扰对方的进攻节奏，减少其得分机会。

2. 局部防守战术

局部防守战术主要包括保护、补位和围抢。

保护战术是指一名防守队员在对方球员持球进攻时，另一名防守队员在身后选择合适位置进行协助防守。补位战术是指在防守过程中，一名防守队员及时填补队友防守漏洞的战术配合。围抢战术则是在局部区域内，多名防守队员同时对对方球员展开围堵，以抢断或干扰对方进攻。

3. 整体防守战术

整体防守战术主要涵盖人盯人防守、区域防守和混合防守。

人盯人防守指每个防守队员都负责盯防一个明确的对手，紧密跟随对方球员的移动。区域防守则是每个队员负责守护自己的防守区域，并在该区域内进行盯人防守。混合防守是盯人防守和区域防守的结合，针对对方中场组织队员和持球进攻球员采用盯人防守，对其他球员采用区域防守。这种战术配合可以更好地限制对方的进攻威胁。

第四节　足球运动竞赛规则

一、比赛场地和设备

1. 比赛场地

比赛场地通常是长方形，边线的长度必须长于球门线的长度，规格如下：

足球场地通常为长方形，长为 90~120 m（国际标准 100~110 m），宽为 45~90 m（国际标准为 64~75 m），如图 7-12 所示。

（1）比赛场地是用线来标明的，这些线作为场内各个区域的边界线应包含在各个区域之内。

（2）两条较长的边界线叫边线，两条较短的线叫球门线。

（3）所有线的宽度不超过 12 厘米（5 英寸）。

（4）比赛场地被中线划分为两个半场。

（5）在场地中线的中点处做一个中心标记，以距中心标记 9.15 米（10 码）为半径画一个圆圈。

2. 设备

室外 11 人制足球比赛用球为 5 号球。室内 5 人制足球比赛用球为 4 号球，室外 11 人制足球比赛用球的外壳应用皮革或其他许可的材料制成，在它的结构中不得使用可能伤害运动员的材料。球的圆周不得多于 71 厘米或少于 68 厘米。球的重量，在比赛开始时不得多于 453 克或少于 396 克。充气后其压力应相等于 0.6~1.1 个大气压力（海平面上），即相等于 600~1100 克/厘米。

二、队员规定

1. 对足球比赛中参赛选手的规定

球员数目：一场球赛由两个球队组成，每个球队的球员最多不能超过 11 人，且必须

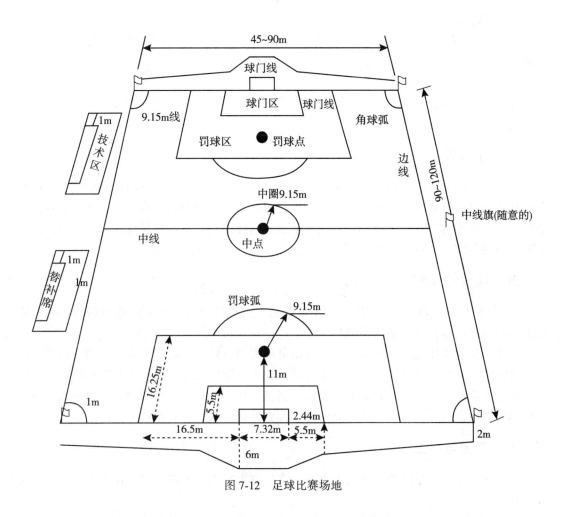

图 7-12　足球比赛场地

有一位门将。任何一支队伍的人数低于 7 人，将无法进行比赛。

2. 正规赛事：由 FIFA、洲际联盟或全国性赛事组织的正规赛事，比赛规则应该表明可以有 3~7 个替补球员。

3. 其他赛事

在其他赛事中，替补球员可以按照以下规则被采用：相关球队同意替换球员的最大数量；在赛前告知裁判；在赛前没有得到裁判的通知或者双方没有达成一致的情况下，替补球员的数量最多不能超过三个。

4. 各项赛事：所有赛事均须于赛前向裁判提交替补选手名单。没有指定的替补球员不能参赛。

三、计分方法

（一）进球数

在没有违反比赛规定的情况下，整个球从门柱和门柱之间穿过球门线，就算入了球。

（二）获胜者

谁进的球最多，谁就是赢家。如果双方得分相同或者双方都没有得分，那么这场比赛就是平局。

（三）竞赛规则

在比赛规则中，应该解释在一场比赛以平手收场时，是采取加时赛还是国际足联批准的其他措施来确定哪一方获胜。

四、任意球

足球任意球是指在比赛中，如果发生了犯规，需要重新开始比赛的一种方法。其中，任意球主要可以被划分为两种，一种是直接任意球，一种是间接任意球，直接任意球踢球的球员可以直接将足球踢入球门，而间接任意球踢球的球员不能将足球直接踢入球门，足球只有与其他球员接触才能进行。

五、越位的规则

"越位"是《足球比赛规则》在 1874 年制定出来的。当进攻方向前传球时，它对接球者所能站立的地方有一个严格的规定。

足球越位规则指的是，当进攻方出球球员出脚的时候，在对方半场，接球的球员比包括门将在内的倒数第二名防守球员更靠近球门，也比球更靠近球门，并企图利用这个位置来干扰对方球员的争夺，从而影响比赛，包括接门柱、横梁、从对方身上反弹或折射球都会被判罚越位。此外，队员直接接到角球、掷界外球、球门球时不被视为越位。

六、犯规与不正当行为

如果队员在比赛中出现以下情形之一，将被视为犯规，并判由对方在犯规地点踢直接任意球。

1. 拉扯、推、踢（或企图踢）、绊摔（或企图绊摔）或冲撞对方队员。

2. 为了得到对球的控制而抢截对方队员时，触球前触及对方队员。

3. 向对方队员吐唾沫。

4. 故意手球（不包括守门员在本方罚球区内）。

如果队员在比赛中出现以下情形之一，将判给对方踢间接任意球。

1. 队员动作具有危险性。

2. 队员阻挡对方队员。

3. 队员阻挡对方守门员从其手中发球。

对于守门员在本方罚球区内的情形，如果出现以下情形之一，将判给对方踢间接任意球。

1. 当手控制球时，在发出球之前持球超过 6 秒。

2. 在发出球之后未经其他队员触及再次用手触球。

3. 用手触及同队队员故意踢给他的球。

4. 用手触及同队队员直接掷入的界外球。

第八章　羽毛球运动

第一节　羽毛球运动概述

现代的羽毛球是从英国开始的。1873 年，英国格拉斯哥伯明顿镇的一个公爵鲍弗特在自己的封地举行一次花园聚会，当时，一些从印度回国的退伍军官给他们讲了一种用球拍打羽毛球的游戏，引起了他们的极大兴趣。由于这是一项有趣的活动，所以迅速成为了上流社会的一种时尚。"伯明顿"也就成了羽毛球英文的名称。1893 年，英国十四家羽毛球社团成立了羽毛球联合会，这就是"全英网球公开赛"的由来。从 1992 年开始，羽毛球正式进入奥林匹克运动会。1939 年，国际羽联颁布《羽毛球竞赛规则》，为所有成员所遵循。

欧美各国在 20 世纪 20—40 年代得到了迅速的发展，尤其是英国、丹麦、美国、加拿大等国，更是达到了较高的水准。亚洲羽毛球在 50 年代得到了迅速的发展，1981 年 5 月，国际羽联正式批准中国加入，开启了世界羽球史上的新篇章，开启了中国羽球界争霸天下的光辉纪元。

羽毛球具备简单易学的特点，设备要求简单，适宜各个年龄段、性别和体能状况的人参与，其运动量可根据个人的年龄、身体状况、运动水平以及场地环境的不同而有所调整。羽毛球比赛设有男子单打、女子单打、男子双打、女子双打、男子团体、女子团体和混合双打等七个项目。其中，汤姆斯杯赛、尤伯杯赛、苏迪曼杯以及全英羽毛球锦标赛等大型赛事在羽毛球界具有重要地位。

第二节　羽毛球基本技术

一、握拍技术

（一）正手握拍法

用握拍手手掌同一个朝向的拍面击球叫正手击球，正手击球时的握拍方法为正手握拍法。如图 8-1 所示。

方法：在握拍的过程中，首先使用左手握住拍颈，使拍面与地面垂直对齐。接着，张开右手，将手的小鱼际肌放置在拍柄底部的托处，同时将虎口对准拍柄内侧的小棱边。然后，将小指、无名指和中指并拢握住拍柄，其中小指和无名指在拍柄末端稍微加强握力，以确保球拍不会脱手。食指与中指略微分开，轻松地用食指和拇指环扣住拍柄。

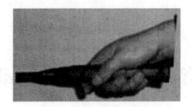

图 8-1　正手握拍法

（二）反手握拍法

用握拍手手背同一个朝向的拍面击球叫反手击球，反手击球时的握拍方法为反手握拍法。如图 8-2 所示。

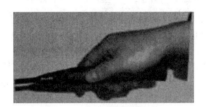

图 8-2　反手握拍法

方法：在正手握拍法的基础上，稍微将拍柄向外转动，使食指回收。同时，将拇指的第二指节顶贴在拍柄内侧较宽的一面上。其余四指并拢握住拍柄，确保手掌与拍柄之间形成一个明显的空洞。

二、发球与接发球技术

（一）发球

1. 发球的基本姿势

正手发球时，将左脚置于前方，使脚尖面向网的方向。右脚放在后方，并稍微向侧方斜着，与左脚之间的距离与肩部的宽度相同。上半身自然伸直，身体重心放在右脚上，使左肩倾斜朝向球网方向。右手握拍后向右后方举起，同时肘部稍微屈曲。左手使用拇指、食指和中指夹持住羽毛球的中间部位，并将球举在身体前方。同时，保持目光注视对方准备接球的动作。如图 8-3 所示。

反手发球时，将右脚放在前方，左脚放在后方，上半身自然伸直，将重心放在右脚上，使右脚的尖端面对球网方向。左手使用拇指、食指和中指捏住羽毛球，并将其置于腹部前方接近腰部的位置。右手以反手握拍，将拍框下垂于左侧腰部，同时肘部略微抬起。同时，保持目光注视对方准备接球的动作。如图 8-4 所示。

2. 发球的技术

（1）发高远球

发高远球的关键在于控制球拍击球时拍面的角度，从伸腕经过前臂的内旋到屈腕，以

图 8-3　正手发球的持球方法与基本姿势

图 8-4　反手发球的持球方法与基本姿势

达到强劲且向前上方爆发的力量。

具体方法如下：在准备姿势中，按照前述说明，左手放开球。接着，通过转体和上臂的挥动，带动前臂的运动，形成臂部在球之前、球拍随后的姿势。

（2）发网前球

发网前球的关键在于精确控制击球力量和合理的用力方向。在击球时，需要略微后仰球拍面（即与地面形成约 120° 的仰角），同时尽量提高击球点的位置，但不超过腰部或手部的限度，以便让球在越过网时的弧线尽可能地低。

（3）发平高球

发平高球的动作过程与发高远球大致相同。在击球的瞬间，需要加速前臂并带动手腕向前上方挥动，同时拍面应该倾斜向前上方。

（二）接发球

1. 单打站位

通常情况下，在接发球时的站位是靠近中线，距离前发球线约 1.5 米的位置。站立时，左脚在前方，右脚在后方，双膝微屈，身体的重心放在前脚上。同时，后脚的脚跟稍微抬起，身体向球网的一侧倾斜，持球拍举在身体前方，双眼注视着对方。如图 8-5 所示。

2. 双打站位

双打发球区相对于单打发球区长度上减少了 0.76 米。由于发高远球容易被对手扣杀，因此在双打比赛中，更多地采用发网前球的策略。在接发球时，需要靠近发球线站位。

图 8-5 单打站位

双打接发球的准备姿势基本与单打接发球相似，但有一些差异。身体前倾角度更大，重心可以放在任意一只脚上，以争取主动权。然而，需要特别注意右场区对方可能会进行快速平球突袭反手部位的情况。

三、移动步法

羽毛球的步法包括上网步法、后退步法和两侧移动步法。

（1）上网步法：根据来球的距离，可以选择使用二步、三步或一步上网击球。在最后一步，要求与持拍手同侧的脚放在前面，同时将身体的重心放在前脚上。

（2）后退步法：在后退时，先迈出右脚，最后一步是将右脚放在后面，身体的重心则在右脚上。

（3）两侧移动步法：这是为了接到对方击向身体左右两侧的球而采用的移动步法。当向右侧移动时，左脚掌内侧用力着地，同时右脚向右侧转跨步。当向左侧移动时，则相反。

第三节 羽毛球基本战术

一、基本战术

（一）扣杀球

在进行扣杀球时，运用腰腹部的动作来带动大臂、前臂和手腕完成鞭打的动作。以全力向前下方击球，当球拍触碰到球时，拍面会向前下方倾斜，并用力撞击球。手握紧球拍，击球点位于右肩稍微前方上方位置。在完成击球后，球拍由于惯性的作用会向左下方摆动，同时身体的重心由右脚转移到左脚，如图 8-6 所示。

（二）高球

1. 正手挑高球

图 8-6　扣杀球

　　判断来球方向后，迅速进行上网动作。左脚积极蹬地，右脚跨步向前形成弓箭步姿势，身体侧向对准球网，重心集中在右脚上。正手握拍，手臂自然地向右前方伸展和展腕，左臂平衡地向后伸展。

　　在击球时，以肘关节为轴，小臂带动手腕和手指快速地从右下方向前方上方成半圆形挥拍击球，如图 8-7 所示。

图 8-7　正手挑高球

　　2. 反手挑高球

　　在判断来球方向后，迅速进行上网动作。左脚积极地蹬地，右脚向前跨步形成弓箭步姿势，重心稳定地放在右脚上，身体侧向背对球网。反手握持球拍，手臂伸展向左前方，屈曲肘关节和屈曲腕部。右臂自然地向后伸展起到平衡的作用。

　　在击球时，以肘关节为轴，小臂带动手腕，迅速地从左下方向前方上方成半圆形挥拍，用力击球，如图 8-8 所示。

　　（三）搓球

　　搓球是一项技术要求较高的网前击球技术，其动作细致入微，要求击球点相对较高。

图 8-8　反手挑高球

通过运用"搓""切""挑"等动作，以摩擦球底部的方式，使球在空中改变其正常运行轨迹，并沿着横轴翻滚越过网顶。这样的击球方式给对手造成较大的困扰，为自己创造了进攻的机会，如图 8-9 所示。

图 8-9　搓球

以正手网前搓球动作为例，其过程如下：在完成上网步伐时，迅速将左脚蹬地，并采取弓箭步的姿势，右脚跨出网前步。身体侧向对准球网，重心位于右脚。同时，将手臂向前伸展，在出手时要迅速。拍握时，手腕和手指要自然放松。

在击球时，拍面与球网形成斜面朝前的角度。通过手指的控制，调整拍面并施加力量，使搓球的球尽可能贴近球网上方。

（四）推球

推球，就是将对手的发球，推到对方的底线上。球的飞行轨迹更平缓，更快速。

推球动作中，击球时拍面与网平行的状态可以有效地控制球的方向和速度。这一姿势需要通过腕部的转动和手指的力量来实现，使得球能够以较快的速度向前推出。

（五）抽球

1. 正手抽球

当对方从右后场发出低球时，迅速移动到适当的位置上，并将重心放在右脚上。使用正手握拍法，将右臂屈肘，举拍至右肩上方。在右脚着地的瞬间，利用前肩带动手腕以"抽鞭"式的挥拍，将球抽向对方。

2. 反手抽球

当对方从左后场发出低球时，进行反手抽球。在最后一步中，以右脚向球下落的方向跨出，并将右臂屈肘，举拍至左肩上方。在击球时，通过上臂带动前臂进行向后的半圆形挥拍动作，手臂接近伸直时，手腕用力向后方闪动挥拍来击球。

（六）吊球

在击球力量较小的情况下，在接近击球之前的瞬间，应突然减缓挥拍速度，并通过手指控制使拍面适当倾斜，同时放松手腕并进行屈腕动作。通过球拍的劈切动作完成对羽毛球的吊球。

二、攻打与防守战术

（1）发球抢攻是在发球阶段，利用主动攻击来争取得分。通常会通过发网前球和发平快球或平高球的结合来开始，并在对方接发球质量较差时第三拍就主动进攻。

（2）进攻后场是在对方技术不熟练、后场力量差、回球线路和落点盲目性大、后退步伐较慢的情况下多采用的技术。

（3）攻前场是针对网前技术较差的对手，在此时可以攻击对方前场两个角，以此来寻求胜机。

（4）攻四方球是当对手步伐较慢、体力较差、技术欠全面时的策略，可以通过平高球压迫对方后场两个角，或者吊对方网前两个角，以调动对方并寻找进攻机会。

（5）杀吊上网是通过杀球和吊球的配合，如果对方回击网前球，就迅速上网进行搓、勾、推球等动作，以创造机会并进行有力的扣杀。

第四节　羽毛球运动竞赛规则

一、场地与设备

1. 场地

在比赛场地中，羽毛球球场的中央网高度为 152.4 厘米，而双打边线处的网高度为 155 厘米。此外，羽毛球的网柱高度也是 155 厘米，如图 8-10 所示。注意，球场四周 2 米以内、上空 9 米以内不得有任何障碍物。

2. 羽毛球

羽毛球由 16 根精选的鹅毛或鸭毛使用线和胶水编织并黏合在一起，根部围插在球托上。整个球的高度为 8.7 厘米，重量介于 4.6 克至 5.5 克之间。

3. 羽毛球拍

羽毛球球拍的长度不得超过 68 厘米。其中，球拍柄与球拍杆的总长度不得超过 40 厘米，而拍框的长度则不得超过 28 厘米，并且宽度不得超过 22 厘米。

二、比赛与计分方法

1. 比赛方法

羽毛球比赛分为男子单打、女子单打、男子双打、女子双打、混合双打和男子、女子

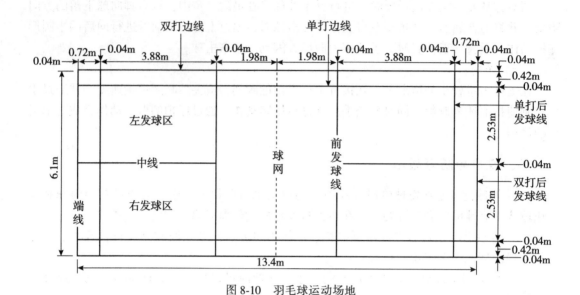

图 8-10 羽毛球运动场地

团体七个项目。团体赛通常采用五盘三胜制，而单打和双打比赛则采用三局两胜制，并不受时间限制。

2. 计分方法

计分方式通常是以三局两胜确定胜负。在每局比赛中，先达到 21 分的一方获胜；如果比分打成 20 比 20，一方需超过对手 2 分才能取胜；如果比分打成 29 比 29，则先达到第 30 分的一方获胜。首局获胜的一方在接下来的一局比赛中先发球。

三、发球与交换场区

在发球时，发球员和接发球员应站在斜对角的发球区内，脚不能触及发球区和接发球区的界线。从发球开始到球发出之前，发球员和接发球员的两脚必须保持与球场地面接触，不能移动。发球员的球拍应首先击中球托。在发球员击球瞬间，整个球应低于发球员的腰部。在击球瞬间，发球员的拍杆应指向下方，使整个拍头明显低于发球员握拍手部。

运动员应在以下情况下交换场区：第一局结束；第二局结束（如果有第三局）；在第三局比赛中，一方先得到 11 分时。如果运动员未按规定交换场区，一旦被发现，在死球时立即进行交换，并且已得分数有效。

四、违例

以下情况被视为违例：

（1）球从网孔或网下穿过。

（2）球没有越过网。

（3）球触及运动员的身体和衣服。

（4）球触及球场外的其他物体或人。

（5）比赛中，击球者的球拍与球的最初接触点不在击球者的一侧（但在球被击出后，球拍可以随球过网）。

（6）在击球时，球停留在球拍上并被拖带抛出。

（7）同一运动员连续两次挥拍，并连续两次击中球。

（8）比赛时，运动员的球拍、身体或衣服触及球网或球网的支撑物。

（9）运动员的球拍或身体从网上侵入对方场区。

（10）运动员的球拍或身体从网上侵入对方场区，导致妨碍对方或分散对方注意力。

（11）比赛时，运动员故意分散对方注意力的行为，如叫喊、故作姿态等。

（12）同方两名运动员连续击中球。

（13）球触及运动员的球拍后继续朝其后场飞行。

（14）在击球时，球挂在网上、停留在网顶或过网后挂在网上。

第九章　乒乓球运动

第一节　乒乓球运动概述

一、乒乓球运动的起源

乒乓球运动起源于 19 世纪后期的英国，起初是由室内网球演变而来的，被称为"桌上网球"。其名称源于击球时发出的声音"乒乓"。乒乓球竞赛项目分为团体赛和单项比赛两大类。团体赛包括男子团体和女子团体两个项目。单项比赛则包括男子单打、女子单打、男子双打、女子双打和男女混合双打等五个项目。乒乓球运动于 1904 年传入中国，在 20 世纪 60 年代迅速崛起，中国选手创造了直板快攻打法，超过 100 名选手先后登上世界乒坛最高领奖台，为国际乒坛历史书写了辉煌的篇章，因此乒乓球也被誉为中国的"国球"。乒乓球在中国得到了广泛开展，深受广大群众的喜爱，各级学校常将其列为体育课程的教学内容之一。

二、乒乓球运动的特点

乒乓球是一项球体较小、速度较快、变化多样、具有趣味性且设备相对简单的体育运动。该运动不受年龄、性别和身体条件的限制，具有广泛的适应性和较高的锻炼价值，易于推广和开展，深受广大群众的喜爱。经常参与乒乓球运动可以培养人的灵敏性和协调性，提升动作速度和反应能力，改善心血管系统功能，并能够培养机智果断、勇猛顽强、积极进取和敢于拼搏的优秀品质和精神风貌。

第二节　乒乓球运动技术

一、握拍法

1. 直拍

（1）快攻型握拍法。一种用于进行快速攻击的握拍方法。在这种握拍法中，食指的第二指节和拇指的第一节形成一个夹紧的钳子形状，并且距离为 1~2cm。拍柄贴紧手掌的虎口，而其余三个手指则自然地弯曲并放置在球拍后端的 1/3 位置。

（2）弧圈型握拍法。与快攻型握拍法基本相似。在弧圈型握拍法中，拇指和食指形成一个小环状，其余三个手指则自然地重叠在球拍的背面上，其中中指的第一指关节顶在拍柄延伸线上。如图 9-1 所示。

图 9-1 直握拍法

2. 横拍

这种握拍法中，持拍手的姿势类似于握手的姿势。具体来说，中指、无名指和小指呈自然屈曲的状态，手掌紧握住拍柄，而拇指作为支点，中指位于顶部，食指位于一点位置，并且自然地伸直着触碰到拍背面。

在进行正手击球时，右手的食指可以稍微上提，以提供更好的控制与稳定性。而在进行反手击球时，同样可以稍微上提右手的食指，以适应反手击球的动作。如图 9-2 所示。

图 9-2 横握拍法

二、基本姿势与基本站位

1. 基本姿势

（1）双脚平行站立，脚尖指向前方并保持平行。将重心平均分布在两脚之间，两脚之间的距离可以与肩同宽或稍微比肩略宽。

（2）提起脚后跟，用力着地的部位位于前脚掌内侧。

（3）将膝盖略微向内扣，身体略微前倾。确保身体的重心放置在两脚之间，以保持平衡。

（4）双眼注视着即将到来的球。保持专注，注意球的速度和轨迹，以做出相应的击球动作。

以右手握拍为例，将持拍手臂自然弯曲，放置于身体的右侧。肘部略微向外张开，手腕保持放松。将球拍置于腹部前方，离身体 20～30 厘米的位置。这个位置可以根据个人的偏好和击球策略进行调整。

2. 基本站位

乒乓球运动的站位是开始击球前应处的基本位置距球台的距离，基本站位的范围一般划分为：近台（50厘米），中近台（70厘米）、中台（1米）、中远台（1.5米）、远台（1.5m米以外）。如图9-3所示。

近台中间偏左：适用于采用左推右攻打法的运动员。这个位置让运动员可以更好地利用右手的优势进行攻击，同时也可以迅速移动到球台的右侧。

近台中间：适用于采用两面攻打法的运动员。这个位置可以更好地覆盖球台的各个区域，使运动员可以灵活应对对手的攻击。

中台偏左：适用于以弧圈球为主打法的运动员。这个位置可以提供更好的角度和力量来执行弧圈球，同时也能够更好地掌控球台的左侧。

中台附近：适用于采用横拍攻削结合打法的运动员。这个位置可以方便运动员在攻击和削球之间进行快速转换，并充分利用双面拍的优势。

中远台附近：适用于以削球为主打法的运动员。这个位置使得运动员可以更好地执行削球战术，并保持相对较远的距离以便更好地反击对手的攻球。

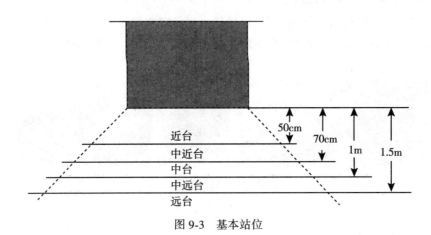

图9-3　基本站位

三、步法

在乒乓球运动中，步伐的移动是不可或缺的，所谓三分手法，七分步法，运用好步法可以起到事半功倍的效果，这里主要介绍5种主要的步法。

1. 单步

当用一只脚做支点，而另一只脚则往球的方向移动，向前、向后、向左、向右、向前、向后各走一步，同时身体重心也随着你的摇摆而移动。一步是指在台内球与短球中使用的一步。如图9-4所示。

2. 并步

当接球移动脚步时，一只脚向另一脚并上一步（左或右），另一只脚再跨一步去接球纵跃幅度虽大，但能快速保持重心稳定。通常是进攻球员或削球球员在左、右跑动中使用。如图9-5所示。

3. 跨步

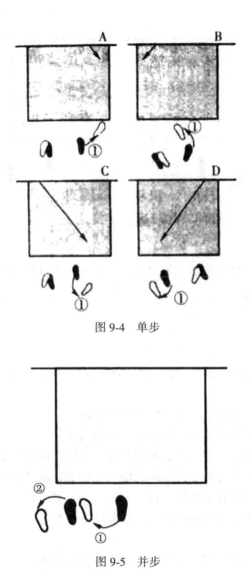

图 9-4 单步

图 9-5 并步

以来球的方向和落点为依据，用一只脚向前或向后或向左右跨出一大步，然后立刻把身体的重心转移到摆动腿上，然后让另一只脚快速地跟随，这样就可以在最短的时间内，保证两条腿之间的距离。如图 9-6 所示。

4. 交叉步

主要是用来扑正手球的，在向右侧移动正手击球的时候，身体会向右转动，重心会放在右脚上，这时，左脚会快速向右侧跨出一大步，脚尖落地，然后往前转过，在身体前（侧）的一瞬间，会形成一个交叉的姿态，接着，身体会向来球的方向移动，与此同时，右脚会跟过来，在左脚落地的时候，会快速地将球打出去。

5. 跳步

根据来球方向的落点，然后该侧脚蹬地，双脚跳起腾空，离球较远的脚先落地，然后

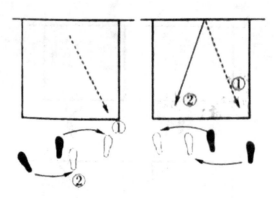

图 9-6　跨步

蹬地脚跟着落地击球。这种步法利于发力进攻，在左右攻球移动时会常用。

四、发球与接发球

（一）发球

1. 平击发球

平击发球是重要的发球方式之一，如图 9-7 所示，可以分为以下两种方法。

（1）正手平击发球

站位：将左脚稍微向前迈出一步，保持身体平衡。

准备动作：将拍子带到身体的右侧后方，准备接球。

抛球：在抛球的过程中，注意将球抛至合适的高度，通常是略高于网子的位置。

击球：当球落到网子上方时，双臂向前用力，拍子打在球的中段位置。注意要对准球的中心，并使力量和击球的时间协调一致。

恢复：击球后，拍子回到原来的位置，准备接下来的球。

（2）反手平击发球

站位：右脚略微向前或者保持水平站立，保持身体平衡。

准备动作：将拍子的握把放在手心内侧，手臂转动到身体的左侧后方，准备接球。

抛球：在抛球的过程中，注意将球抛至合适的高度，与正手平击发球相似，通常是略高于网子的位置。

击球：当球落到网子上方时，手臂向前用力，拍子击打球的中上部分。同样要注意对准球的中心，并控制好力量和击球的时机。

恢复：击球后，顺势使拍子回到原来的位置，准备接下来的球。

2. 正手发左侧上、下旋球

正手发左侧上、下旋球是常见的发球方式之一，如图 9-8 所示，可以将其分为以下两种类型。

（1）正手发左侧上旋球

站位：将身体保持平衡的站位，以正手位置为准。

图 9-7　平击发球

准备动作：将拍子带到身体右上方，手臂从右上向左下摆动，准备接球。

抛球：在抛球的过程中，注意将球抛至合适的高度和位置，通常略高于网子且稍靠右侧。

击球：当球落到网子上方时，手臂从右上向左下摆动，并同时运用腕部转动，以产生左上旋的效果。击球时，使用适当的力量控制球的速度。

球的落点：正手打左上旋球的目标是使球落到对方的右上角，也就是接球者的左上角。

（2）正手发左侧下旋球

站位：同样将身体保持平衡的站位，以正手位置为准。

准备动作：将拍子带到身体右后上方，手臂从右后上向左前下摆动，胳膊从右中下向左下下摆动，准备接球。

抛球：同样要注意将球抛至合适的高度和位置，略高于网子且稍靠右侧。

击球：当球落到网子上方时，手臂从右后上向左前下摆动，并利用腕部转动，以产生侧下旋的效果。控制好力量，以保持球速缓慢但旋转力量大。

球的落点：正手打侧下旋球的目标是使球落到对方的右下角，也就是接球者的左下角。

图 9-8　正手发球

3. 反手发右侧上、下旋球

和正手发右侧上、下旋球类似，区别在于使用反手的握拍姿势进行击打，如图 9-9 所示，其动作要领如下。

当使用反手击球发出右上旋球时，应将手掌放置于身体前方的左上角和右下角之间，并进行摆动。当接触到球时，手掌应在身体前方的左下角和右下角之间来回摩擦。而在打出右下旋球时，击球手从左后上方向右前下方摆动，并使拍面在球的左中下部分往右下方摩擦。在发球过程中，需要注意腰部与手臂之间的协调发力，以提高发球速度和力度，并增加球的旋转效果。

图 9-9　反手发球

4. 正手发转与不转球

在发球过程中，首先要握住球拍，并向上和向后拉拍。对于加旋球的发出，胳膊应该从后向前下方甩动，同时小臂应该进行外旋运动，使球拍面向后倾斜。手腕应该使球拍的较低偏左侧面与球的底部产生摩擦。而对于无旋球的发出，前臂的外旋速度应稍微缓慢一些，使球拍面倾斜角度变小，并且使用球拍的下半部分接触球的中下部分，从而减弱球的旋转效果。需要注意的是，打法应尽可能接近，并且要有变化，以创造发球的机会。

5. 高抛式发球

在发球时，通常站在左半台，身体侧向，使用正手进行高球击球。在打出高球时，打击技巧与低抛球的要领相似，但需要注意回旋变化、长短落点以及斜线变化等因素。

6. 发短球

在发球的瞬间，需要主要依靠腕关节的力量。摩擦球的位置和发力方向与右侧下旋球和下旋长球相同。发球后，球首次接触地面应位于本方球台中区。

（二）接发球

接发球技术在乒乓球中具有多种形式，包括搓球、削球、推球、摆球等方法用于应对对手的发球，以及点球、拨球、攻球、拉球等方法用于主动抢攻。因此，仅当运动员全面掌握各种接发球技术，才能在比赛中由被动转变为主动。

首先，注意观察对方发球时的位置来确定自己的站位，并观察对方发球时摆臂振幅的大小和手腕用力程度，以推断来球的落点远近和旋转强弱。

其次，在接收台内短球时，可以利用手腕和手指突然发力的方式进行点球、拨球、摆球、搓球等方法进行回击。

最后，在接收长球和快球时，可以多运用前臂的力量进行快速移动、借力挡球、发力攻球、发力拉球等方法进行回击。

可以采取以下措施进行练习：在接发球过程中，首先采用固定的搓球、推球、挡球等技术之一来回应对方的单一发球方式。其次，在掌握了一种固定技术后，进一步学习控制回球的落点。一旦能够相对熟练地控制回球的落点，便可以开始进行接发球抢攻的训练。

五、推挡球

推挡球是一种用拍子来推动球的技术。有挡球、快推、快拨、增推、减推、推下旋、挤推、拱推等。其特点是位置接近，变化多端，移动迅速，移动缓慢，用于相持或防守，可牵制对手。如图 9-10 所示。

图 9-10 推挡技术

1. 挡球

要点：①在做起拍动作时，手臂要紧贴身体。②小臂向前伸出，靠近球拍，用腕部的手指来调整拍子。

2. 快推

快速推球的特征在于：立足点近、移动幅度小、借力反击、快速、变化多端。适合于打普通的拖球，推挡，中度的攻击，这是一种最常见的推挡技术。

要点：①近身击球，使前臂适当回缩。②当小臂向前推出时，做一个外旋转。③手腕的旋转不要太剧烈，要掌握好时间。如图 9-11 所示。

图 9-11 快推球

3. 加力推

要点：①拍子回拉向上，以增加发力距离；②在击球时，应在距离身体稍远的地方。③击球时机不能太早，也不能太晚。④在打击的一刹那，要将全身的力量有效地聚集起来。

4. 减力推

是应对中台"两头拉"或"两头进攻"的一种行之有效的策略，也常被用来接接加弧圈球。

要点：①击球时，身体重心略微抬高，小臂微微弯曲，网拍应维持适当的前倾。②在接触到球的一刹那，自觉地将胳膊、腕部向后收缩。③在减弱来球反弹力的情况下，利用来球的力道，快速回击。

5. 推下旋

要点：①击球前，拇指压拍肩，使拍面稍后仰。②击球时，前臂向前下方发力，在高点期击球中下部。

六、攻球

在竞赛中，它是一种争夺主动权，获得分数的主要方法。这里以右手持拍为例，介绍常见的几种攻球技术。

1. 正手近台

经常被用来回击正手位的发球，比如推挡球、一般的上旋球等。

动作要领：①运用身体的协调力量（蹬地，旋转腰部，移动重心）。②以前臂为主要力量，以腕部为辅助力量。③打击点：右前方（约与小臂长度相当）；在接触的一刹那，球速以前冲为主，稍稍往上摩擦。

2. 正手中远台

动作要领：①增加右侧挥拍的振幅，以增加打击的运动半径；②用上臂来推动前臂。上臂向前，主要是用上臂和腕部的力量。③其他部分的协调发力也是必不可少的。

3. 正手扣杀

特征和应用：大幅度，大力度，快速，进攻性，是一种主要的得分方法。多用于处理着台后点高出网面的机会球，或有较低的前点高度。

动作要领：①打击点离体位略有距离；拍子要保持与球的高度一致。②在最高点时击球，不要打"落花"。③在击球的一刹那，双臂要充分发力，并与腰转、蹬地等动作相结合。④当球向下旋转时，网拍应比球稍低，在接触的一刹那，手腕向上一抖，使出全身的力量。

4. 正手拉球

它是回击下旋球，如发球，搓球，削球等的必要技术。多用在接球、对打中的抢攻等情况。

动作要领：①稍微降低你的身体重心，稍微降低你的右肩。②在球速较快的情况下，击打时不要太高，不要太低到台面。③摸球时，要尽可能多地增加与球的接触面积，增加与球的接触时间。

5. 正手台内突击

是近距离击球的一种主要技术，也是我国快攻选手所掌握的一种独特的进攻技术。常用来回击一次没有打出的下旋，或在一次摩擦中突然起板，或在对抗削球时，用来直接得分和制造扣杀机会。

动作要领：①挥拍时，握拍手的胳膊不要过直。②打击时，以中度力道为宜。③要依据来球的回旋特点和力度，调整拍面的角度，击球的位置，用力的方向。

6. 正手杀高球

动作幅度大，击球点高，力量大，结合落点，可给予对手致命一击，主要是用来应对反弹高的来球。

动作要领：①要将全身的力量都集中在与球接触的那一刻，②击球的位置要与身体保持一定的距离（增加挥拍的半径）。③近网高球只要向下发力即可，对于落点较远，落点后有一定前冲的高球，则要有充分的向前发力。

7. 反手近台攻球

这是一种用于反击左半台来球的打法，配合反手推挡和正手打，可以增强进攻力度，获得更多的主动。

动作要领：①在发球时，要注意腹部的收缩，髋部的转动，腰部的转动。②以肘部为轴，以前臂为动力，使腕部产生一向上和向上的摩擦，使球体产生一个向上和向上的运动。③选择合适的击球位置，因为距离过远、过近，很难使力量发挥。

8. 反手快拔

反手快攻是一种常见的相持技术。它具有站位近，运动小，落点多变等特征。它主要用于对抗弧圈球、直拍推挡或反手攻球。

动作要领：①手臂紧贴身体，小臂快速向前伸出，接球；②用腕部操纵球拍向前倾斜，利用球的反弹力量把球打回来。③把握好时机。④注重线段落点的改变，配合突袭，为突袭创造有利的条件。

9. 反手快点

是正、横两面攻的主要技术，一般在前三板使用。比如，在发短球后，或者是接近网短球，或者是相互摆短的时。

动作要领：①当球落到左侧近网时，左脚向前向前迈一步；如果是向左的话，就用右腿往前走一步。快速划出斜线，球拍在接触到球中间的左侧，由后往前，向右挥出；快速直点时，球拍碰到球的中间部位，由后往前，由左向右。②适时地将身体前倾，靠近台面，以便在较高的位置上打出好球。

10. 反手快拉

是应对下旋来球的主要技术。利用它寻找进攻的时机，不仅可以增强进攻，而且可以防止正手太多的空当。

动作要领：①看球的落点和长度，快速移动。一般都是以单脚或跨步的方式向左、向左或向左、向左或向后，直接面对来球。②在打击时，要注意腹部的收缩，增加打击的空隙。③当球向下旋转时，要根据球向下旋转的力度，调整球与球接触时的力道和弧度。

11. 反手扣杀

是反击机会球的一种方式，也是一种非常有效的得分方式。通常在发球、相持等情况下使用。

动作要领：①击球位置不要过于靠近身体。②运用全臂与腰部的配合，加强打击力度。③在拍子接触球的一刹那，要注意力量的集中，不能只用腕部的弹力击球。

12. 侧身攻球

是任何一种打法都要掌握的技术，对侧身进攻的使用是衡量进攻水平的重要指标。

动作要领：①身体一侧后，上半身与台面要有一个适当的角度，可以打出斜线或直线，但又不影响下一杆的出手。②保持充足的打击距离（腹部收缩）。③在运动时要尽可能避免打击。④在进攻中，要借助右腿的蹬地之力，适当地将重心往前移动，使前臂略微前倾。

七、弧圈球

弧圈球具有很强的攻击性和很强的力量。在弧圈球中，第一个圆弧的速度很慢，第二个圆弧的下落速度很快，回弹的力量很大。在圆弧的基础上，有很多打法。

1. 正手拉加转

也叫"高抛弧圈"，有很强的上旋，它的第一个弧线比较高，但是它的运行速度比较缓慢，在第二个弧线中，它会反弹下坠，并且会快速地向下滑落，这样就很难分辨出着台点和飞行轨迹。正手拉加转被用在接发球、对削、搓、挡、攻以及接出场的下旋球的时候。

动作要领：双脚分开，膝盖内收，微微弯曲，重心放在前脚的内侧，左脚在前面，稍微抬起脚跟，身体稍微向右边转动，手腕向后伸展，把拍子的方向往后拉，形成一个横向的姿势。将拍子引到右后方，当来球跳到高点期或下降前期的时候，可以接触到球中上部或中部，腰髋带动上臂、前臂由后向前摆动，在击球的瞬间，立刻向前上方发力，右脚掌内侧用力蹬地，稍伸膝，前臂要快速旋内收缩，配合摩擦，重心由右脚转向左脚。这一招和投掷铁饼很相似。

2. 正手拉前冲

具有强劲的上旋，一开始的弧线很短很长，速度很快，第二个弧线比加速的弧圈更短，快速向前，快速滑下，破坏力很强。一般用来对付削，搓，中等力量的攻击或接发球、高球等。

动作要领：拉加旋转弧圈球的基本姿势是相同的，只是身体重心略微抬高一些。在挥拍的时候，球拍要保持在球的高度或者比来球的高度稍微低一些，用上臂带动前臂向后向右侧的腰身方向伸展，在最高的时候或者是在上升的时候，与球的中上部进行摩擦，然后从右侧到左侧旋转，带动上臂、前臂和手腕，由后到左前方的力量，再加上轻微的摩擦，让身体的重心向前移动到左脚上。如图 9-12 所示。

3. 反手拉加转

与拉加正手弧圈球相比，其弧线和回弹特征基本一致，只是速度稍慢，力量和回旋稍弱。主要是用来接下旋发球，抢球，搓中拉，应付普通进攻，拉弧圈。

图 9-12　正手拉加转

动作要领：立在台面左侧，离台大约 60 厘米。双腿与地面保持着一定的水平，双腿的重量放在双腿上，膝盖微微弯曲，腹部向内，腰部和上半身微微向左侧扭转，小臂放在腹部前，形成一个自然的弧度。

将拍子引到了腹部的左侧下方，肘部的关节略向前，弯曲手腕，拍子下垂，拍形稍前倾，重心略在左脚，在球下降的早期，触碰到球的时候，脚用力蹬地，伸膝、转腹，腰髋带动上、前臂向前上方发力，在拍与球接触后进行摩擦，重心略上提前移并转到了右脚。如图 9-13 所示。

图 9-13　反手拉加转

4. 反手拉前冲

特征：同正手拉前冲弧圈球。

动作要领：两脚分开，右脚略前，重心放在左脚上，上体略左转，手臂自然弯曲，肘关节略靠近身侧，手腕内收，在引拍的时候，前臂外旋拉向左后方，拍形前倾，球拍在球的高点期或上升的后期，接触到球的中上部，腰髋由左向右前上方转动，上臂带动前臂，以前臂为主，加速向前略向上摩擦，鞭打式地击球。当拍子接触到球时，用腕部用力往前磨擦，身体的重量从左脚转移到右脚。

5. 正手侧身拉

在球在反手位置，步法跟得上的情况下，适合使用侧身的正手划弧圈，从而抢占主动权，取得进球。

动作要领：与正手拉弧圈球一样，需要注意的是，要准确地选择好侧身的时间，要快速地移动，要做到侧身到位，还要调整好自己的引拍方向、出手角度和挥拍方向，不能盲目地进行侧身。

八、搓球

搓球又叫"铲球""削球""小削板"，是一种近距离回击下旋球的技术。通常用于左半区，能限制对手的进攻，并为进攻和拉扯创造机会。

动作要领：拍子在身体前面，拍子在后面向上，用手臂的前伸和旋转的外力，把拍子往前、往下推，在来球的下落阶段，与球中、下端摩擦。搓球技术可以分为慢搓、快搓、搓侧旋等，每种包括正手和反手两种打法。

1. 慢搓

在搓球前，将拍面稍后仰；在搓球时，手臂向前下方用力，击球的中下部和底部在下降期进行搓球。

注意事项：①要针对来球的特点，把握好拍面后倾角；②打击时，以前臂发力为主，手腕转动不要太剧烈；③搓加旋转，在发力下压的同时，要加大向前推的力量。

2. 快搓

在搓球前，将拍面稍后仰，球拍位置位于身体前方；在搓球时，手臂以迅速的动作向前伸展以迎接球，手臂向前下方施加力量，从球的中下部和底部进行上升期搓球。

注意事项：①身体重心向前移动，向来球靠拢；②积极向前伸出前臂，将球插入中、下半部。③快速摩擦，通常是借力反击，如果来球的下旋较弱，可以大力下切。

3. 搓侧旋

在搓球前，球拍先向前迎球；在搓球时，手臂向左（或右）施加力量与球摩擦，同时手腕发力，在球的高点期或下降前期对球进行中下部的侧旋搓球。

注意事项：①在摩擦和旋转的过程中，以腕部的爆发力为主。②要留心回击的曲线。

九、削球

削球是一种利用球的回旋和落点改变来威胁对手的防御技术。具体原理为利用球拍的摩擦切入，在击球的同时，球拍向后倾斜，从身体的侧面往前往下划，划出一条弧线，在球的下落阶段触及球的中、下段。

1. 正手削球

具体步骤如下：站立时，左脚稍微向前，距离球台大约1米。在击球前，手臂自然弯曲，将球拍向右上方引至与肩同高，重心放在右脚上；在击球时，手臂向左前下方挥动，拍面稍后仰，在球的下降期击球的中下部，同时手腕向下施加力量；击球后，球拍随着击球动作前进，重心转移到左脚上，并迅速回复原位。

注意事项：①将拍子抬起，比肩部稍高。②依据击球条件，调整拍子表面的倾斜度。

③以前臂为主要力量，以腕部为辅助，打完后无向前推。

2. 反手削球

具体步骤如下：站立时，右脚稍微向前，手臂弯曲，球拍向左上方引至与肩同高，拍柄向下，重心放在左脚下；在击球时，手臂向右前下方挥动，拍面稍后仰，在球的下降期击球中下部，同时前臂和手腕加速削击来球；击球后，重心转移到右脚上。

注意事项：①把拍子往上拉，以增加切面的力程。②在下落阶段，击球时不要太高。③必须保证撞击的力量，不然就不能使球过网。

第三节　乒乓球运动战术

乒乓球运动战术主要是根据对手的打法类型和技术特点，采用各种技术的原则和方法来应对。在乒乓球比赛中，存在着多种类型的打法战术。总体而言，这些战术可以归纳为以下几类。

一、发球抢攻战术

1. 快攻类

针对快攻打法的战术：采取反手发出具有侧上旋或侧下旋效果的球，将球送至对方的中路偏右且靠近网的位置，并结合发出大角度的长球，以便抓住机会进行进攻。

针对弧圈球打法的战术：应对这种打法，可以使用正手发出旋转球（包括旋转和非旋转的球），将球送至对方的右角或中路靠近网的位置，并配合发出长球到对方的左侧，以便寻找进攻的机会。

针对削球打法的战术：针对削球打法，可以采取正手发出具有右侧上旋的急速球，将球送至对方的大角或中路的位置，并结合发出直线的近网短球或长球，以便抓住机会进行进攻。

2. 弧圈类

针对快攻打法的战术：可以采取反手发出具有右侧上旋或下旋效果的短球，将球送至对方的正手中路位置，同时结合发出强烈的上旋或下旋长球到两个角的位置，以便进行位置的占据或冲击。

针对弧圈打法的战术：针对这种打法，可以采取侧向或正手发出高抛或低抛的左侧上旋或下旋球，将球送至对方的正手近网处，并配合底线发出侧上旋球，以便寻找进攻的时机。

针对削球打法的战术：可以采取正手或侧身发出转动或不转动的球，将球送至对方的正手中路靠近网的位置，并结合发出侧上旋或下旋的底线长球，以便进行位置的占据或冲击。

3. 削攻类

针对快攻打法，可以采取正手或侧身发出高抛或低抛的左侧上旋或下旋球，将球送至对方的反手短路或刚出台处，然后进行攻击或冲击对方中路或反手位置。

针对弧圈打法的战术：可以采取正手发出旋转或非旋转的球，将球送至对方正手中路靠近网的位置，然后进行抢攻或抢冲，目标是中路或反手位置。

　　针对削球打法的战术：可以采取正手发出下蹲或左右侧上旋或下旋的球，将球送至对方中路位置，然后进行抢攻。主要目标是寻找进攻的机会。

二、对攻和拉攻战术

　　1. 快攻类

　　对付快攻打法的战术：采取紧压反手的策略，结合变线技巧，等待时机进行抢攻。

　　对付弧圈打法的战术：通过增加或减小力度，推压对方的中路或反手位置，等待时机进行抢攻。

　　对付削球打法的战术：连续拉对方反手之后，快速突击中路或直线方向，然后扣杀两个角落。

　　2. 弧圈类

　　对付快攻打法的战术：运用高吊弧圈，将对方的反手拉到位后，寻找机会进行抢冲对方正手位置。

　　对付弧圈打法的战术：利用近台快速拨球或推球，压制对方的中路或反手位置，等待时机进行反拉或冲击扣杀。

　　对付削球打法的战术：通过拉出具有不同旋转和长短落点的弧圈球，等待时机进行冲击或扣杀中路或反手位置。

三、接发球战术

　　1. 快攻类

　　针对快攻打法的战术：采用手腕撇板或“快点”技术来对付对手的反手位置，同时配合突然转变为正手击球和中路进攻。

　　针对弧圈打法的战术：采用快速搓击短球为主，并结合快速搓击底线长球进行控制，然后抢先发起拉球或突击。

　　针对削球打法的战术：采用连续摆放短球到对方中路或正手位置，并突然发起拉球来改变对方的中路位置。

　　2. 弧圈类

　　针对快攻打法的战术：以快速搓击并带有旋转的近网短球为主，结合搓击两个角落的长球。

　　针对弧圈打法的战术：以先发起高吊弧圈至对方反手位置为主，形成主动拉球和冲击的局面。

　　针对削球打法的战术：利用快速搓击或供球控制对方两个角落位置，等待时机进攻或后退进行削球。

　　3. 削攻类

　　针对快攻打法的战术：使用加上旋转的搓球至对方反手大角位置，配合送旋转和非旋转的长球至对方正手位置。

　　针对弧圈打法的战术：使用快速搓击或控制球来占据对方两个角落位置，等待时机进攻或后退进行削球。

针对削球打法的战术：使用快速控制或接发球后进攻，然后退后进行削球，形成相持的局面。

第四节 乒乓球运动竞赛规则

一、场地与设备

乒乓球比赛中所采用的场地设备有下列规定：

场地大小：球道为长方形，长2.74米，宽1.525米，在球道四周留出3米左右的空隙，以供球员活动自如。

地面：地面要平整，要有弹性，常用木材，人工材料等。

桌椅：桌椅为长2.74米，宽1.525米，高0.76米，桌椅为长方形，边缘为白色，桌椅宽度不大于2厘米。台面应充分水平，距地板76厘米。

球体：球体直径40毫米，重约2.7克，球体为塑胶。

球拍：用于打乒乓球的球拍，一般是用木头和橡皮制成的，球拍应长约15.7厘米，宽约15厘米，厚约1.5厘米。

球桌网：球桌网高15.25厘米，也就是离地15.25厘米，用来分隔台面。

二、发球与击球

在发球过程中，发球员必须使用手将球近乎垂直地向上抛起，不允许球旋转，球的上升高度应不少于16厘米。当球从抛起的最高点开始下降时，才可以进行击球动作，使球首先接触到本方台区，然后经过或绕过球网装置，再次触及到接发球员的台区。

在击球过程中，当对方发球或还击后，本方运动员必须进行击球，使球直接经过或绕过球网装置，或者在触及球网装置后再次触及对方台区。

在一局比赛中，每位运动员在连续发出两个球后，需要进行发球轮换。当比分达到10平或依据轮换发球法时，每得1分都需要进行发球轮换。在双打比赛中，发球和接发球的次序保持不变，但每位运动员在每次轮到发球时要连续发出两个球。

三、得分与失分

在一局比赛中，获得11分先达到的一方被视为胜方；当比分达到10平后，先多得2分的一方被视为胜方。

失分情况如下：当球没有接触到对方的台区而越过了对方台区的端线，或者球未成功越过网或出现连续击球的情况，或者运动员在击球过程中使得球台移动或触碰到球网装置，或者未持握拍手而触及台面，或者在双打比赛中双打运动员的击球次序错误。

四、乒乓球赛类型

乒乓球比赛，采用三场两胜，五场三胜，七场四胜。乒乓球比赛分团体赛和单项赛，单人赛中又有男单、女单、男双、女双和混双，根据赛事的不同，规则也不一样。

1. 单打比赛

在单打方面，选手必须遵循赛会所制定的赛制，即三场两胜，五场三胜，五场三胜，七场四胜，十分制；在赛前，选手们必须对自己的球拍进行统一的检验，每个选手最多可以送去检验两只，其中一只留作备份用，一旦发现自己所选的球拍有问题，可以要求更换备份拍。

在比赛之前，两人用猜测的方法来决定自己的发球权，赢的一方可以选择自己发球或者接球，接球的一方有权选择自己的场地，每一场比赛之后，两人都会互换场地。

发球方式采取二次交换发球法，在 10∶10 的时候采取一次交换发球法，直到双方的分差被拉开两分才算获胜。

发球时，不能阻挡，必须把球掷出，才算把球送出。

如果乒乓球在发球时碰到网子，并且掉在对方桌上，则该球被判为无效，两队均不能得分，必须再发一次；如果球落在自己一方的桌子上，或者落在自己一方的地上，那就是犯规，对手得一分；如果接球两次，则被认为是犯规，另一方得到一分。

2. 双打比赛

发球采用的是两球换发制，在双方交换发球权的时候，发球方会将球交给对方接发球的人，然后换发，两个人互换了位置，此时，两个人就会互换位置，由右侧位球员发球，而本方则是由原来的非发球者接发球。

发球时，球必须先触到我方的右侧，然后才能触到敌方的右侧，触到其他的任何一块或压线都是犯规，对手得分 1 分。

当一方的得分达到 5 分时，两人就会调换场地。

在下一轮开始时，双方互换发球位置并在场上进行，接发球的球员必须是这一球员最后一次接发球的球员。

团体赛，两队各出三人，一、二号选手各出两场，三号选手各出一场，且已排好出场顺序，在比赛开始后，将不能再改变。在团体比赛中，所有的规则都是相同的。

第十章　武　术　运　动

第一节　武术运动简介

  武术，作为中华民族创造和发展起来的一种体育形式，具备了身体健康、自我防护、战胜敌人等多方面的功能，并被尊称为中国四大国粹之一。其源流可追溯至原始社会时期，当时原始人通过使用棍棒、石器等简单工具与野兽进行搏斗，逐渐习得基本格斗和杀伤技能。随着原始社会战争的出现，个体单人的战斗技能得到更加完善。

  在先秦时期，各个诸侯国重视培养和训练士兵的格斗技巧，剑术也开始发展。汉代时期，"角抵"这类具有搏击性质的活动已经有了广泛基础，同时铁兵器的普及让攻防套路的编排变得可能。到了晋代，武术练习已有"口诀要术"，初步形成了一定的武术体系。唐代则是中国武术的黄金发展时期，武则天等统治者大力提倡武术，许多优秀的武术家崭露头角，著名的少林武术也在唐代初年得到了记载。

  宋代时期，中国武术逐渐成熟起来，并成为了志士仁人生活中重要的一部分。此外，民间还形成了武术学习的组织——"社"，各种武术流派也开始出现。元代出现了一些专门传授武艺的武馆。明清时期，民间武术更加广泛流行，各门派林立，涌现出数百种不同的武术套路，各个流派也趋于稳定。

  中国武术自唐宋时期开始逐渐传入其他国家，其中包括日本、朝鲜、越南以及东南亚等地，这些国家也形成了一些独特的武术门派。在欧美国家，中国武术的影响也非常深远，被称为"功夫"。许多西方人对中国文化的认识往往是从接触中国武术开始的。中国武术被视为中国人民对世界文化的重要贡献。

  中国武术展示了独特的魅力。其主要包括拳术和器械套路两大内容。不同的拳种和类型具备各自的套路特点，有长有短，有刚有柔，有单人练习也有对练，风格各异、表现多样。然而，无论风格如何，武术的共同要求是动作连贯、变化多样，节奏明快且灵活敏捷，充满起伏和转折。

第二节　武术基本功

一、头颈练习

  1. 转颈：头部左右旋转，保持体位不变。分为两个阶段，一个是慢动作，一个是快动作。

2. 仰颈：在身体姿态相同的条件下，使劲地低下头部，并将头部向后仰。后仰时，可以用头部的额头袭击对手的头部、胸部和腹部。

3. 绕颈：以脖子根部为中心，把头和脖子横向旋转。绕脖子，可以更好地闪避对手的攻击。

二、肩臂练习

1. 前压肩

双腿分开，身体前倾，双臂伸直，抓住把杆，通过身体的震动，或者是不断向下发力，将力量传递到肩膀上，让肩膀得到舒展。

2. 后压肩

双手向后伸展，手指交叉在一起，整个人向前弯下，双臂向上。还可以一只手按在练功者的腰上，另一只手抓住他的两只手，帮他使劲按压肩膀。也可以使用压力消减的方法。如图 10-1 所示。

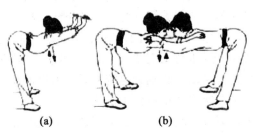

(a)　　　　　(b)

图 10-1　压肩

3. 臂绕环

臂绕环，就是以肩膀为中心，手臂沿着身体两侧或身体前方的一条竖直轨迹旋转。又分单臂绕环式和双臂绕环式两种，均有各自的特点。它的动作很简单，可以逆时针旋转，也可以顺时针旋转。双臂交叉打圈的难度要大一些，它的动作是：两手直臂抬起，在身体的垂直平面上，一只手往前一只手往后不停打圈。如图 10-2 所示。

三、腰功练习

腰功的训练，主要是锻炼脊柱和腰部各个肌肉群的灵活性和灵活性，增加腰部的活动范围。在手、眼、身、步四大因素中，腰部又是体现身法的重要因素，所以腰部的训练不容忽视。弯腰、甩腰、涮腰和下腰都是腰的锻炼方式。

1. 前俯腰

站直，十指相扣，手臂伸直，手心向上。上半身前俯，双手掌心尽量贴地，也可两手松开，各自抱住两脚跟腱，胸部尽量贴近腿部，保持一定时间后再站立。

动作要领：双腿直立，双膝挺直，胸部挺起，腰部弯曲，髋关节弯曲，身体前倾。

2. 侧俯腰

站直，十指相扣，手臂伸直，手心向上。身体向左转，向左弯，双手尽可能的接触地

单臂环绕

双臂环绕

图 10-2　臂环绕

面。坚持一段时间，然后站起来，换另一边。

动作要领：双腿直立，双腿保持静止，上身尽可能向下弯曲。

3. 甩腰

站直身体，双手向上。腰部和髋关节为轴心，上身向前和向后弯曲，手臂也随之摇摆。

特点：快，紧，弹性好。

4. 下腰

双腿分开，保持肩膀的宽度，手臂伸展并向上抬起。腰部向后弯曲，抬头挺胸，双手向后撑地，形成一个"桥"的姿势。还可以用双手撑着墙壁，做一些下腰的运动。

动作要领：胸要挺直，臀部要挺直，腰部要挺直，脚不能离开地面。

四、手型、步型练习

（一）手型

1. 拳。拳头紧握。根据手指的弯曲位置，拳法也有很多种。现在就拿"平拳"（也称四平拳、八边拳）来说，它的握法是：除了大拇指以外，其他四个手指都用手掌屈起，然后把大拇指屈起，然后把它压在食指、中指的第二个指骨上。这套拳法需要五指紧握，除了大拇指之外，其他四根手指的指尖都应该是扁平的，不能有任何突出的地方。如图10-3 所示。

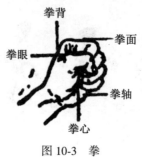

图 10-3 拳

2. 掌。伸出五根手指，并拢成掌。由于大拇指所处位置的差异，手掌形状也可分为好几种。下面就拿柳叶掌来说，修炼的方式是：五指直立，大拇指屈曲，紧紧按住掌心的位置。大拇指是白色的，其他四根手指都是笔直的。长拳的手掌要向后伸展，而短拳的手掌要向内弯曲，手掌要向后弯曲，手掌要向后弯曲。如图 10-4 所示。

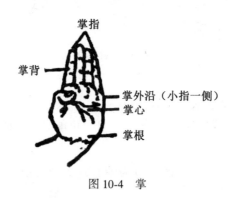

图 10-4 掌

3. 钩（鹤嘴手）。五指并拢，手腕弯曲。五指紧握。如图 10-5 所示。

图 10-5 勾

4. 爪（虎爪）。有力地打开五指，第二和第三节略微弯曲，手腕向后弯曲。

（二）步型

1. 弓步（又名弓箭步）。双脚分开，前膝弯曲，后腿膝伸直，双脚向上，双脚不能离开地面。左脚向前，膝盖弯曲，半跪，形成左弓步；右脚放在身前，膝盖弯曲，形成右弓步。

2. 马步（二字马步）。双腿分开，双腿之间的距离与身体的宽度相等；南拳马步，两只脚之间的距离大约是两只脚的长度）脚尖向前，膝盖微微弯曲，上半身挺直，髋关节收紧。

3. 虚步。双脚向前和向后分开，后脚趾呈 45 度张开。前脚跟抬起，脚掌踩在地面上，膝盖微微弯曲。双脚弯曲，膝盖弯曲，身体的重量全部集中在双脚上。当左脚向前迈的时候，右脚向前跨出的时候，就叫做右腿向后迈出的时候。

4. 仆步。双脚向左分开，一只脚向右弯曲，整个脚落在地上，脚趾稍微向外伸展；一只脚伸直，另一只脚踩在地上。

5. 歇步。双脚向前或向后交叉，前脚趾向外伸展，后脚跟向上抬起。双脚弯曲，完全蹲下，把左腿压在前面的膝盖后面。

五、腿功练习

1. 正压腿

面向一定高度的物体，将左脚跟放在物体上，脚尖勾起，双腿伸直，双手撑按在左膝上，或者用双手抓握左脚，上体立腰向前下方振压，将头部尽可能触及脚尖。

学习要领：双腿伸展，腰身挺直，胸口向前推。如图 10-6 所示。

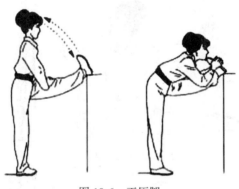

图 10-6　正压腿

2. 侧压腿

用右腿支撑身体，站直身体，将左脚从身体侧放到一定高度的物体上，脚尖勾起，抬起右臂，将左掌放在胸前，两腿伸直，腰部挺立，上体向左侧下振压，逐步增加振压幅度，直至上体侧倒在左腿上。

学习要领：双腿伸展，臀部张开，腰身挺直，上身向一侧倾斜。如图 10-7 所示。

3. 后压腿

一种背对物体、叉腰站立的姿势，其中右腿支撑身体，左腿向后伸展并将脚背放在物体上，然后通过后振压来增加身体的振幅。两腿进行交替完成此动作。

学习要领：保持双腿伸直，使身体保持挺直的姿势，同时使腰部挺起、胸部挺出，并让头随着上半身的后仰而移动。

图 10-7　侧压腿

4. 竖叉

两条腿在前面和后面形成一条直线。左腿向后着地，脚趾向上抬起；他的右脚踩在地面上，双臂抬起。

学习要领：站直身体，挺直胸膛，沉胯，提膝。如图 10-8 所示。

图 10-8　竖叉

5. 正搬腿

右脚伸直，左脚抬起，抬起膝盖，用左手托住膝盖，用右手托住左脚，再把左脚向前伸直，直到膝盖伸直，左脚外翻。

学习要领：双腿伸展，腰身挺直，胸膛前倾，被抬腿的脚趾扣住。

6. 仆步压腿

右脚弯曲，下蹲，双脚接触地面；左腿向左伸展，脚趾向内弯曲；双手握住双足，摆出左下蹲的姿势，腰板一挺，向左转身，向前推。学习要领：腰部挺直，头仰起，一条腿下蹲，另外一条腿伸直，双脚紧贴地面。

7. 劈横叉

双腿向两边分开，接触地面，抬起双手。

练习要领：臀部充分张开，腰部挺直，胸部挺直。

8. 侧搬腿

以左腿为支撑点，右腿离开身体的一侧，右手从右腿内侧绕过脚后，环抱右脚后跟。学习要领：双腿伸展，腰板挺直，胸板挺直。

六、跳跃练习

跳跃是指人的身体从地面上弹起来，这是武术跳高中最基础的一个动作，主要有两种训练方法：

1. 原地跳跃，即站在原地，双腿并拢，双臂抬起，腰身微微一沉，随后猛地一跃。这一练习可以反复进行。

2. 跨步向前跳跃，即左脚抬起，然后右腿抬起。一步踏出，右腿落地，然后猛然弹起，在半空中和左腿碰撞在一起，然后又落下来。当双脚接触到地面的时候，一定要把头向后仰，双手向上，这样可以不断的练习，让自己的双腿变得更加有力，这样可以让自己的双腿变得更加有力。

第三节　简化太极拳基本动作

简化太极拳是根据由简到繁、由易到难的原则，对广为流传的太极拳进行改编和整理而成的一套拳法。它通过改变以往先难后易的训练顺序，剔除原有套路中过多的重复姿势和动作，集中保留了主要的结构和技术要点，使其更易于大众学习和理解。

这套简化太极拳共分为八个组，包括"起势"和"收势"，总共包含了二十四个姿势和动作。这些姿势和动作精练而有代表性，凸显了太极拳的核心要素，并且便于初学者掌握。

一、第一组

1. 起势

①左脚张开，双臂向前弯曲，膝盖向下压。

②保持身体笔直，双脚分开，保持肩膀的宽度，脚趾朝前，手臂自然地垂下，双手放在大腿的两侧，眼睛平视。

③双手缓慢地向前平举，手掌与肩膀等高，手掌向下。

④身体挺直，双膝弯曲，双掌向下压，双肘向下，双膝相对，双眼平视。

2. 左右野马分鬃

左野马分鬃：

稍右转体收脚抱球转体上步弓步分手

①上体微右旋，重心转移到右腿上，右臂横在胸前，掌心向下，左腿收于右脚，掌心朝下，左腿收于右脚内，脚尖点地，面朝右手。

②身体微微向左转，左脚向左前方跨出，右脚向后蹬，右腿自然伸直，形成左弓步，与此同时，上体持续向左转，左、右手随转体慢慢向左上、右下分开，左手高与眼睛水平（手心斜向上），肘微曲，右手落在右胯旁，肘也微曲，手心向下，指尖向前，对着左手。

右野马分鬃：

后坐撇脚收脚抱球转体上步弓步分手

①上身缓缓向后坐下，重心转移到右腿上，左脚抬起，略微向外勾（约45°~60°）。

②左脚逐渐实实，左腿缓慢前弓，身体左转，将身体的重心再次转移到左腿，与此同时，左手翻向下，左臂收于胸前，右手向左上划出一道弧线，放在左手下方，双手心相贴，形成一个抱球的形状，右脚随后收于左脚内侧，脚尖落地，面向左手。

3. 白鹤亮翅

①上体微向左转，左手翻掌向下，左臂平屈胸前，右手向左上划弧，手心转向上，与左手成抱球状，眼看左手。

②右脚跟进半步，上体后坐，身体重心移至右腿，上体先向右转，面向右前方，眼看右手。然后左脚稍向前移，脚尖点地，成左虚步。

③同时上体再微向左转，面向前方，两手随转体慢慢向右上左下分开。右手上提停于右额前，手心向左后方，左手落于左胯前，手心向下，指尖向前，眼平看前方。

二、第二组

1. 左右搂膝拗步

①右手从体前下落，由下向后上方划弧至右肩外侧，肘微屈，手与耳同高，手心斜向上；左手由左下向上，向右下方划弧至右胸前，手心斜向下。同时上体先微向左再向右转。左脚收至右脚内侧，脚尖点地，眼看右手。

②上体左转，左脚向前（偏左）迈出成左弓步。同时右手屈回由耳侧向前推出，高与鼻尖平，左手向下由左膝前搂过落于左胯旁，指尖向前，眼看右手手指。

③右腿慢慢屈膝，上体后坐，身体重心移至右腿，左脚尖翘起微向外撇，随后脚掌慢慢踏实，左腿前弓，身体左转，身体重心移至左腿，右脚收到左脚内侧，脚尖点地。同时，左手以外翻掌的方式从左后向上划弧至左肩外侧，肘微屈，手与耳同高，手心斜向上。右手随着身体转向向上、向左下划弧，并落于左胸前，手心斜向下，注视左手动作。

这一系列动作在第3个动作步骤中与第2个动作步骤相同，只是左右对称反方向。同样，第4个和第5个动作步骤也与第2个和第3个动作步骤相同，只是左右对称反方向。第6个动作步骤与第2个动作步骤相同。

2. 手挥琵琶

右脚跟向前迈出半步，身体稍后坐，重心转移到右腿上，上体略向右转，左脚略微提起并向前移动，形成左虚步，脚跟着地，脚尖抬起，膝部轻微屈曲。同时，左手从左下方向上挑举，与鼻尖平行，掌心朝右，臂部微屈。右手则向内收回至左臂肘部内侧，掌心朝左，注视左手的食指。

3. 左右倒卷肱

①上体向右转，右手翻掌并从下方经过腹部向后上方划弧平举至水平位置，臂部微屈，同时左手随之翻掌向上。眼睛的视线随着身体向右转先向右侧观察，然后再转向前方注视左手。

②右臂屈肘向前内折，右手从耳侧向前推出，手心向前，同时左臂屈肘后撤，手心向上，撤至左肋外侧。此时左腿轻轻提起向后略向左退一步，先以脚掌着地，然后缓慢承重

至全脚踏实，身体重心转移到左腿上，形成右虚步。右脚随着身体转动以脚掌为轴扭正，注视右手。

③上体稍微向左转，同时左手随着身体向后上方划弧平举，手心向上，右手随即翻掌，掌心向上。眼睛随着身体转动先向左侧观察，然后再转向前方注视右手。

这一系列动作在第 4 个动作步骤中与第 2 个动作步骤相同，只是左右对称反方向。同样，第 5 个和第 3 个动作步骤 3 相同，只是左右对称反方向。第 6 个动作步骤与第 2 个动作步骤相同。第 7 个动作步骤与第 3 个动作步骤相同。第 8 个动作步骤与第 2 个动作步骤相同。

三、第三组

1. 左揽雀尾
①起始姿势为右虚步，身体向右转，重心转移到右腿上，左脚略微提起。
②左手从前方随身体转动，向右侧移动，掌心向上，手指稍微张开。同时右手从右侧胯部处由下向上翻掌，掌心向外，手指稍微张开。
③左手继续向右侧移动，与右手形成一条直线，左手臂保持微屈，掌心向上。右手继续向上抬起，至肩部高度，手臂微屈，掌心向外。
④目光注视左手掌心。

2. 右揽雀尾
①起始姿势为左虚步，身体向左转，重心转移到左腿上，右脚略微提起。
②右手从前方随身体转动，向左侧移动，掌心向上，手指稍微张开。同时左手从左侧胯部处由下向上翻掌，掌心向外，手指稍微张开。
③右手继续向左侧移动，与左手形成一条直线，右手臂保持微屈，掌心向上。左手继续向上抬起，至肩部高度，手臂微屈，掌心向外。
④目光注视右手掌心。

四、第四组

1. 单鞭
①起始姿势为左虚步，身体向左转，重心转移到左腿上，右脚略微提起。
②双手自然下垂，掌心向内，略微贴于两侧大腿前方。
③同时左手由左侧胯部处由下向上翻掌，手臂微曲，掌心向外翻。右手保持放松自然的弯曲状态，掌心向内。
④左手继续向上抬起，手臂略呈弧形，至颈部高度，掌心向外。
⑤右手从胯部处微微上举，手心向下，手指稍微张开，手臂略呈弯曲状态。
⑥目光注视左手掌心。

2. 云手
①起始姿势为左虚步，身体向左转，重心转移到左腿上，右脚略微提起。
②双手自然下垂，掌心向内，略微贴于两侧大腿前方。
③左手由左侧胯部处由下向上翻掌，手臂微曲，掌心向外翻。右手保持放松自然的弯

曲状态，掌心向内。

④左手继续向上抬起，手臂略呈弧形，至颈部高度，掌心向外。

⑤同时右手从胯部处微微上举，手心向下，手指稍微张开，手臂略呈弯曲状态。

⑥然后，双手同时向相反方向打开，形成一个流畅的圆形运动，左手由外向内打开，右手由内向外打开。手臂保持柔和的曲线状态。

⑦打开的过程中，身体稍微转动，重心由左腿转移到右腿上，同时右脚也随着身体的转动略微移动。

⑧最后，双手掌心打开到最大的位置后，再逆向收圈，回到起始姿势，回收左脚。

3. 单鞭

①上半身向右旋转，右手跟随旋转，达到右侧时形成勾手姿势；左手从腹部前方向右上方划弧至右肩前，手心朝内；身体重心转移到右腿上，左脚尖着地，凝视左手。

②上半身略微向左转，左脚向左前方迈出，右脚后跟离地，形成左弓步；同时身体重心转移到左腿上，继续向左转，左掌缓慢翻转并向前推出，完成单鞭的姿势。

五、第五组

1. 高探马

①起始姿势：双脚并拢，身体直立，自然放松，两臂自然下垂，手掌紧贴大腿外侧。

②向前迈步：将左脚向前迈出一步，保持膝盖微曲，至与肩同宽。同时由于步伐的迈出，身体略微向前倾斜。

③右手推出：右手臂保持放松，手肘微曲，手掌朝内，从大腿外侧沿着斜线轻推而出，手指轻轻张开。

④左手往上抬：左手臂保持放松，手肘微曲，手掌朝下，从大腿外侧顺势向上抬起，形成一个流线型，掌心朝外。

⑤手部齐平：右手与左手在胸前水平齐平，双手与身体成角度约为45度，手掌朝外，手指稍微张开。

⑥身体转向：整个上身轻微向右旋转，目光注视左手，身体保持挺直，呼吸自然平稳。

⑦保持姿势：保持高探马姿势，注重平衡和身体的自然放松，保持一定的时间。

⑧还原初始姿势：逆向动作，将左手往下放回大腿外侧，右手臂回收至大腿外侧，回到起始姿势。

⑨另一侧重复：另一侧也可以进行高探马动作，如右脚迈出，左手推出、右手抬起，身体转向等。

2. 右蹬脚

①初始姿势：站立直立，双脚并拢，身体放松，目光正前方。

②后蹬：将体重转移到左腿上，右腿向后踢出。右腿以膝盖为轴，向后伸展直至舒展处，脚尖朝下。

③腰部转动：同时，将上身稍微向右侧转动，使右腿的踢出更具力量和平衡感。

④弓步着地：踢出的右腿脚尖先着地，随即整个脚掌着地，进入弓步姿势。右腿成直角弯曲，左腿微屈支撑身体，保持平衡。

⑤手臂配合：右手可伸直向前，与右腿形成对称；左手可自然下垂或略微提起，保持姿势平衡。

⑥身体保持稳定：在右蹬脚的姿势中，身体保持稳定，呼吸平稳，注重动作的协调和力量的控制。

⑦还原初始姿势：将右腿放下，回到初始的站立直立姿势。

3. 双峰贯耳

①初始姿势：站立直立，双脚并拢，身体放松，目光正前方。

②向前迈步：将右脚向前迈出一步，保持膝盖微曲，至与肩同宽。同时身体略微向前倾斜。

③右手抬起：将右手臂从大腿外侧顺势向上抬起，手掌朝下，直至手臂与地面平行。手指稍微张开，与肩同高。

④左手推出：将左手臂保持放松，手掌朝内，从大腿外侧沿斜线轻轻推出，直至手臂与地面平行。

⑤双手形成"双峰"：右手和左手形成一个相互平行的"双峰"姿势，手指稍微张开，与肩同高。

⑥身体自然伸展：整个上身稍微向前伸展，呼吸平稳，保持舒展感。

⑦保持姿势：保持双峰贯耳姿势，注重平衡和身体的自然放松，保持一定的时间。

⑧还原初始姿势：逆向动作，将左手往内收回至大腿外侧，右手臂回收至大腿外侧，回到起始姿势。

⑨另一侧重复：另一侧也可以进行双峰贯耳动作，如左脚迈出，右手抬起、左手推出，身体自然伸展等。

4. 转身左蹬脚

①初始姿势：站立直立，双脚并拢，身体放松，目光正前方。

②转身准备：向左转身，将体重转移到右腿上，同时将左脚向左后方提起，以便做出蹬脚动作。

③转身动作：以右腿作为支撑点，将身体向左侧转动。右脚成为转身的轴点，左脚随着身体的转动从后方挺直向前方伸展。

④左脚蹬脚：在转身的同时，将左脚迅速伸直，向前方蹬出。蹬脚动作要求力量、灵活性和平衡感。

⑤身体姿势：蹬脚动作完成后，身体会稍微倾斜，并保持平衡。上半身要保持挺直，手臂可配合动作，可以跟随蹬脚动作进行挥拳或护面等。

⑥弓步着地：完成蹬脚动作后，左脚着地，进入弓步姿势。左腿成直角弯曲，右腿微屈支撑身体，保持平衡。

⑦还原初始姿势：将左脚放下，回到初始的站立直立姿势，准备进行下一动作。

六、第六组

1. 左下势独立

①初始姿势：站立直立，双脚并拢，身体放松，目光正前方。

②左脚迈步：将左脚向左侧迈出一步，脚尖稍微朝外，与右脚成约一脚距离的宽度。

③弯曲右腿：保持左脚稳定，弯曲右腿膝盖，将体重转移到右腿上。同时，上半身稍微向右转动。

④左手抬起：将左手从身体侧面顺势向上抬起，手掌朝前方，臂部与地面平行。手指稍微张开，与肩同高。

⑤右手放下：将右手放下，右手臂自然下垂，手掌朝内，沿大腿外侧伸展。

⑥身体姿势：上半身稍微向右旋转，保持躯干挺直，呼吸平稳。

⑦注重平衡：在左下势独立姿势中，要注重身体的平衡感，保持身体的稳定和轻盈。

⑧还原初始姿势：逆向动作，将左手往下放至大腿外侧，右腿伸直，回到初始姿势。

2. 右下势独立

右脚前移至左脚前方，并使脚掌完全接触地面，随后左脚的前脚掌作为轴点，将脚跟向左侧转动，身体也随之向左转动。其余动作和左下势独立相似，只是左右相反。

七、第七组

1. 左右穿梭

①初始姿势：站立直立，双脚并拢，身体放松，目光正前方。

②右腿前移：将右脚向前迈出一步，与左脚成约一脚距离的宽度，脚尖稍微朝外。

③旋转身体：以腰为轴心，将身体向左侧旋转，同时随之进行右向左的旋转移动。

④左脚后移：将左脚向后移动，在右腿的支撑下保持身体平衡。

⑤左手伸出：将左手向前伸出，手掌朝下，与地面平行。

⑥右手放下：将右手放下，臂部自然下垂，手掌朝内。

⑦重复动作：根据个人的需要和练习要求，可以反向进行动作，即左脚前移、身体向右旋转、右脚后移等。

2. 海底针

①初始姿势：站立直立，双脚并拢，身体放松，目光正前方。

②右腿前移：将右脚向前迈出一步，与左脚成约一脚距离的宽度，脚尖稍微朝外。

③转身移重：以左脚为支撑，慢慢将身体重心转移到左侧，同时右脚跟慢慢抬升，直至仅脚尖触地。

④左手下垂：将左手自然下垂，手掌朝内，与大腿内侧轻轻贴合。

⑤右手上举：将右手向上举起，手臂伸直，手掌朝天，与头顶形成垂直线。

⑥身体挺直：保持背部挺直，头颈自然伸直，目光注视右手的掌心。

⑦注意呼吸：在海底针的姿势中，要保持深而平稳的呼吸，以保持身体的放松和稳定。

3. 闪通臂

①左脚前移：将左脚向前迈出一步，与右脚成约一脚距离的宽度，脚尖稍微朝外。

②转身移重：以左脚为支撑，慢慢将身体重心转移到左侧，同时右脚跟慢慢抬升。

③左手伸出：将左手向前伸出，手掌朝下，与地面平行。

④右手屈肘：将右手屈肘，手掌贴近右侧胸部。

⑤快速推出：以腰部扭转为动力，迅速推出左手，并伴随着右手的伸展。左手推出时，手掌由下往上翻转，与对方的身体或手臂相触。

⑥沉肩坠肘：在推出后，左手臂要保持沉肩坠肘的状态，力量沿着手臂传递至身体。

八、第八组

1. 转身搬拦捶

①右脚前移：将右脚向前迈出一步，与左脚成约一脚距离的宽度，脚尖稍微朝外。

②转身移重：以右脚为支撑，慢慢将身体重心转移到右侧，同时左脚跟慢慢抬升。

③左手搬拦：左手掌心向上，从右侧腰部搬过来，顺势向前搬拦对方的手臂或身体。

④右手拳击：右手握拳，从右侧向前伸出，拳头沿直线路径击打对方的身体或其他目标区域。

⑤左手跟随：左手搬拦后继续向前伸展，保持与右手的拳击动作协调一致。

⑥转身归位：完成拳击动作后，慢慢将身体重心转回中央，恢复初始姿势。

2. 如封似闭

①手臂置于胸前：将双手的掌心轻轻合拢，放在胸前腹部处，手指自然张开，手臂稍微弯曲。

②身体微微前倾：身体保持放松，微微前倾，但是不要过度弯曲腰背。

③脚步调整：根据个人的习惯和太极拳的流派，可以选择双脚并拢或者分开。有些流派会进行一定的脚步调整，可以将双脚稍微分开，脚尖稍微朝外。

3. 十字手

①手臂交叉：将右手臂从前方往左侧摆出，手掌正面朝外，与肩平行，位置约在胸前。同时，将左手臂从前方往右侧摆出，手掌正面朝外，与肩平行，也在胸前。

②手指伸直：双手的手指伸直，但保持轻微的弯曲，手掌稍微凹陷。

③身体微微前倾：身体保持放松，微微前倾，但是不要过度弯曲腰背。

4. 收势

两手向外翻掌，手心向下，两臂慢慢下落，停于身体两侧，眼看前方。

第十一章　游泳运动

第一节　游泳运动概述

　　游泳运动的起源可以追溯到 19 世纪末的英国。1869 年成立的大城市游泳俱乐部联合会（现英国业余游泳协会前身）标志着游泳作为一项专业运动项目正式确立，并逐渐传播到英属殖民地及全球各地。1896 年，游泳首次作为正式竞赛项目出现在雅典奥运会上。1908 年，在伦敦举办的第 4 届奥运会上成立了国际业余游泳联合会，并建立了国际游泳比赛的规则。1921 年，斯德哥尔摩奥运会开始设立女子游泳比赛项目。

　　游泳运动是一种人们通过自身肢体动作与水的相互作用，在水中进行的有意识的技能活动。它与人类的生存、生产和生活密切相关。游泳运动融合了水浴、空气浴和日光浴，由于在水中进行，消耗的热量比在陆地上更大，因此需要及时补充分散的热量，促进体内新陈代谢，改善体温调节机能，从而促进身心健康，并逐步塑造健美的体态。

　　在现代社会中，游泳运动是备受大众喜爱的体育项目之一。它能够提供全面的身体锻炼和健康益处，同时也是一种有益于休闲和娱乐的活动。

第二节　游泳基本技术

一、熟悉水性

　　1. 水中行走练习

　　6~7 人一组，依次下水，手拉手向前走。水中走动时，可向前、向后和向两侧走，并从浅水区向深水区过渡。

　　2. 呼吸练习

　　（1）面向池壁站立，两手扶池或拉住同伴双手，在水面上吸气后蹲下，将头没入水中憋气，坚持片刻，头出水后先呼气后吸气，反复练习。

　　（2）原地站立，深呼气后闭气，低头团身，双手抱膝，背部露出水面停留片刻；站立时两臂前伸，手掌向下压水并抬头，同时两脚向正下方伸展。

　　（3）站立方向同上，两臂自然向前伸，深吸气后身体前倾并低头，同时两脚向后下方蹬池底，使身体漂浮于水中（面）。

　　3. 浮体练习

　　抱膝浮体：其姿势为站立位置，通过深吸气后闭气，下蹲低头含胸，双手抱膝团身，

144

同时轻蹬池底，使身体在水中自然浮漂。在站立时，两臂前伸下压，抬头的同时，两腿下伸，使脚触及池底来保持平衡，接着用两臂侧分拨水维持身体的稳定。

展体浮体是在抱膝浮体的基础上进行的，同样也需要闭气、松开双手。在展体浮体中，身体可以选择伸直或俯卧的姿势。当从站立位置转换到展体浮体时，需要收腹屈膝和腿部收缩，同时双臂向下施压水，抬头的同时将两腿向下伸展，使脚触及池底以保持站立姿势。

4. 滑行练习

脚蹬池壁滑行：开始时身体背对池壁，其中一只手握住池槽，另一臂向前伸直。同时，一只脚站在池底，而另一只脚则紧贴着池壁。在深吸气后低头的过程中，上半身向前倾斜，使身体呈俯卧姿势，并将站立的腿收回，双脚紧贴池壁（距离水面较浅处）。接下来，两臂向前伸直，头夹于两臂之间，然后用力蹬池壁，以俯卧的姿势向前滑行。

脚蹬池底滑行：开始时，双脚分开站立，两臂向前伸直。在深吸气后，屈膝并将重心前移，当头和肩部浸入水中时，前脚掌用力向前蹬池底，随即两腿伸直，使身体呈俯卧姿势向前滑行。

二、爬泳

1. 身体姿势

准备姿势：站立或蹲下，身体放松，双臂伸直向前，手掌相对。注意，进入手中时，身体需要向前倾斜，头部先入水，然后身体依次进入水中。

2. 腿部动作

在爬泳的踢腿过程中，双腿以自然伸展的状态，并略微向内弯曲脚趾，使脚踝得以放松。踢腿的力量主要来自臀部区域，通过大腿带动小腿，以一种鞭打的方式在水中前后运动。

爬泳的腿部动作可以分为上划水和下划水两个阶段。在上划水阶段，腿部运动的重心在于将腿部从水中向上方推动，以保持身体姿势的平衡。而在下划水阶段，重心则转向将腿部从水中向下方推动，为下一次腿部动作做准备。

（1）向下打水

其起始阶段涉及屈腿的动作。在进行下划水时，脚背要绷直，脚趾略微向内弯曲。通过腰身的力量，大腿带动小腿向后向下运动，产生较大的力量和速度以实现下划水的"鞭打"效果。

（2）向上打水

在进行向上打水的腿部动作时，主要通过大腿带动小腿进行直腿向上的运动。当腿脚移至水面并与水平面平行时，大腿会停止上移，而小腿和脚则在惯性的作用下继续向上运动。当大小腿弯曲成约160°角左右时，转入向下打水的动作阶段。

3. 臂部动作

爬泳手臂的运动不仅可以推动人体向前运动，同时可以维持人体的平衡，可以分为以下几个动作。

（1）入水

在进行游泳入水时，需要屈肘，并让手指自然伸直向前、向下倾斜入水。入水点位于同侧肩前。

（2）抱水

在游泳中主动前跨身体，身体前倾，并达到握水的最佳姿势后，前臂进行外旋转，同时屈腕和屈肘，对水产生作用并保持高肘姿势，直到开始划水。

（3）划水

划水动作包括两个步骤：拖臂和推臂。

①拖臂：在划水过程中，双臂向内、向上、向后、向内、向外、向后移动，直到达到肩部以下的位置进行划水。

②推臂：双手快速向外、向上、向水、向后移动，以产生推进水的力。

（4）出水

完成划水动作后，利用惯性将双臂从水中向上提起。

（5）空中移臂

当手臂和肩膀被提起出水后，利用肩膀的自然旋转和高肘使手臂向前移动，准备再次入水。

4. 呼吸技巧

腿部踢水和手臂划水的协调过程中，需要定期换气。当右手划水时，头部转向右侧，从水面上方呼出气息，吸入新鲜空气。当左手划水时，头部转向左侧进行呼吸。呼吸时要迅速而顺畅，不要停顿。

5. 身体协调

身体的姿势要保持平直，脊椎放松，臀部稍微收紧，不应有明显的扭转或摆动。手臂和腿部的动作要与身体的协调一致，力量转移顺畅。

三、蛙泳

（一）开始姿势

蛙泳的开始姿势是从水面上准备开始游泳的姿势，如图11-1所示。

（1）身体水平地俯卧水中。

（2）双腿合拢，脚尖指向外侧，双脚并拢贴近一起。

（3）将双臂伸直向前，与肩同宽，手掌心相对，掌指稍微张开。

（4）低头看向水面，保持颈部放松和自然伸直。

（5）腹部稍微用力收紧，保持身体平稳浮在水面上。

（6）水齐前额，脸浸入水中。

（7）准备开始游泳后，屈臂将手臂快速向外侧打开，并向下方移动。

（二）腿部动作

1. 收腿

开始时，双膝会逐渐自然分开，小腿向前回收，使脚跟靠拢臀部，同时保持腿部的收敛和展开。在收腿的过程中，应该尽量减少力量的使用，让动作显得轻松、自然。同时，要确保两腿和小腿在回收时保持在大腿投影截面的内侧，以避免迎面水流对小腿前收时产

图 11-1　蛙泳开始姿势

生的阻力影响。收腿完成时，大腿与躯干之间的夹角约为 130°~140°，而两膝内侧的间距
与髋关节的宽度相当。如图 11-2 所示。

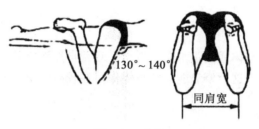

图 11-2　收腿

2. 翻脚

收腿结束时，蛙泳中的脚仍会向臀部靠拢，此时膝关节会稍微向内扣，并且同时两膝
向外侧翻开。如图 11-3 所示。

图 11-3　翻脚

3. 蹬水

蛙泳蹬水的机制是通过大腿的内旋引发的，在脚翻动作中产生的膝内压力推动小腿和
脚向后方蹬水。同时，运动员会施加力量，以加速并紧密结合蹬和夹的动作。这个过程
中，两腿逐渐达到内旋的姿势，并最终拢合。如图 11-4 所示。

4. 滑行

通过鞭状蹬腿的动作，身体可以借助惯性力高速向前滑行。在这个动作中，游泳者将
两腿并拢向后伸直，使身体保持水平姿势。下肢放松，仅依靠适度的腿部肌肉收缩，将脚
跟稍微提升至水面，以为收腿做好准备。

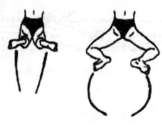

图 11-4　蹬水

（三）臂部动作

1. 滑行

在伸臂结束之后，身体通过蹬水向前滑行。双臂自然放松并伸直，手指自然并拢，掌心向下，尽量靠近水面。这个姿势能够使身体保持在较高的位置上，保持流线型的整体形状。

2. 抓水

在滑行之后紧接着进行抓水动作，肩部保持前伸，双臂内旋，使双臂和掌心朝斜外下方转向，屈曲手腕（成 150 ~ 160°），抓水结束时，双臂与水平面和前进方向各成 15° ~ 20°。如图 11-5 所示。

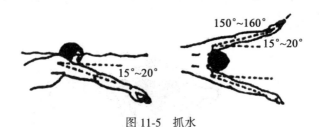

图 11-5　抓水

3. 划水

在划水动作中，双手同时向后划动，与前进方向形成约 80° 的角度。在划水过程中，肩部仍然向前伸展，保持高抬肘的姿势。整个动作过程中，手肘高于手部，并且手肘位于肩部前方。手部带动小臂的运动，接着上臂开始向后切，使肘关节的屈曲度从开始时的 150° ~ 160° 逐渐减小，最终达到 120° ~ 130°。如图 11-6 所示。

4. 收手

当划水动作结束时，手掌开始向内上方移动，同时上臂进行外转并向前推肘。手将提至头部前下方，掌心相对，斜向内下，臂部放松。

5. 伸臂

紧接着收手动作之后，继续通过推肘来完成伸臂动作。在伸展肩关节的同时，依靠推动伸展肘关节来实现。因此，双手先向前上方移动，然后再向前伸展。伸臂动作结束时，两臂回复到滑行姿势。

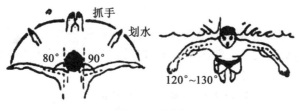

图 11-6 划水

四、仰泳

仰泳是一种游泳技术，其技术特点包括身体平衡、有力而有规律地上下踢腿，手臂延伸入水远而深，手臂入水迅速，划水路线呈长而呈 S 形，臂部高举垂直，交替配合。在掌握和提高仰泳技术中，肩带的柔韧性和灵活性尤为重要。

对于仰泳的基本练习方法，可以按照以下步骤进行：

（1）准备姿势：站在水面上，正面朝上，身体放松。

（2）入水：将身体向后倾斜，先将头部向后仰，然后将身体缓慢地向水中倾斜。双腿和臂展开，准备进入水中。

（3）身体姿势：身体完全进入水中后，将头部仰朝天空，眼睛看向天花板。身体保持平稳，背部与水平面平行，躯干放松。

（4）手臂动作：将两臂伸直向前伸展，手掌面向下方，手臂呈抓水状。以打圆的方式画大圆弧，与身体保持同步的交替划水，以提供推进力。

（5）腿部动作：双腿伸直并轻微合拢，脚尖朝外侧。进行踢腿动作时，腿部从髋关节开始屈曲，通过连续的上下腿踢动，提供推进力。

（6）呼吸方式：仰泳时的呼吸是向上方进行的。当一只手臂划水时，另一只手臂伸直靠近耳朵位置，利用身体侧翻的力量将头部稍稍转向一侧，向上方呼出气息，吸入新鲜空气，然后将头部还原为仰朝天空的姿势。

五、蝶泳

蝶泳是一种演变自蛙泳的泳姿，得名于在游泳时两臂像蝴蝶展翅一样向前移动。蝶泳的打腿技术采用模仿海豚上下波浪式击水的方式，速度较快，因此如今蝶泳的打腿技术都采用这种方式。蝶泳是仅次于自由泳的速度第二快的泳姿。

蝶泳的技术特点包括屈臂划水动作、身体姿势高平、小波浪运动、快速频率和晚期呼吸。以下是蝶泳的基本练习方法：

（1）入水：将身体向前倾斜，先将头部向下低垂，然后将身体快速地向水中倾斜。双臂伸直向前伸展，手掌面向下方，准备进入水中。

（2）身体姿势：全身迅速进入水中后，身体呈水平姿势，背部与水平面平行。保持身体线条的延长和平稳，核心肌肉紧绷。

（3）手臂动作：以交替的方式划水。当一只手臂伸直向前伸展时，另一只手臂从水面上方向下方经过身体两侧向后划水，同时向内侧弯曲。手臂在划水时加速，手掌下压推水。

（4）腿部动作：蹬腿是蝶泳的重要动作之一。双腿挤在一起，脚尖朝外侧。蹬腿动作发生在两只手臂划水的同时。腿部从髋关节开始弯曲，然后迅速向下蹬出，再收回。蹬腿力量要大且有力，以产生推进力。

（5）呼吸方式：蝶泳的呼吸需要在腿部蹬力的同时完成。当一只手臂经过身体两侧向后划水时，另一只手臂从前方伸展向前。这是呼吸时机。将脸部转向一侧，使嘴巴脱离水面，吸气，然后将脸部恢复原位，继续进行下一次蝶臂划水和腿蹬动作。

第三节　游泳卫生与安全救护常识

一、游泳安全与卫生

1. 游泳时间

游泳宜选择餐后适当时间进行，以保持体力和促进食物消化。避免空腹游泳，防止身体虚弱和抽筋等症状发生。游泳时间宜控制在 1 个小时之内。

2. 游泳物品

佩戴泳镜有助于保护眼睛免受感染。对于非熟练游泳者，应携带游泳圈以发挥最大效果。同时，注意保护耳朵，避免水流进入引起不适。避免呛水现象的发生。

3. 游泳准备工作

游泳前进行四肢和关节的伸展热身运动，预防痉挛。用适量水浸湿头部和胸部，让身体更快适应水温，防止痉挛发生。

在野外游泳时，要特别注意水温，做好必要的热身准备。确保游泳区的安全性，避免盲目跳水引发身体过度反应，避免被水中锋利物划伤。

游泳应选择游泳池或指定的江河湖海游泳区，不得进入陌生的水域和受血吸虫、污染及杂草影响的水域。青少年及初学者最好有擅长水性的人陪同。

4. 在极度疲倦或饥饿的情况下，不要去游泳。

不要在极度疲倦或饥饿的情况下游泳。同时，在生理状态不佳（如经期、感冒、生病等）时，也不宜下水。若忽视以上情况，可能引发头晕、抽筋等症状。

5. 下水后的注意事项

根据自身实力选择合适的水深，并注意周围人群，避免碰撞和刮伤。如果发生意外情况，在保持冷静的同时，需具备应对措施的充足知识储备。

6. 游泳卫生问题

为维护良好的身体状况，需选择水质优良的泳池或野外游泳区域。

二、水上救护

间接救护是通过投掷救生圈、救生衣、木板等救生设备，以实施救援。而直接救护则是指在没有救援设备或溺水者失去知觉的情况下，通过人工进行抢救。直接救护应符合以下几个要点。

首先，救援人员在下水之前，应仔细观察被淹者的位置和浮沉状况（是否有意识地沉下去，是否在水中挣扎）。如果溺水者落入静止水域中，救援人员可以直接下水施救。如果溺水者落入湍急的河流中，救援人员应该迅速冲到溺水者前方，并冲进水中进行救援。

其次，在不熟悉水域环境的情况下，救援人员应避免头部先入水。最好的做法是采用双腿前后分开，双臂向两侧或向前伸出的入水方式。

再次，为了能够观察落水者，救援人员应使用蛙泳方式。在进行溺水救援时，救援人员不应直接靠近溺水者，而是要从其背后进行救援，以避免被溺水者抓住，造成生命危险。接近落水者时，应从背后托起溺水者，并以侧向或反向的蛙泳方式将其带上岸，以便及时施救。

最后，救援人员不仅需要掌握救人技术，还需要掌握解脱技巧。

第十二章 轮滑运动

第一节 轮滑运动概述

一、轮滑运动概述

轮滑运动的范围包括速度轮滑、花样轮滑轮、轮滑球和滑板等多个项目。作为一项新兴的体育项目，轮滑运动已成为世界上最受欢迎的体育运动之一。

轮滑运动的兴起并非偶然，尤其是单排轮滑鞋在广大群众中得到了广泛的喜爱。有人认为轮滑运动对身体有益，因为它可以像跑步一样消耗卡路里，同时对脚关节的冲击较为缓和。此外，轮滑运动也具备竞技性和比赛性，其比赛形式多种多样，类似于竞技单排、特技、竞速和花样滑冰等项目。另一方面，轮滑运动也注重其社会作用，例如举办各类轮滑俱乐部、轮滑旅游和轮滑节庆等活动。

目前，轮滑运动在全球范围内都非常受欢迎。参与这项运动的人们都能享受到一种无拘无束、随心而行的放松和愉悦感。

二、轮滑运动的分类和特点

1. 速度轮滑

速度轮滑是一项基于单排或双排轮滑鞋的运动，可分为赛道赛和道路赛两种类型。赛道赛项目包括 300 米计时赛、500 米淘汰赛、1000 米、5000 米和 10000 米积分赛、以及 20000 米积分赛。陆上项目则包括女子 21 公里半马拉松和男子 42 公里马拉松。

2. 轮滑球

轮滑球结合了冰球和马球运动的特点，运动器材为单排或双排滑冰鞋。该项目根据个人技术和团队合作进行比赛，规则相对宽松，具有一定的对抗性。

3. 花样轮滑

花样轮滑最初是为了让运动员在无需冰场的情况下进行练习而发展起来的。比赛项目分为规定图案滑、自由滑、单人滑和双人滑。比赛场地要求至少为 50 米长、25 米宽。每队可派出三名队员，共 12 名队员参赛。评分标准主要考量舞步的难度和舞姿的优雅程度，同时对服装、音乐和轮滑鞋等方面也有要求。

4. 极限轮滑

极限轮滑，又称特技轮滑，常在极限碗池等运动场地进行。作为一项受年轻人欢迎的运动，极限轮滑既是休闲活动，也是竞技项目。随着不断发展，已形成多个轮滑竞赛项目。甚至在 2010 年的亚洲运动会上，已经有了轮滑项目的参与。

第二节 轮滑运动基本技术

一、轮滑运动的基本技术

（一）站立与平衡

练习方法：

（1）原地站立：通过扶栏杆或同伴的帮助，保持身体稳定，双脚采取"八"字形状，膝盖略微弯曲，双臂自然下垂，上身稍微向前倾斜，同时目视前方。

（2）提踵练习：在原地进行双脚和单脚的提踵动作，感受前轮和制动器的位置，同时保持身体平衡。

（3）在原地两脚平行站立，进行前后交替移动，体会四个轮子在脚下的位置和滚动时的感觉。

（4）踏步练习：通过身体重心的转移和双脚的踏步动作，进行静态平衡训练。站立时，将重心转移到左脚上，抬起右脚，然后右脚着地，再将重心转移到右脚上，抬起左脚，如此反复进行。

（5）互助法和扶助法练习平衡：两人相互扶助或将双手放在身旁的横杆或其他物体上，进行前后左右的移动，以练习平衡技巧。

（6）牵引法：借助外部力量进行平衡训练。

（二）前滑

练习方法：

首先，进行平衡训练时，可以采用小步走的方式。双脚分开，略窄于肩宽，向前迈步。然后，利用脚的内刃向侧后方蹬地前行，并逐渐增加速度。在进行练习的过程中，需要注意保持身体的平衡，确保眼睛朝前看，并且上体略微左右晃动。

1. 双脚滑行

通过一只脚的内刃向侧后方蹬地，将身体重心转移到另一只脚上，然后迅速收回蹬地的脚，使双脚平行向前滑行。连续使用两只脚轮流蹬地，实现连续滑行。

2. 前葫芦步

开始时，双脚内刃站立，起滑时身体稍微前倾，膝盖弯曲，双脚尖向外，双臂自然张开以帮助保持身体平衡。当双脚向前外侧滑动到最大弧线时（稍宽于肩），迅速将双脚尖内收靠拢，恢复到起始姿势。通过连续进行双脚的分开和靠拢动作，可以实现不断向前滑行。

3. 前双曲线滑行

双脚平行站立，一只脚使用内刃向侧后方蹬地（保持四个轮子不离地），身体重心在另一只脚上，形成向右滑行的双脚曲线。然后另一只脚也使用内刃向侧后方蹬地，身体重心偏向前一只脚，形成向左滑行的双脚曲线。通过不断交替进行这个动作，可以实现连续的前双曲线滑行。如图 12-1 所示。

图 12-1　前双曲线滑行

4. 单脚向前直线滑行

首先，在原地采取左脚前、右脚后的"T"形站立姿势，双脚略微弯曲。接下来，通过右脚的内刃蹬地，逐渐将身体重心转移到左脚上。随后，右脚蹬直，并抬起离开地面，使左脚向前滑行。然后，将右脚收回并落地于左脚的侧面，接着使用左脚蹬地，重复之前的动作，以实现右脚的单脚向前滑行。如图 12-2 所示。

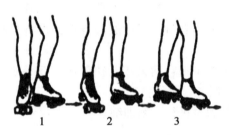

图 12-2　单脚向前直线滑行

（三）倒滑

1. 向后葫芦滑行

双脚略微分开，形成一个"V"字形的站立姿势。起初，脚跟稍微内收，脚尖略微向外。双脚同时用力伸直，使膝盖保持挺直。当脚跟并拢时，双脚方向改变，形成倒 V 字形，脚尖稍微向内，双腿屈曲。然后使用双脚的内刃向前蹬地，同时双脚跟向两边分开，向后外滑至达到最大弧线。随后回复到开始的姿势，并重复以上的滑行动作。如图 12-3 所示。

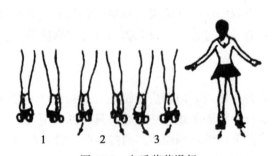

图 12-3　向后葫芦滑行

2. 蛇形向后滑行

双脚张开，膝盖屈曲，脚趾略微向内收。利用右腿内侧的刀片在地面上用力踏下，将身体的重心转移到左侧，使左腿向后滑动。接着，将右腿伸向身体前方，然后将右腿放置在左脚旁边，并回到原始位置。然后，再次踏下一脚，使整个身体的重心转移到右侧，使右腿向后滑动。将左脚伸向身体前方，然后将左脚放置在右脚旁边。如图12-4 所示。

图 12-4 向后蛇形滑行

在进行重复动作时，需要注意在执行蛇形后滑时，保持上体略微前倾的姿态。双膝应该始终保持屈曲状态，以提供稳定和灵活的支撑。同时，双手应分开侧举，并与上体侧处于一致的位置。

（四）前溜变后溜

从前滑到后滑是一个关键的基础动作，对于速度不足的情况下，可以通过原地旋转的方式进行转向。然而，一旦掌握熟练，就能够快速地实现转向。

起始时，将两只脚并拢在一起，脚后跟轻微提起，通过身体旋转将重心转移到右腿上。接着，左脚进行180°旋转，并使身体向左旋转90°，重心再次转移到左腿上。继续旋转右脚180°，使身体完成180°旋转。在此过程中，需要准确掌握重心由前方向后方转移的时机。

（五）滑行中转弯

在滑行中进行转弯时，需要维持左转的姿势。当左脚内轮向右踢时，身体的重心应该放在左腿上以实现滑行。同时，身体要向前倾斜和向左倾斜。完成右脚动作后，右脚要迅速抬起，左脚向前抬起，保持身体的重心。左脚利用外刃向右腿下交叉蹬去，并快速移动到右脚前内侧，用作支撑腿。这样就完成了一个交叉压步。

根据弯道的大小和速度的快慢，可以进行多次重复。在压步的过程中，身体要一直向左倾斜。双手要配合蹬地的动作，左臂要前后微摆动，右臂要侧后大幅摆动，同时要稍微屈曲手肘。在转弯时，需要适当地倾斜身体，这个角度与转弯速度成正比。

请注意，在身体向左侧倾斜的同时，要用左脚支撑滑行，右脚在冰面上快速移动，左脚向前踏出一步，再左脚在冰面上踏出一步。在这个过程中，身体继续向左倾斜，右脚承担着重量，双膝向下屈曲，重心向下移动。

（六）停止

1. 内"八"字停止法

在向前滑行中，首先将两脚平行分开站立，然后让脚尖向内转，使得两脚以内侧轮柔和地与地面接触。同时，弯曲两腿，上体稍微前倾并下蹲，以保持身体的平衡。为了维持平衡，可以将两臂前伸。逐渐减速直至完全停止。如图 12-5 所示。

图 12-5 内"八"字停止法

2. "T"形停止法

单脚向前滑行时，首先将另一只脚的浮足放在滑行脚的后跟处，形成一个"T"字形的姿势。然后，逐渐将浮足缓慢地放在地面上，使其内侧轮柔和地与地面紧密接触。通过这种方式，滑行的速度会逐渐减缓，实现向前滑行的减速过程，直至完全停止。如图 12-6 所示。

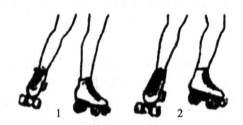

图 12-6 "T"形停止法

3. 双脚急停法

在向前滑行时（以顺时针方向为例），同时对两脚进行急速顺时针转动，使左脚内刃、右脚外刃与滑行方向形成 90°的角度，并用力将其紧贴地面。同时，身体急速向右方转动，重心向右腿转移，使两膝弯曲，并将双臂向前侧伸展。这个过程可以实现减速及停止滑行。

4. 向后滑行停止法

在向后滑行的过程中，从地面抬起两脚的脚跟，并利用双脚的制动器与地面产生摩擦力，以实现减速停止。在停止时，身体略微向前倾斜，同时两臂侧举以维持平衡。

二、速度轮滑基本技术

1. 滑跑基本姿势

滑跑基本姿势是为了降低空气阻力、实现高速滑行而采用的特定姿态。它包括在速度轮滑直道滑行中采用半蹲姿势，上身前倾，髋、膝、踝关节屈曲，双手背在身后，目光望向远处。滑动时，身体重心位于脚心，各关节夹角也具有特定数值，如髋关节约 90～100°，膝关节约 110～120°，踝关节约 65～75°。此外，大腿应位于胸口下方，身体重量正确地通过支撑轮子的中心传递。

2. 蹬地技术

蹬地技术是选手向前滑行的主要动力来源。其效果与蹬地用力方式、角度、方向、力量、速度以及体重的运用等技术细节密切相关。在速滑运动中，蹬地技术至关重要，分为开始蹬地、蹬地用力最大和蹬地结束三个阶段。正确的蹬地顺序是：先展开髋关节伸展髋，然后伸展膝关节，最后伸展踝关节。

3. 收腿技术

收腿技术发生在蹬地后浮离地面再次接触地面之间的过程。它的作用是连接蹬地和着地，同时结合身体重心的转移，以实现平衡和放松的目标。此外，主动摆动漂浮的腿还有助于发挥蹬地力量。

（1）上身姿势：保持上身直立，背部挺直，肩膀放松下沉，目光注视前方。上臂稍微伸展，但不要太过僵硬。

（2）腿部姿势：将腿部稍微弯曲，与滑行方向平行。双脚与肩同宽，保持稳定的支撑。重心略微向前倾斜，有助于保持平衡和控制。

（3）收腿动作：在高速滑行时，通过收紧膝盖和小腿，迅速将腿部收回身体，使膝盖尽量靠近胸部。这样可以减少滑行时腿部的曝风面积，提高空气动力学效应，增加速度和敏捷性。

4. 着地技术

着地技术分为两个运动阶段，第一阶段是前摆腿的运动，第二阶段是滑板鞋的着地运动。着地方式主要通过屈膝，然后从后方向上提起，使后轮先接近蹬腿内侧位置着地。

5. 惯性滑进技术

惯性滑进是指一只脚在落地后通过支撑点向前滑行、起跳的动作。

（1）初始姿势：站立直立，双脚并拢，身体放松，双臂自然下垂。

（2）准备动作：将一只脚轻轻向前移动一小步，该脚的脚尖指向滑行方向，另一只脚仍然保持稳定的位置。

（3）落地动作：用前移的脚的脚掌着地，重心略微向前倾斜，同时将落地的脚稍微向后拉。

惯性滑行：通过向前滑行带动整个身体向前移动，利用惯性保持速度，并逐渐转移重心到滑行脚上。

（4）提起另一只脚：当滑行脚向前滑行时，可以将另一只脚抬起，以减少阻力，并使滑行更加顺畅。

（5）保持平衡：保持身体的平衡，注意保持上身的稳定，同时保持良好的姿势和身体协调。

（6）结束动作：当惯性滑行结束时，可以通过屈膝并向前倾斜来平稳地完成滑进，并进入下一个动作或停止滑行。

6. 直道滑行摆臂技术

直道滑行摆臂技术是指在蹬地的同时利用摆臂来调整身体平衡、增强蹬地力量，并帮助协调整体动作，以实现战术目标。摆臂在短距离和长距离滑行中都发挥重要作用。

（1）上身姿势：保持身体直立，背部挺直，肩膀放松下沉，上臂与身体略微成角度。

（2）手臂位置：将手臂自然下垂，前臂与地面垂直，肘部略微弯曲。手掌面向内侧，与身体保持一定距离，大致在胸口前方或稍往后。

（3）摆臂动作：根据滑行节奏和速度，先向后拉动一侧手臂，随着蹬地动作的进行，向前甩出并伸直手臂。在甩出手臂的同时，另一侧手臂开始向后拉动准备下一次动作。

7. 直道滑行配合技术

直道滑行配合技术在滑行中起到协调、促进、推动和节省能量的关键作用，其技术效果也有助于实现和发挥战术意图。配合动作主要包括两腿之间的配合动作和臂与腿的配合动作。

（1）前脚定位：确定前脚的位置，将其放在身体前方稍微偏向滑行方向的位置上，脚尖指向滑行方向。

（2）后脚定位：将后脚放在与前脚相同的方向上，保持适当的脚距，并稍微向后倾斜，以便在滑行时提供稳定的支撑。

（3）上身姿势：保持上身直立，背部挺直，肩膀放松下沉，目光注视前方。上臂稍微伸展，但不要太过僵硬。

（4）腰部和臀部：保持腰部和臀部略微前倾，有利于保持平衡和提供稳定的滑行姿势。

第十三章　网球运动

第一节　网球运动概述

网球是一种球类比赛。有效网球场为长方形，在两个场地之间用一个网隔开，每一队都占据一块场地，运动员用一只网球拍进行击球。

网球在法国得到了发展，在英国得到了发展，并在美国得到了发展，达到了顶峰。它最初是在 12 至 13 世纪时发源于法国。1896 年雅典首次举办的现代奥林匹克运动会，曾将男单、女双列入正规项目，但因国际奥委会与国际网联对"业余选手"的意见不一，已连办七年之久的奥林匹克运动会，也因此取消该项目。网球是在 1984 年洛杉矶奥运会成为奥林匹克运动的一部分。

世界上最高级别的网球组织是 1913 年在法国巴黎建立的国际网联。1953 年，中国网协在北京建立，是中国最高级别的网坛组织。

第二节　网球运动基本技术

一、握拍方法

（一）东方式

拍面垂直于身前（从视线中，只能看到拍面的侧面，而不能看到拍线），握把面向身前，用右手握住拍面，就像是握拳一样。在挥拍的时候，拍子被送到了打击的位置，正好是垂直的，打击以平打为主。

1. 东方式正手握拍

把手平贴在拍面上，保持手掌与拍面平行，手顺着拍面下滑至拍柄，手握紧拍柄。如图 13-1 所示。

2. 东方式反手握拍

在正手握拍的基础上向左移动 1/4，使虎口对准拍柄左上斜面，拇指末节贴住左下斜面，食指第三指节压在右上斜面。如图 13-2 所示。

优点：适用于刚入门的人，更易使力，但是平拍的错误率更高（由于网球飞行的弧度太小，很可能会出界）。

（二）西方式

1. 半西方式握拍法

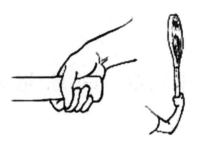

图 13-1　东方式正手握拍

图 13-2　东方式反手握拍

该种握法以东方式握拍为基础，做法如下：逆时针方向旋转球拍，使得食指根部压在下一条拍棱上。当然，如果你是左右握拍，则需要顺时针方向旋转。

2. 西方式正手握拍

在半西方式握拍的基础上，逆时针旋转拍面（同样，左手握拍则顺时针旋转），使得食指根部接触到下一个平面，如图 13-3 所示。

图 13-3　西方式握拍

其优点是，上旋球很难出界，网球很容易过网（飞出的弧度很大），落点也很好控制，可以在落地后跳得很高，可以快速地向前，其缺点是，由于有旋转的成分，需要用到手腕，很难把握打击点。

（三）大陆式

双手悬空，垂直握住拍子，拍面和胳膊处于同一水平，这是一种持拍，主要用来拦截，切下旋，发球。

握拍时，虎口对准上平面与右上斜面的交界线处，用手掌根贴住拍柄上平面，食指与其余三指稍微分开，食指上关节紧贴在右上斜面上，拇指直伸压住拍柄上平面。如图13-4所示。

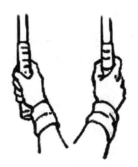

图 13-4 大陆式握拍法

优势：能不变拍面进行正反手截球，更容易打出下旋球，更易切、上旋球。缺点：不好打，不宜在底线进行激烈的进攻。

（四）开放式半西方式握拍

虎口对准右上斜面和右垂直面交界线处，拇指直伸压住拍柄上平面，食指第三指节贴住右上斜面。

这是一种高级别的职业选手常用的抓拍姿势，介于东西两种姿势之间，既可以增加旋转，又可以增加力量。适用于参赛选手的研究。

（五）超西方式

对于臂力和步伐的要求很高，一般只适用于专业人士，并不建议去学。

二、站位姿势

1. 开放式

开放式站位是指以钟表盘为参考，运动员的右脚位于钟表盘中间，左脚位于8点至10点之间。在击球时，主要依靠右脚的蹬地和转腰来发挥力量。

2. 半开放式

半开放式站位是指右脚位于钟表盘中间，左脚位于10点至11点之间。半开放式站位更容易产生力量，而且击球后回到原位相对较容易。

3. 中间式

中间式站位是指右脚位于钟表盘中间，左脚位于11点至12点之间。这种站位容易产生力量，适合业余选手和网球新手学习，相对来说更容易掌握。

三、底线击球技术

1. 准备姿势

面向网子，两脚自然地张开，与肩部等距离，膝盖微曲，身体略微前倾，重心放在两脚前掌，眼睛看着正前方。

2. 后摆引拍

左脚向前跨出一步，右脚右转，与红线平行 90°，肩膀和髋关节旋转，带动右臂向后挥出拍子。

3. 击球动作（前挥击球）

从后摆进而向前挥动时，要紧握网拍，手腕后伸、固定，用力蹬脚，转动身体和挥拍，正拍的击球点在身体的右侧前方，不超过腰的高度。

4. 随挥跟进动作

将球拍沿球的运动轨迹向前推，从左臂开始，球拍的末端向上，高于你的头部。

四、发球技术

（一）发球的技术要领

1. 准备姿势

（1）握拍方法为欧式或东方式反手握拍方法。

（2）做好准备，身体放松，站在靠近端线的位置（单挑），左肩朝向左侧，双腿相距肩膀宽度，左脚与端线呈 45°角，右脚与端线平行，身体的重量落在左脚上。用左手握住球棒，把球棒放在腰间，球棒头部向前。平缓地呼吸，全神贯注。

2. 引拍动作

抛球和向后摆球同时启动，持球者以拇指、食指、中指三根手指轻轻地抓住球，手掌朝上。当网拍向下向后引拍时，待球手同时下降至右腿处，接着当网拍从身后向头上方做大弧度形摆动，身体做转体、屈膝、展肩时，持球手温和地在身前左脚前上举，直至伸高至头顶。

投球动作要协调，流畅，球要在投球到最高处后才能从指尖脱手飞出。这时，右手手肘向后外展，大约与肩齐高，拍头指天，左侧腰，胯成弓形，身体重心先移到右脚，随后顺势向前。

3. 击球动作

把球扔出去，网拍继续往上甩，此时拿拍手的手肘就会放松，身体前倾，右臂就会自然而然地划出一道完美的弧线（注意，并不是要拍子去挠后背）。在球落到击球点时，快速挥拍，同时左脚踏地，手臂及手臂完全展开，在击球过程中，肩膀及手臂已转过，肩膀与网成一条直线。

4. 随拍跟进动作

当球被击出后，身体向球场一侧，并维持一个持续的、完全的、向前、向上延伸的、持续的、向上的、连续的、完整的、随击的、向上伸展的、挥击的运动。将拍子向左侧摆动（美式回旋发球拍子向右侧摆动），同时将重心向前移动，使拍子向后摆动，使身体保持平衡，动作要十分自然。

（二）发球的分类及其方法

发球基本分三种：平击发球、切削发球和上旋发球。每种类型的发球都有其各自的功能和作用，优秀的发球不但有很强的进攻性，而且还能让球在速度，力量，旋转，落点等各方面都有不同的表现。

（1）平击发球

平击发球是所有球中速度最快的一种，又被称为炮弹球。如图 13-5 所示。

图 13-5　平击发球

发平击球时时，打出的位置应该是在右肩之前，与拍面中央水平对着球，打击的是中后上方。所以，在这个时候，手腕前摆，小臂前摆，"旋内鞭打"是很重要的，这样，你的身体就会完全地往前延伸，达到最大的打击点，这样才能增加你的发球成功率。

（2）切削发球

这种发球主要是靠右转（略有下旋）。就是从球的右上方切到左下方。如图 13-6 所示。

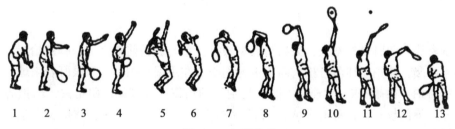

图 13-6　切削发球

在发球时，将球向右上角方向掷出，网拍由右上角向左下角迅速摆动。打击点位于球中间靠右的位置，使得球向右旋转。

（3）上旋发球

这是一种以上旋为主要发球方式，以侧旋为辅助发球方式。因为球的上旋成分比切发球要多，所以球在过网时会形成一条从上往下的弧形飞行路线，力量越大，旋转成分就越多，弧形就会变得更大，命中率也会更高。

在发上旋球的时候，将球抛到头后偏左的位置，在击球的时候，身体要尽可能地后仰，形成一个弓形，使用杠杆力量来对球进行旋转，球拍从左到右上方，从下向上与球的背面擦肩而过，并向右带出，使得球形成右侧上旋。

五、截击球

截击球是在网球刚着地之前，以高回球、高强度、高难度的方式，是一种进攻性的击球方式。截击球的后摆动作不应该太大，击球点应该在身体前方约 30~60cm，要向前迎击来球，要注意拍头不能下垂，要让拍头高于手腕，击球时手腕固定，拍子要紧紧握住，击球时拍子不能移动。

1. 正手截击

动作姿势：在打截击球的时候，最好使用大陆式握拍法，这是因为大陆式握拍法可以在不需要换握拍的情况下，既可以打正手球，也可以打反手球。而且，在网前截击的时候，回球的速度非常快，通常情况下，没有时间去改变自己的握拍方式。如图 13-7 所示。

图 13-7　正手截击球

准备姿势：两脚自然站立，大约与肩宽相等，重心放在前脚掌上，脚跟抬起，身体前倾，膝盖弯曲，持拍于体前，拍头高于手腕和网，左手握住拍颈，双眼盯着来球。

转肩引拍：在截击中，"碰""推"是主要的动作。左脚朝球路走去，球拍的头部在腕部上方，腕部收紧，在身前击球，"碰""推"两个极短的动作，球拍表面略朝上，在前推、触球时，要有一定的切入，如此才能把球打到对方场边。

随球动作：截击的接球法是简单的，当你碰到球时，球拍会在你的击球方向上向前推大约 30 公分，这样可以帮助控制球的轨迹。

2. 反手截击

动作姿势：两脚自然站立，大约与肩宽相等，重心放在前脚掌上，脚跟抬起，身体前倾，膝盖弯曲，持拍于体前，拍头高于手腕和网，左手握住拍颈，双眼盯着来球。如图 13-8 所示。

转肩引拍：在判断出来球的方向后，马上将肩膀转向左侧，同时用左手握住拍子，将拍子向后一挥，拍子头部朝上，在手腕上方，两眼盯着球。

挥拍击球：当踏出右腿的时候，要用拍子去打，并且要有一个简单的拍子，这个拍子要有一个收紧的腕部和直臂，并且要在 15~30 厘米之前把球打出去。伸出一只手，稳住了自己的身体。

随球动作：当球拍与球接触时，应在击球方向上将球送出约 30 公分，并及时回复到

图 13-8　反手截击球

预备位置。

3. 技术要点：

（1）把注意力集中在进球点上。

（2）拍子的后背不能超过肩膀。

（3）把球打到身前。

（4）在击球过程中，腕部收紧，并紧握球棒。

（5）保持球拍的头部朝上。

（6）用一种推、一触的快速冲撞方式将球击出。

六、高压球

高压球是一种以头顶为支点的打法；这是一种从头顶往上将球打进对方禁区的打法，因此也被称为"杀球"。按照对手抛出的球的高度，高球可以分为两种，一种是地面高球，一种是空中高球。

特征及功能：高压球是一种针对对手的挑高球的攻击手段，好的高压球技术可以提高网截击的自信，提高网截击的力量，针对对手的挑高球落点深度，采用猛烈的扣杀，准确的落点，可以让高压球变得更有威胁。如图 13-9 所示。

1. 动作要点

（1）高压球的运动方式类似于发球，握拍方式也类似于发球。在对方挑高球的时候，应该立刻侧身转体，并用短促的垫步向后退，与此同时，要侧身，将拍手上抬至头部位，向后引拍，重心放在两脚前脚掌上，后腿弯曲，时刻做好扣杀的准备。

（2）在准备击球的时候，空拍的手抬起，对着来球的方向和高度，击球的位置，就像刚刚开始的那一次，击球的位置，就是右眼的正上方。如有高弹跳，则先用后脚蹬地，然后旋转身体，收腹，打完后先用左脚蹬地，然后右脚踏地，作好下一次拦网的准备。

（3）近网高压力球的打击点可偏在前面，这样更容易完成下扣，而远网高压力球的打击点可以再晚一些，打击时要朝前面往下面挥，以免落到网上。

（4）接球后应尽可能完成与发球相同的接球动作，在起跳过程中要注意身体的平衡。

2. 常见打法

图 13-9　高压球

（1）在近距离的情况下，当对手的高球落在发球线前时，你可以用强大的力量将对手击倒。这种打法的打法可以向前倾斜，这样在打法中可以把球往下压。

（2）后场高压对手挑高球，落点在发球线后，这时要当机立断，与一般的高压球一模一样，击球点可稍晚一些，并适时走位，快速起跳，快速击球，击球后的跟进时间要稍长，并向前、向下压。

（3）高接高接时，对手若要挑高接高接，则可待球落地并弹开后，再击出。这能提高打法中的压力感和自信心。通常情况下，这类高球在落地之后，其跳起的弧线都是笔直的，因此，在动作上要快，要后撤到球的后方，将自己的打击点调整到正确的位置，再向前还击，像发球一样，向前向下击球，落点要在发球线和底线之间，这样可以提高自己的打击成功率。

（4）反手压很少使用，因为反手压很难发力，而且很容易出现失误，所以很少使用，通常情况下，他们都是快速地侧身，然后用头部压住对手。当对方挑高球至左侧场边线，需要被迫使用反手高压球的时候，应该及时向左侧身，将肩膀和手肘都提起来，拍子低于手腕与肘关节，击球点在左上侧，在击球的时候，前臂和手腕会快速向上挥起，手腕会紧固，要将注意力和力量集中在打落点和准确率上面。

七、挑高球

挑高球指的是将球高高地抛起，这种方式是在比赛中，当对手占据了网前阵地，而自己又没有机会让球通过的时候，才会采用的一种方式，来将对手逼回后场，所以，挑高球已经成为网球运动中的一种重要技巧。按其特点，可将其划分为防守和进攻两类，并可将其应用于两种不同的场合。挑高的技术有两类，一是进攻式的挑高，二是防守式的挑高。

1. 进攻性挑高球

（1）特点和作用

攻击性挑高球，也被称为上旋高球，在面对强悍的拦网球员时，利用强力的上旋挑高球，可以破坏对方的防守策略，是一种"杀手锏"。这类球可以直接越过对方的底线，然后快速落地，让对方接不住，就算能击中，也是力不从心，露出破绽。如图 13-10 所示。

图 13-10　挑高球

（2）动作要点

①提高的动作应尽量模仿底线上旋转式的正、反拍子的动作。当你做这个拉杆的时候，让你的手腕向后弯曲。

②在击球的时候，拍子表面是竖着的，拍子的头部是比手腕低的，利用手腕和小臂的翻转，从后往前，往上，划出一道弧线形的鞭子，在击打球拍的时候，球拍会发生摩擦，形成一个强大的上旋，击球的位置是身体的正前方，重心是后腿。

③击球后，网拍应沿所想要出球的方向进行完全的接续，随拍动作应放松，并在身体的左边终止。

2. 防守性挑高球

（1）特征和功能

防守高球，也叫下旋高球，是一种高弧度的高球，相对于上旋高球来说，更容易控制，失误也更少。在底线对打中，对手把你赶出球场后，你就用下旋高球，可以为你争取回好位置的时间，而你若能把下旋高球练好，也可以让对手无法在网前扣杀你。

（2）动作要点

①下旋高球与上旋高球相同，都要求有隐蔽性，故其握拍，侧身转肩，后拍时，都要尽可能与底线正反拍击下旋球的动作相协调。

②拍子向上，触球在球中下部，从后往前往上轻轻摆动，类似于"舀送"的打法，但要注意球在拍子上的停留时间要长，要轻柔。

③与挥拍动作相同，在底线正、反拍击下旋球时，要有足够的接续动作，收尾动作要比上旋高球的收尾动作要高，身体向后，身体的重心要靠后。

八、放小球

放小球技术好的球员，可以在网球场上的任何位置将小球放出去，有的时候还可以将球打得很强劲，落地后不仅不往前跳，反而向后跳回网，从而达到让人防不胜防的效果。

1. 动作要点

（1）在预备轻拍时，打出的预备动作与正反拍的抽球动作一样，将球拍向后拉，身体侧面朝向网面，球拍头部在预设的击球点以上。

（2）从侧面回击，击球时，拍面打开，动作轻柔，触球位置在球体下端，球向下旋转，然后用合适的前推或上架的方式，将球打出一个合适的弧度，落到了对方场地的近网位置。

（3）打完后，身体的重心在打出的方向上，以一种自然而又和谐的方式，完成打出的接球运动。

2. 选择时机

最佳的进攻时间是在对方将球击出在对方的发球区内的时候；此外，当对方的二次发球稍弱时，也是一次很好的时机。例如：对方的回球又弱又浅，这时就可以用斜线或者直线的小球了。另外，要注意的是，在发球之后，千万不要停留在底线的后方，因为对方也会回球。

九、反弹球

一种用来反击从脚上或从侧面打来的球的技术。从某种意义上说，反弹球只是在迫不得已的时候才会用。假如做出了正确的判断，那么就可以拦截空中的低球，或者突然减慢前冲的速度，等球落地后再跳起来，在高点进行加力的攻击。动作要点如下。

（1）正反两个击球的持拍方法，与前网截击的持拍方法一样，可采取东方人的反拍持拍方法，也可采取西方式持拍方法。

（2）在判定来球要回弹的时候，快速地蹲下，降低身体的重心。如果是正手的来球，要转动身体，右腿要向前迈，并且要弯腰，反手的来球要与之相反；这个时候，身体要向前倾斜，要根据球的速度和准备的时间来调整，一般来说，当转身的时候，后摆已经结束了。

（3）打球时，两眼盯着球体，握紧手腕和小臂，球拍表面微微张开，随着身体的重心向前移动，球拍从下往上弹起，球拍在空中微微旋转。

（4）挥臂的时间不能太久，只要能准确地控制住球的运动方向即可。

第三节　网球运动竞赛规则

一、比赛场地

一片标准网球场地的占地面积不小于 36.6 米（长）× 18.3 米（宽）。在这个面积内，有效的网球运动场地是一个长方形区域，其长度为 23.77 米。单打比赛场地的宽度为 8.23 米，双打比赛场地的宽度为 10.97 米，如图 13-11 所示。

二、发球规则

发球员应站在端线后、中点和边线的假定延长线之间的特定区域内。每局比赛开始时，从 A 位置开始发球，发球应使球落在对角的对方发球区有效范围内（右区）。当增加 1 分时，换到 B 位置进行发球，如图 13-12 所示。

三、计分方法

男子比赛一般采用五盘三胜制，女子比赛多采用三盘二胜制。

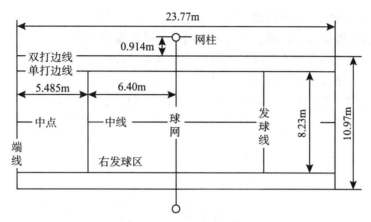

图 13-11 网球运动场地

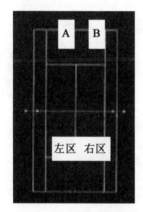

图 13-12 发球规则示意图

1. 得 1 分：

当发球员发出的球在落地前触碰到接球员的身体或穿戴物时，本方将得 1 分。而对方则会得 1 分，如果出现以下情况之一：

①在球第二次着地前未能成功击球过网。

②击球后的球触及对方场区界线以外的地面、固定物或其他物体。

③打空击球或未能有效击球。

④故意使用球拍进行多次击球。

⑤运动员在发球期间使身体或球拍触及球网。

⑥超过网击球或抛拍击球。

2. 胜 1 局：

①每胜取得 1 球，则获得 1 分，先达到 4 分的一方将赢得 1 局。

②当双方各自得分平分为 3 时，称为"平分"。在平分后，净胜 2 分的一方将赢得 1 局。

3. 胜 1 盘：

①先胜取得 6 局的一方将赢得 1 盘。

②当双方各自胜取得 5 局时，一方净胜两局的话将赢得 1 盘。

③如果在每盘的局数为 6 平时，有两种计分制度可选择：

长盘制：一方净胜两局即可赢得 1 盘。

短盘制（也称为抢七）：先得到 7 分的一方将赢得该局和整个盘。

第十四章　健美操运动

第一节　健美操运动概述

20 世纪 80 年代，全球范围内的健美操流行趋势传入中国，并随着我国教育制度改革的深入推进，"美育"教育逐渐在学校教育中占据重要地位。因此，健美操的引进和兴起为美育教育提供了重要的教学手段。1984 年，北京体育学院成立了健美操研究中心。该中心编排并推广的"青年韵律操"迅速在全国各大专院校传播开来，许多青年学生投身于学习"青年韵律操"的热潮中，使健美操在全国得到了迅速普及。不久之后，许多高校将健美操纳入教学大纲，为其普及奠定了良好的基础。

健美操是一种综合了音乐、舞蹈、体操和美学的新型体育项目。它具有独特的内在价值和吸引力，在全球范围内非常受到广大青年学生和群众的喜爱。目前，健美操已经被纳入我国学校体育教学大纲，成为学校体育教学中的重要项目。

第二节　健美操基本技术

一、健美操基本步法

健美操基本步法包括以下内容：

1. 站姿

双脚并拢，挺胸收腹，肩部放松，眼前平视。

2. 踏步类

前后踏步：先将一只脚向前迈出一步，然后可以直接将另一只脚跟上或者迈出一步再跟上。

左右踏步：同样是先将一只脚向左或右侧迈出一步，再将另一只脚跟上或者迈出一步再跟上。

踏步类的姿势如图 14-1 所示。

走步：迈步向前走时，脚跟先落地，过渡到全脚掌；向后走时则相反。技术要点：落地时，踝、膝关节有弹性地缓冲。如图 14-2 所示。

一字步：一脚向前一步，另一脚并于前脚，然后依次还原。如图 14-3 所示。

V 字步：一脚向前侧方迈一步，另一脚随之向另一方迈一步，成两脚开立、屈膝，然后依次退回原位。如图 14-4 所示。

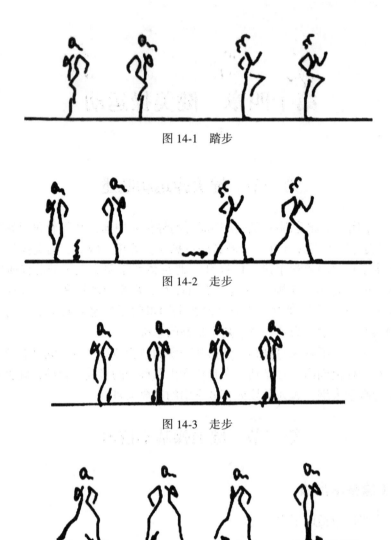

图 14-1　踏步

图 14-2　走步

图 14-3　走步

图 14-4　V 字步

　　漫步：一脚向前迈出，屈膝，重心随之前移，另一脚稍抬起，然后原地落下；或向后撤一步，重心后移，另一脚稍抬起，然后原地落下。如图 14-5 所示。

图 14-5　漫步

3. 点地类

脚尖前点地：一腿稍屈膝站立，另一腿伸出，脚尖点地，然后还原到并腿姿势。只可做向前和向侧的脚尖点地。

脚尖侧点地：一腿稍屈膝站立，另一腿伸出，脚尖向侧点地，然后还原到并腿姿势。

脚尖后点地：一腿稍屈膝站立，另一腿伸出，脚尖向后点地，然后还原到并腿姿势。

脚跟前点地：一腿稍屈膝站立，另一腿伸出，脚跟点地，然后还原到并腿姿势。只可做向前和向侧的脚跟点地。

4. 迈步类

此类动作是指一脚先迈出一步，同时移动身体重心，另一脚点地、并步或抬起的动作。

跨步：类似于深蹲的动作，先将一只脚向一侧迈出一大步，弯曲另一只膝盖直至触地，然后站起来换另一侧继续重复。

并步：一脚迈出，另一脚随之并拢屈膝点地；再向反方向迈步。

5. 跳跃类

可以以原地跳跃、前后跳跃、左右跳跃等多种形式进行。

并步跳：右脚迈一步同时蹬地起跳，左脚并与右脚，双脚同时落地。

开合跳：由并腿跳起，分腿落地，再由分腿跳起，并腿落地。

弓步跳：两脚并拢起跳落成一腿在前一腿在后的弓步或半侧面的弓步。

单腿起跳：此类动作是指先抬起一腿、另一腿跳起的动作。如图 14-6 所示。

图 14-6　单腿起跳

吸腿跳：膝抬起，大腿平行于地面，小腿垂直于地面，脚面绷直，落地时由脚尖过渡到脚跟。两腿交替进行。跳起时，脚离地，身体保持自然。

踢腿跳：一腿前踢，腿要抬平或更高，膝盖伸直，收腹立腰。落地还原到位。两腿交替进行。

6. 旋转类

旋转：双脚分开站立，固定一个脚不动，用另一只脚转动身体，然后回到原位再将另一只脚转动身体。

这些基本步法可以组合使用，形成更加复杂的动作，从而实现锻炼身体和提升体能的效果。

二、健美操上肢动作

健美操上肢动作包括以下内容：

引体向上：双手握住单杠，手心朝外，身体挂在单杠下。然后用背部和臂力的协同作用将身体拉起来，直至胸部接近单杠，再放慢速度缓慢降落至初始状态。

推举：双手持哑铃或杠铃，先将负重从肩膀推到头顶，然后再放慢速度缓慢降落回到肩膀处。

俯卧撑：手和肩膀宽度相等，身体呈伏地挺身状，然后屈肘将身体降低至离地面一定距离，再用臂力将自身推回到起始位置。

上举：双手持哑铃，举过头顶，然后放慢速度缓慢降落至初始位置。

引体向下：双手握住单杠，手心朝内，跪在地面上。然后用臂力将身体拉起来，直至胸部接近单杠，再放慢速度缓慢降落至初始状态。

这些动作可以根据个人实际情况适当调整，例如增加或减少重量、次数和组数等。上肢动作能够锻炼手臂、胸部和背部等肌群，帮助身体更好地塑形和增强力量。

三、健美操下肢动作

1. 蹲起

下蹲，髋关节屈，股四头肌收缩，站起时髋关节伸，股二头肌和臀大肌收缩。如图14-7所示。

分腿蹲起：左右分腿站立，两脚平行，屈膝下蹲时臀部向后下方，膝关节对准脚尖，蹲起要匀速。

箭步蹲起：前后分腿站立，两脚平行，中心在两脚之间，下蹲时膝关节不要超过脚尖；后退垂直，膝关节向下，蹲起要匀速。

图 14-7 蹲起

2. 提踵

单脚或双脚站立，脚跟提起，小腿腓肠肌收缩。如图14-8所示。

单脚提踵：前弓步站立，脚尖向前，重心在两脚之间，固定身体，后腿做单脚提踵动作。

双脚提踵；双脚站立，提踵、落下。

图 14-8　提踵

3. 摆腿

身体固定，一侧髋关节外展，大腿外侧肌肉收缩。如图 14-9 所示。

侧摆腿：站立或侧卧，一腿固定，一腿向侧摆动。

后摆腿；站立或俯卧，一腿固定，一腿向后摆动。

图 14-9　摆腿

第三节　健美操音乐与动作编排

一、健美操音乐

健美操音乐是指在健美操表演或训练中，通过选用特定的音乐来配合动作和节拍的使用。它具有以下特点：

（1）节奏感：健美操音乐有明显的节奏和节拍，可以帮助健身者掌握动作的速度和力度，达到更好的锻炼效果。

（2）鼓舞情绪：适当的健美操音乐可以激发人们积极向上的情绪，增强自信心和动力，有利于提高个人的表现水平。

（3）美学效果：优美的健美操音乐可以提高表演的艺术性和观赏性，给人以视觉、听觉上的愉悦和享受。

常见的健美操音乐种类包括流行歌曲、舞蹈音乐、电子音乐、器乐等多种类型，不同的音乐风格适合不同的健美操动作和表演风格。在选择健美操音乐时，需要根据实际需求和目标进行选取，并注意保证音乐质量和版权合法性。

二、健美操的动作编排

健美操动作编排是指按照一定的原则和要求，将各种基本步法和上下肢动作组合起来，形成一个连贯、流畅、富有变化和艺术感的健身表演。健美操动作编排的基本步骤和原则，需要根据不同的实际情况进行灵活应用和创新。

（1）确定主题和风格：首先需要确定健美操的主题和表演风格，例如健康、运动、激情、优美等，以便在后续的编排过程中能够有一个明确的目标和方向。

（2）设计动作序列：根据主题和风格，结合常用的健美操基本步法和上下肢动作，设计出一系列具有逻辑性和整体性的动作序列，包括开场、主体部分、高潮和结束等。

（3）合理安排动作难度：根据训练者的基本素质和能力水平，合理安排动作的难度和复杂度，避免过于简单或过于困难，以保证表演效果和锻炼效果的统一。

（4）注重动作转换：在编排时需要注重动作之间的转换和衔接，要求动作之间的过渡流畅自然，避免出现突兀和不协调的情况。

（5）统一音乐和节奏：动作编排过程中需要统一健美操音乐和节奏，使得动作与音乐相匹配、相协调，既有节奏感又能够体现出优美的艺术效果。

（6）确定表演形式：最后需要根据实际情况确定健美操的表演形式，包括队形变化、服装设计、道具使用等，为表演增加更多的视觉效果和观赏性。

第四节　健身性健美操评分规则简介

健身性健美操是指以锻炼身体为主要目的，结合音乐和舞蹈动作进行的一种健身运动。在比赛或表演中，通常会根据参赛者的表现对其进行评分，以确定获胜者和名次。

评分规则不同的比赛或表演可能会有所不同，需要参赛者在事先了解规则的基础上进行训练和准备。同时，评判者也需要具备专业知识和经验，能够公正、客观地对参赛者进行评分。

一、总则

评分总则是指比赛、表演等活动中，对参赛者进行评判的基本规则和标准，是为了保证比赛或表演的公正、公平和安全，同时促进健美操运动的发展和推广。只有遵守评分总则，参赛者和评委才能更好地展现自己的实力和水平，同时也为观众带来更好的视觉和听觉享受。

（1）评分标准应该公正、合理、客观、准确，以维护比赛公正、公平的原则。以下是的健身性健美操评分总则。

（2）参赛者应该遵守比赛或表演规则和要求，保持良好的精神状态，并在规定时间内完成表演。

（3）参赛者的服装和表演道具应该符合规定，不得出现超时、出界、掉落等失误情况。

（4）评委应当具有丰富的专业知识和经验，能够独立、公正、客观地对参赛者的表现进行评判。

（5）评分应该根据参赛者所表现出的动作难度、协调性、技巧性、完整性、艺术性等方面进行评判。

（6）比赛或表演中应该遵守安全原则，确保参赛者的人身安全和比赛场地的安全。

（7）参赛者和评委都应该注重比赛或表演的体育精神和艺术氛围，以提高比赛或表演的水平和质量。

二、成套动作评分

健美操成套动作评分是指在比赛或表演中，根据参赛者所展示的完整健美操动作，对其进行打分评定。在评分过程中，通常会设置多个评委，每个评委都会独立打分，最后取各个评委的分数平均值作为参赛者的最终得分。同时，评委也需要在评分前接受专业培训，掌握相关知识和技巧，确保评分过程的公正、客观和准确。

一般而言，健美操成套动作评分包括以下几个方面：

（1）健美操动作：评分主要根据参赛者的动作是否规范、灵活、协调和优美等方面进行评判。

（2）动作难度：评分需要考虑参赛者所表现出的动作难度和复杂程度，越高级别的动作得分越高。

（3）节奏感：评分也要根据参赛者对音乐节奏的把握和掌握程度进行评判，以确保整个表演过程的流畅性和协调性。

（4）表演技巧：评分还需要考虑参赛者的表演技巧和艺术处理能力，包括队形变化、服装设计、道具使用等方面。

（5）综合评价：最终评分要综合考虑以上几个方面的表现，给出一个总体的评价，以确定获胜者和名次。

总的来说，健美操成套动作评分需要考虑多个方面，除了动作难度和表演效果等因素之外，还包括对音乐节奏的理解和掌握，以及队形变化、服装设计、道具使用等方面的注意。只有全面、客观地进行评判，才能够更好地展现参赛者的表演水平和实力。

第十五章　瑜伽运动

第一节　瑜伽运动简介

一、瑜伽的主要流派

瑜伽是一种源自印度的古老体育和哲学系统，主要通过体位法（Asana）、呼吸法（Pranayama）和冥想（Dhyana）等方式来调节身心，提高健康水平和精神境界。在不同历史时期和地区，瑜伽发展出了不同的流派和体系，以下是其中几个主要流派的介绍：

（一）哈达瑜伽（Hatha Yoga）

哈达瑜伽是最早的瑜伽流派之一，强调通过体位法（Asana）和呼吸法（Pranayama）来调整身体和精神状态，以实现身心健康和精神上的平衡。它的目标是通过身体的控制来影响身心的控制，并且认为身体的姿势与呼吸之间存在一定的关联，因此通过合适的呼吸来帮助身体完成各种姿势。

（二）阿斯塔昂加瑜伽（Ashtanga Vinyasa Yoga）

阿斯塔昂加瑜伽是一种较为动态的瑜伽流派，强调通过连贯的体位法（Asana）、呼吸法（Pranayama）和锁定技术（Bandha）等方式来实现身体和精神上的和谐。它的练习方式非常有规律，一般都是固定的序列，并且需要在呼吸的指引下完成每一个动作。

（三）易筋经瑜伽（Iyengar Yoga）

易筋经瑜伽是一种注重正确性和精准度的瑜伽流派，强调通过体位法（Asana）的精细调整和支撑来达到对身体、呼吸和思想的掌控。易筋经瑜伽中的体式通常采用道具协助完成，以达到更精确的效果。

（四）古尔德韦斯特瑜伽（Kundalini Yoga）

古尔德韦斯特瑜伽是一种比较神秘和高深的瑜伽流派，强调通过冥想（Dhyana）、呼吸法（Pranayama）和声音（Mantra）等方式来激活人体内沉睡的能量——昆达里尼能量，并实现身心灵的提升和融合。它的体式与其他瑜伽流派有所不同，一般包括仰卧式、坐姿式、静坐式、冥想式等。

二、瑜伽的功效及其原理

瑜伽是一种可以改善身体和精神健康的综合性运动，瑜伽的功效和原理都是相互关联、相互促进的，人们可以通过不同的练习方式和方法，发挥其多方面的治疗和养生作用。

瑜伽的主要功效包括：

（一）促进身体健康

瑜伽练习可以增强身体的柔韧性、力量、平衡能力和耐力等，同时也有助于调整内分泌系统和免疫系统功能，预防和缓解许多慢性疾病，例如心血管疾病、高血压、糖尿病、关节炎等。

（二）改善心理健康

瑜伽练习可以帮助人们缓解焦虑、抑郁和压力等不良情绪，提高自我意识和情绪稳定性，增强心理韧性和自信心。

（三）增强灵性修养

瑜伽是一种注重身体和心灵的统一，通过冥想和呼吸法等方式实现身心灵的提升和融合，帮助人们发掘自己的潜能，实现自我认知和超越自我的境界。

瑜伽的功效与其独特的原理密切相关，其主要原理包括：

（一）呼吸控制

瑜伽强调通过深呼吸、缓慢呼吸和鼻腔呼吸等方式来控制呼吸，以调整身体和心理状态。这种呼吸方式可以平稳心情，平衡神经系统的活动，增加氧气摄入，帮助身体恢复能量。

（二）内观与自我意识

瑜伽注重身体内部的感受和觉知，通过冥想和静坐等方式培养内观和自我意识，提高对自己的认知和掌控能力。这种自我意识的培养有助于保持心理平衡和身体健康。

（三）气场调节

瑜伽认为人体存在着一种生命能量（Prana），它通过气息、食物和环境等途径进入身体，影响身体和精神状态。通过瑜伽练习，可以激发和调节这种生命能量，达到身体和心灵上的平衡和协调。

第二节　瑜伽基础知识及其所提倡的生活习惯

瑜伽是一种起源于印度的综合性运动和哲学系统，它通过体位法、呼吸法、冥想等多种方式，调节身心、提高健康水平，提倡一种健康、和谐、有意义的生活方式。

一、初学者的困惑

许多人在初学瑜伽时会遇到各种困惑和挑战，比如"我是否需要具备某种体能水平才能开始练习瑜伽？"其实是不需要的，瑜伽练习不需要任何特殊的体能水平，只需要根据自己的身体情况选择适合自己的动作，并且尽力去完成。刚开始可能会感觉很困难，但随着时间推移和练习的深入，身体的柔韧性、力量和平衡感都会逐渐提高。

二、瑜伽练习注意事项

瑜伽练习是一项非常健康的运动方法，但如果不注意细节和姿势，也可能会引起身体不适或者伤害。因此，瑜伽练习需要注重身体、心理和营养等方面的调节和平衡，只有在全面关注各个细节和注意事项的情况下，才能达到最好的效果并且避免可能的损伤。

（一）保持身体舒适

在瑜伽练习过程中，要始终保持身体舒适，避免过度用力或者拉伸到不适的地步。如果感觉身体不舒服，应该及时停止练习。

（二）呼吸控制

呼吸是瑜伽练习中非常重要的环节之一，要保持稳定的呼吸，并且根据不同的体式调整呼吸方式。尤其是在进行比较复杂的体式时，要特别注意呼吸的顺畅和自然。

（三）避免过度拉伸

虽然瑜伽强调柔韧性和拉伸技巧，但要避免过度拉伸导致身体损伤。初学者可以通过逐渐增加拉伸幅度和时间来提高柔韧性，而不是一开始就进行极限拉伸动作。

（四）制定合理的练习计划

瑜伽练习需要有一个合理的计划和目标，根据个人身体状况和心理要求进行选择。建议寻找专业的教练或者参加正规的瑜伽课程，避免盲目练习或者选择不适合自己的体式。

（五）注意营养和水分摄入

瑜伽练习需要消耗大量的能量和水分，所以要保持充足的营养和水分补给。在练习前后及时饮水，尤其是在高强度的体式中更应该注意水分摄入。

三、正确的练习准备

瑜伽练习不仅要注意正确的体式和呼吸方式，还需要正确的练习准备。瑜伽的正确练习准备包括选择合适的场地、穿着合适的服装、进行身体热身、清空心灵和集中注意力，同时要寻找合适的教练或者指导。只有在正确的准备下，才能让瑜伽练习更有效果、更有意义。

（一）选择合适的场地

练习瑜伽时应该选择安静、明亮、通风良好的场地，最好是平整、干燥的地面，以便更好地保持稳定的姿势。

（二）穿着合适的服装

穿着宽松、柔软、舒适的衣服，有利于身体的活动和呼吸。同时，应该选择足够的支撑力度和防滑的瑜伽垫，以避免出现意外摔倒等情况。

（三）做好身体热身

在练习瑜伽之前，需要先进行一些简单的身体热身运动，如散步、旋转手臂和头部、摆动腰部等，以帮助身体逐渐进入练习状态，并且预防肌肉拉伤等损伤。

（四）清空心灵和集中注意力

在练习瑜伽前，可以通过冥想、深呼吸或者其他静心方法，清空心灵、放松身心、增强专注力。这有助于更好地投入到练习中，提高效果和体验。

（五）寻找合适的教练或者指导

初学者可以通过参加瑜伽课程、寻找教练或者与其他瑜伽爱好者交流，获得正确的指导和技巧。同时，在练习中需要保持适度的自我调节，尊重自己身体的反应和感受。

四、辅助工具的选择、清洁与保养

（一）辅助工具的选择

瑜伽运动中，一些辅助工具可以帮助练习者更好地完成体式，提高安全性和效果。选择合适的瑜伽辅助工具可以帮助练习者更好地完成体式，提高安全性和效果。在选择工具时，需要根据个人身高、体重和需求来选择，同时注意工具的材质、强度和品质等方面。

1. 瑜伽垫

瑜伽垫是最基本的辅助工具之一，它可以提供稳定的支撑面，保护手、膝和其他关节部位免受受伤。选择瑜伽垫时，可以根据个人身高和体重来选择相应尺寸和厚度。一般而言，垫子的长度应该在170~180cm之间，厚度应该在3~6mm之间。

2. 瑜伽块

瑜伽块是一种用于加强肌肉力量和平衡感的辅助工具。一般由泡沫或木材制成，可以放置在身体不便触及或需要支撑的位置上，以帮助完成某些体式。选择瑜伽块时，应该根据个人身高和体重来选择合适尺寸和材质。

3. 瑜伽带

瑜伽带是一种柔软的织物带，它可以帮助拉伸身体的柔韧性，使得那些难以触及的身体部位可以得到更好的拉伸。选择瑜伽带时，应该考虑带子的材质和强度，以及长度是否适合个人需要。

4. 瑜伽球

瑜伽球是一种充气的球形工具，可以用于增强平衡力、稳定性和肌肉力量。选择瑜伽球时，应该根据个人身高和体重来选择相应尺寸的大小，同时要注意球体的强度和材质。

5. 其他辅助工具

除了上述几种常见的瑜伽辅助工具之外，还有一些其他的辅助工具可供选择，如瑜伽轮、头倒立工具等。在选择时，应该根据自己的实际需要和身体状况来决定是否需要使用这些工具。

（二）清洁与保养

瑜伽辅助工具是瑜伽练习中非常重要的一部分，对于保持工具的清洁和良好状态也很重要。根据具体工具的材质、强度和使用频率来选择合适的清洁方式，避免使用过度的清洁剂或者尖锐的物品损坏工具表面。在存放时，应该放置在干净、干燥、通风的地方，避免长时间暴露在阳光下或者潮湿的环境中。

瑜伽垫可以用湿布擦拭表面，或者在水中加入少量肥皂液，轻轻地刷洗表面，然后晾干即可。不要使用过度的清洁剂或者刷子，以免损坏垫子表面和质量。

瑜伽块可以用湿布或者肥皂水擦拭表面，但是不能直接浸泡在水中，否则可能会影响块子的强度和质量。在存放时，最好将瑜伽块放在阴凉、干燥的地方，避免长时间暴晒。

瑜伽带可以用湿布或者肥皂水擦拭表面，然后晾干即可。不要选择机洗或者浸泡在水中清洗，以免影响带子的强度和拉力。

瑜伽球可以用湿布或者肥皂水擦拭表面，然后晾干即可。注意不要使用尖锐的物品刺破球体表面，并且在使用完毕之后及时排气。

其他瑜伽辅助工具的清理和保养方法可能会有所不同，需要根据具体情况进行选择。一般而言，可以用湿布或者肥皂水擦拭表面，然后晾干即可。不要使用过度的清洁剂或者尖锐的物品划伤表面。

第三节　瑜伽练习索引及原理

一、呼吸

呼吸在瑜伽练习中非常重要，被认为是连接身体、心理和灵性的桥梁，可以帮助调节情绪、提高内在意识、增强专注力和平静心态。呼吸不仅可以帮助调节身体机能和心理状态，还可以提高灵性修炼和智慧觉醒。在实践中，需要根据个人身体状况和练习目的来选择合适的呼吸方式，并且注意放松身体、均匀呼吸、专注注意力，以获得更好的效果和体验。

（一）腹式呼吸

腹式呼吸是瑜伽练习中最基本的一种呼吸方式，也叫做深度鼓腹式呼吸，方法如下：

在垫子上坐或仰卧时，轻轻将双手放在肚脐上。当吸气时，将空气直接吸入腹部。正确的吸气方式会使得腹部随之抬起，吸气越深，腹部的升起程度就越高。同时，随着腹部的扩张，横膈膜会自然下降。接着，在呼气时，将腹部向内朝脊柱方向收缩，尽量收缩腹部，将体内所有废气全部呼出，这时横膈膜会自然升起。

腹式深呼吸具有以下益处：首先，它是增加肺活量、改善心肺功能的有效方法；其次，它能够减少肺部感染的发生，特别是减少患上肺炎的风险；此外，腹式深呼吸还能改善腹部脏器的功能，促进脾胃的正常工作，并有助于舒缓肝脏和促进胆汁分泌。

（二）胸式呼吸

胸式呼吸的方法如下。

在垫子上仰卧或坐姿时，进行胸式呼吸。深深吸入空气时，注意不要让腹部扩张，而是将空气直接吸入胸部区域，使胸部扩张，同时保持腹部平坦。随着吸气的加深，腹部向内朝脊柱方向收缩，而肋骨则向外和向上扩张。接着，在呼气时，肋骨向下并向内收缩。

胸式呼吸具有以下益处：首先，它能够增强肺活量，扩展胸腔和肺部容积，减少肺部毒素的积聚。如果每天坚持进行10分钟的胸式呼吸练习，将能改善呼吸系统功能和血压问题。特别对于处于高度紧张和压力环境下的人群，具有显著的好处。

（三）完全呼吸

完全呼吸的方法如下。

在进行完全呼吸时，首先轻轻吸气，将空气引入腹部，然后扩张胸部的下部，并最终充满胸部的上部，尽量达到胸部的最大容量。在这个过程中，双肩略微升起，腹部向内收缩，以确保将空气吸入双肺的最大容量。

相反地，进行呼气时，先放松胸部，随后放松腹部。通过收缩腹部肌肉的方法完成呼气，这样可以确保从肺部呼出最大量的空气。

完全呼吸的益处在于它能够实现最大吸氧量。通过将腹式呼吸和胸式呼吸结合起来，我们能够有效地利用肺部的容量，提供更多的氧气供应。

二、热身

在热身时需要注意保持呼吸平稳、肌肉活动适度、防止运动损伤，并慢慢地将身体准备好，以更好地进行后续的练习。

（一）慢跑或快走

在瑜伽练习前，可以先进行慢跑或快走等有氧运动，以加强心肺功能、增加血液循环和热量消耗。一般建议进行10~15分钟左右的慢跑或快走。

（二）肌肉活动

瑜伽练习需要用到肌肉，因此在热身时也需要进行一些肌肉活动，从而帮助加强肌肉力量、增加关节灵活性和热量消耗。

1. 屈踝和旋踝

首先，坐在垫子上，双腿伸直，双脚的脚跟着地，双手放在身体后方撑地，双臂伸直，然后保持自然呼吸。接下来，先以顺时针方向旋转右脚踝关节10次，然后再以逆时针方向旋转右脚踝关节10次。完成右脚的旋转后，同样的方式进行左脚的旋转。

这种锻炼方法的益处在于它能够增加踝关节的灵活性，并通过刺激末端毛细血管的扩张来促进血液循环的改善。

2. 屈腕

首先，以站姿或坐姿为基础，双臂伸直放于身体前方，使其与双肩成同一水平面，并保持自然呼吸。接下来，掌心朝下，弯曲双手的腕部，指尖朝下，好像双手手背抵着墙壁，这样可以伸展掌指的肌肉和筋骨。随后，将指尖朝上，继续重复这个运动，直到感觉到腕部肌肉和筋骨已经得到充分舒展。

这种锻炼方法的目的在于通过腕关节的伸展来增加其灵活性，并促进相关肌肉和筋骨的舒展。

3. 屈肘

首先，以站姿或坐姿为基础，双臂伸直放于身体前方，使其与双肩成同一水平面，并保持自然呼吸。接下来，将肘部弯曲，手指轻触双肩，同时保持上半身挺直。随后，将手臂再次伸直，重复练习这个动作，直到感觉到关节已经得到充分舒展和灵活。

4. 旋肩

首先，以站姿或坐姿为基础，双臂伸直放于身体前方，使之与双肩成同一水平面，并保持自然呼吸。接下来，弯曲双臂，手指轻触双肩。随后，在吸气的同时，将双肘向上向外运动，扩展胸部，进行圆周运动。在呼气时，将双肘向下向前运动，尽量使它们相互接触于胸前。最后，按顺时针和逆时针方向分别重复这个动作10次。

5. 颈部

站立或坐姿为基础，保持自然呼吸。呼气时，缓慢将头向前、向下移动，尽量使下颌接触锁骨，使颈部向后舒展。接下来吸气，将头颈部拉起，回到竖直中心位置。

再次呼气，缓慢将头向上、向后移动，尽量使后脑接触颈椎上部，达到颈部前端和下颌的舒展。随后吸气，将头颈部拉起，回到竖直中心位置。

接着呼气，缓慢将头导向左侧肩膀，感受到颈部的舒展。再次吸气，将头颈部拉起，回到竖直中心位置。

呼气时，缓慢将头导向右侧肩膀，感受到颈部的舒展。随后吸气，将头颈部拉起，回到竖直中心位置。

最后，呼气时缓慢低头，然后进行头部的旋转，做大幅度的圆周运动。保持自然呼吸，以顺时针方向练习10次，然后再以逆时针方向练习10次。重复练习，直至感到舒适。

6. 膝部

站立时，双脚与肩同宽分开，保持腿部放松，保持自然呼吸。

慢慢屈曲上体，同时屈曲膝盖，将双手置于膝盖上，保持自然呼吸的同时继续保持姿势。

接着，双膝一齐向左旋转2~4次，感受到膝关节周围的肌肉活动。随后，再向右旋转2~4次，进一步促进膝关节的灵活性。最后，将双膝向内并拢，再向外打开2~4次，继续加强膝关节及周围肌肉的运动。

吸气时，恢复到站立的体式，保持身体的平衡和稳定。

（三）呼吸训练

在热身时也可以进行呼吸训练，如腹式呼吸、深度呼吸等，以帮助调节呼吸频率和深度、放松身心和减轻压力。

三、常见的瑜伽姿势

1. 基本姿势

（1）山式站立

①双脚并拢站立，眼睛注视远方与视线同高处，以保持脊柱的稳定。

②伸直颈部，适度抬起下巴，让肩部放松，并确保双肩处于同一水平高度。

③同时收紧腹部，提臀，使膝盖处于紧张状态，从而感到大腿肌肉和臀肌向上收紧。将重心集中在脚底，力量聚焦于大脚趾上，使脚尖与脚跟保持平行，仿佛是一座坚不可摧的山峰。集中注意力，保持平静的呼吸。

④保持这个姿势进行6~10次深呼吸后，放松4次呼吸。可根据个人情况适当增加或减少次数，不过建议始终保持平稳的呼吸节奏。

（2）简易坐

①坐在垫子上，两腿向前伸直。

②弯左小腿，把左腿放在右大腿之下。

③弯右小腿，把右腿放在左大腿之下。

④把双手结个手印，放在两个膝盖上。

2. 坐姿上体前屈式

①坐在垫子上，双腿并拢，尽可能挺直上身，使腰背部保持平直，并让两臂自然垂放于身体两侧。

②吸气，开始进行脊柱梳理动作。将注意力集中在脊柱上，用呼吸的力量向上梳理脊

柱。这可以通过有意识地用背部肌肉向上拉伸并伴随深呼吸来实现。

③呼气，屈上体并放松身体。双手沿着两腿侧部向前伸展，直到触及脚尖。在这个过程中需要保持呼气状态，并让身体尽可能地放松。

④吸气，恢复到步骤1的起始姿势。重复执行以上动作，进行多次练习。

3. 喇叭狗式

①站立，双脚分开略大于肩宽，调整呼吸以保持平静。

②呼气，开始进行前屈动作。上身前倾，直到双掌放在位于两脚之间的垫子上。在这个过程中需要保持呼气状态，并使身体尽可能地贴近腿部。

③吸气，提高臀部。在前屈的基础上，用力提起臀部，让身体形成一个倒"V"字姿势。这有助于拉伸背部和腿部肌肉。

④呼气，将身体重量放在双脚上，同时弯曲双肘，并将头放置在垫子上。保持这个姿势进行3~5次呼吸。

4. 弓式

①俯卧在垫子上，双脚并拢，双手放于体侧，掌心向上。

②吸气，开始进行准备动作。弯曲双膝，双手向后抓住脚踝。这有助于为后续动作做好准备。

③慢慢抬高双腿至极限，同时双臂要伸直。在这个过程中需要尽量使双腿抬高，同时保持双臂的伸展。

④呼气，上身挺起，头部后仰，突出喉部于下颌。身体呈现弓形，双腿尽量向上向后蹬伸，最大极限地抬高双腿，同时强化腰部的挤压。在这个姿势中，需要将意识集中在腹部和腰部，保持自然呼吸。

⑤保持此体势，自然呼吸。

5. 虎式

①跪坐在垫子上，四肢着地，双臂位于双肩下，使上体与下体成90°的角度。

②吸气，开始进行准备动作。朝后伸展右腿，尽可能将右腿抬至最高处。同时抬起头，伸展颈部，双眼望前方，保持正直的姿势。

③呼气，慢慢收回右腿，还原至四肢着地的状态。在这个过程中需要控制呼气的速度，并逐渐回到起始姿势。

④换左腿进行练习。重复以上的动作，但这次使用左腿进行伸展。

6. 鹰式

①双脚并拢站立，深呼吸，开始进行准备动作。抬起右腿，将右脚盘绕在左腿的小腿上。这个步骤需要注意保持平衡和稳定。

②小臂进行盘绕，将双手掌合十，左臂盘绕右臂，直至两掌合拢，形成像鹰喙一样的手势。在这个过程中要保持手臂的自然放松和舒展。

③屈曲左腿，身体下蹲。在这个姿势中，需要进行自然呼吸，并尽量保持这个姿势的时间较长，以达到更好的效果。

7. 船式

①仰卧于垫子上，双手放于体侧，手掌朝上。这个姿势可以维持躺平并保持身体的稳

定。

②吸气，开始进行准备动作。将头和脚离开地面约 20 厘米，同时伸直膝盖，使腰背挺直。通过深呼吸，保持这个姿势，并进行 5 次深呼吸。

③呼气，轻轻放回头和胸部，自然呼吸。在这个过程中需要保持呼吸的平稳和身体的舒适。

8. 婴儿式放松

①跪在地上，双脚合拢，脚板朝天，臀部坐在两脚跟之上。

②上半身向前伸展，前额轻轻按在地上，放松身体。双臂置在头部两侧。

③持这个姿势约 15 秒至 2 分钟，并闭上眼睛休息。

四、拜日十二式

拜日十二式（SuryaNamaskar）是一种非常流行的瑜伽练习，通常包含两个完整的序列，每个序列由 12 个体式组成。拜日十二式是一个非常完整的练习，可以帮助增加柔韧性、提高代谢率、减轻压力和促进身心健康。初学者可以根据自己的身体条件和瑜伽经验逐渐练习，注意呼吸配合、动作流畅和姿势正确。如图 15-1 所示。

图 15-1　拜日十二式

第一式：祈祷式（PrayerPose）双手合十，放在胸前，平静呼吸。

第二式：上犬式（UrdhvaMukhaSvanasana）将身体向前倾斜，手掌和脚尖着地，抬头向上看，胸部后伸，深呼吸。如图 15-2 所示。

第三式：下犬式（AdhoMukhaSvanasana）将手掌和脚尖着地，臀部向上抬起，形成一个倒 V 字形，深呼吸。

第四式：山式（MountainPose）双脚并拢，挺直身体，双手向上伸直，微微后仰，深呼吸。

第五式：前屈式（ForwardBendPose）身体向前弯曲，双手触碰地面或脚踝，头部放

图 15-2　祈祷式与上犬式

松，深呼吸。

　　第六式：骑士式左侧（LowLungePoseLeftLegForward）左腿向前迈步，右膝着地，双手向上伸展，深呼吸。如图 15-3 所示。

图 15-3　前屈式与骑马式

　　第七式：下蛙式左侧（PlankPoseLeftLegForward）将左脚向后伸展，形成一个平板姿势，深呼吸。

　　第八式：八角式左侧（AshtangaNamaskarPoseLeftLegForward）双膝、胸部和额头着地，手臂弯曲向后，深呼吸。如图 15-4 所示。

　　第九式：眼鹰式左侧（CobraPoseLeftLegForward）胸部向上伸展，手臂弯曲向前，头部向后仰，深呼吸。

　　第十式：下犬式左侧（DownwardDogPoseLeftLegForward）将右腿向后伸展，形成倒 V 字形，深呼吸。

　　第十一式：骑士式右侧（LowLungePoseRightLegForward）右腿向前迈步，左膝着地，

图 15-4 八角式

双手向上伸展，深呼吸。

第十二式：祈祷式（PrayerPose）双手合十，放在胸前，平静呼吸。

第十六章　空竹和飞盘

第一节　空竹概述

一、空竹运动起源和特点

(一) 空竹运动的起源

空竹的制作材料多为竹木，并具有中空结构，因此得名为"空竹，在清代曾与空钟混称，俗称为"响葫芦"。在江南地区，空竹也被称为"扯铃"，有时也被称为"天皇皇"。还存在一种类似的玩具，被倒置在地上旋转的称为"地皇皇"。当拽拉和抖动空竹时，各个部分同时发出高亢雄浑的声音，回荡在云霄之间。

空竹运动是一项源自中国的传统体育项目，以其技巧性和艺术性而闻名。它起源于古代民间娱乐活动，在唐朝时期（公元618年至907年）可以追溯到最早的使用记录。最初，空竹作为农民工具的一部分，用于驱赶鸟类和害虫，后来演变成了一种娱乐玩具。如今，抖空竹已经发展成为一种正式的竞技项目，并成为群众性全民健身运动中的一种时尚，引领着体育爱好者追求健身的新潮流。

(二) 空竹运动的特点

技巧性：空竹运动注重技巧的展示和表演，选手通过熟练掌握各种技巧和动作，展示他们的空竹技艺。这包括旋转、抛接、平衡、变速等各种高难度的技巧动作，需要选手具备良好的手眼协调能力和反应能力。

艺术性：空竹运动融合了艺术元素，选手可以通过创造性的动作及舞台表演来展现个性和风格。他们可以加入音乐、编排节目、舞台道具等元素，增添视觉和听觉的艺术享受，使整个表演更具观赏性。

可变性：空竹运动不仅有一些基本的技巧动作，还可以根据选手的创意和想象力进行自由组合和变化。选手可以根据自己的喜好和水平，选择不同的竹轴和附属物，并通过创新的方式进行表演，展现出个人的独特风格。

互动性：空竹运动可以进行个人表演，也可以进行团队对战。在团队对战中，选手需要通过合作和协调，展现出团队的默契和配合能力。这种互动性增加了比赛的趣味性和竞技性。

传承性：空竹运动承载着中国传统文化的特点，代表了历史和民间智慧的传承。通过参与空竹运动，人们可以学习和了解传统文化，并将其发扬光大，使其得到传承和保护。

二、空竹的场地和器材

空竹运动可以在各种场地进行，通常在平坦、开阔的室外场地进行比赛和表演。场地要求较大，通常为一个围起来的区域，以确保选手有足够的活动空间。

空竹是空心的，由两个主要组成部分构成：竹轴和竹环。竹轴是一根细长的竹子，竹环是一个圆环，可以滑动在竹轴上。此外，还可以在竹轴上加装各种附属物，如彩带、小球等，增加技巧和表演效果。

三、空竹运动的竞赛规则

空竹运动通常有两种比赛形式：技巧类和战队类。

技巧类比赛：选手通过各种技巧和动作展示他们的空竹技艺。评分主要考虑动作的难度、流畅性、创造力、舞台表现等因素。

战队类比赛：由多人组成的战队进行对抗，通过个人和团队的表现来争夺胜利。战队之间展开精彩的对抗，包括个人技巧表演、协同动作、编排节目等。

第二节　空竹基本技术

一、常见的基本技术

1. 转动技术

这是最基础也是最重要的技术。将竹环放在竹轴上，用手控制竹轴的转动速度和方向。初学者可以先从单手转动开始，然后逐渐尝试双手转动和不同转动方向。

2. 抛接技术

在转动的基础上，学会将竹环抛起并再次接住。要注意抛接的力度和时机，练习准确的抛接动作，以便顺利接住竹环。

3. 平衡技术

在竹轴上保持平衡是一项重要的技术。通过调整手指和手腕的力度，掌握竹环在竹轴上的平衡点，并让它保持稳定的旋转。平衡技术是进行其他高级技巧的基础。

除了基本的转动、抛接和平衡技术外，还有一些特殊的技巧可以尝试，如抛接后旋转身体、倒立平衡、穿越、夹接等。这些技巧需要更高的技术水平和灵活性，需要不断地练习和挑战自己。

二、握杆的方法

左手握杆时先从小指到食指依次往里卷，攥住抖杆，然后前伸压在抖杆上。右手握杆时基本同左手握法，但有时把大拇指卷在抖杆上。如图 16-1 所示。常见的握杆方法分为以下几种。

正握：手背向后，手心向前，抖杆向右伸出。如正常平抖时右手动作。

反握：手心向后，手背向前，抖杆向右伸出，如正常平抖时左手动作。

图 16-1 握杆方法

仰握：手心向上，手背向下。如盘丝过顶时左手的握法。

俯握：手心向下，手背向上。如捞月时左右手的动作。

不论哪一种握杆方法，都应注意：手腕要松活，手指要灵活，手心要留空隙。握杆时以拇指、食指、中指为主，无名指、小指随时配合。

三、基本手法和步法

1. 基本手法

抖空竹的手法有抖、拉、甩、挑、捞、抛六种，具体做法如下。

（1）抖：最基础的手法，就是双手将空竹协调拉送。

（2）拉：通过抖绳用力将空竹从某一方位向另一方位拉动的手法。如拉月。

（3）甩：为了使空竹提速，利用手腕急速摆动，使空竹产生位移的手法。如玉带缠身。

（4）挑：挑就是将空竹从杆上或绳上某一点向需要的地方送去，分杆挑和绳挑两种。

（5）抛：抛就是利用抖绳的弹性将空竹弹出去，而不是扔出去。如高抛。

（6）捞：就是将空竹脱绳后重新接住空竹的手法，是抖空竹运动中运用最多、最为关键的手法。

2. 基本步法

（1）上步：即一脚向前迈一步，如立盘丝的步法。

（2）进步：两腿交互迈进两步或两步以上，如上马挽缰式步法。

（3）跟步：后脚向前迈进一步，前脚随之进半步落于其后或进一步形成并步，如背翻式步法。

（4）撤步：一脚后退一步，另一脚随之后退半步，如怀中抱月式的步法。

（5）跳步：前脚蹬地跳起，后脚瞬间腾空后落地，如天鹅跳。

（6）转步：即为旋转步，在抖空竹时运用最多、最为关键的步法。

无论哪种步法，都应做到：进退转换，腰腿灵活，轻灵稳健。前进时，脚跟先着地，重心稳固，虚实分明。

四、抖空竹的练习方法

1. 起势—地面拎起法

①将空竹放在地上，轴尖朝上。

②右手将抖绳在轴外从左向右绕于主线槽中，绕两圈。右手绳从轴心到抖杆头的距离大约为 10 厘米。

③双手将空竹从地面拎起，左手绳缓慢放松，右手杆逐渐提高，使空竹在绳上开始转动，并保持一定的转速。

④右手徐徐向上拉起，逐步用力，左手随着下送。双手往返运动，使空竹加速转动。

2. 起势—手捻法

①左手持双杆，打开绳套。

②右手拿住空竹的轴尖，将发音轮前侧朝向自己，并从绳套中穿过，使抖绳缠于主线槽中。

③右手将空竹从左向右绕过左右抖绳达两圈后，右手拇指、食指与中指按顺时针方向捻空竹，使空竹在绳上转动。

④右手接杆抖动空竹，待空竹公转一周后按正常的抖动法抖动空竹。

3. 上杆

①在起势的基础上使空竹轴与身体平行。

②左手杆将抖绳向上垂直拉起，使空竹落于右手杆上并旋转。

③放下左手，平举抖杆，右手持抖杆，使空竹旋转。

④待空竹转速缓慢时，放下右手杆，使空竹从右手杆滑至抖绳上并加速运动。

4. 捞月

①空竹起动平稳后，使空竹轴逐渐与身体平行，并且发音轮在左。左手杆绳在外，右手杆绳在里（靠近身体前侧）。右手杆在上，左手杆斜伸。

②右手杆竖直向上拉起空仇同时左手杆迅速下沉。

③使空竹脱离绳子，跃至肩高。

④左手杆由后向上移动，右手杆由前向下移动，双手抖绳上下垂直。空竹下落时，右手杆随空竹下移，待空竹下落至大腿附近时捞住空竹。

第三节　飞盘概述

一、飞盘运动的起源和特点

（一）飞盘运动的起源和发展

飞盘运动是一项源远流长的活动，起源于人类对于投掷和接收飞行物体的兴趣，最早可以追溯到古代文明。据考古学家的研究，早在埃及时代和古希腊时期，人们就已经开始使用飞行物体进行娱乐和竞技活动。然而，现代飞盘运动的发展主要始于 20 世纪初的美国。

最早的飞盘是由泥土做成的，后来逐渐演变成由塑料制成的飞行盘。20 世纪 50 年代，飞盘开始在大学校园中流行起来，并成为一种受欢迎的娱乐活动。20 世纪 60 年代，飞盘运动逐渐发展成为正式的竞技项目，出现了各种不同的飞盘运动项目，如飞盘高尔夫、飞盘接力赛等。

总之，飞盘运动既是一种体育运动，也是一种受欢迎的休闲娱乐活动。

（二）飞盘运动的特点

简单易学：飞盘是一种基本的投掷和接收器械，不需要复杂的装备和场地。它的规则相对简单，几乎人人都能迅速学会基本的投掷和接盘技巧。

团队合作：很多飞盘运动项目都是团队合作的，例如飞盘接力赛、飞盘橄榄球等。这些项目需要队员之间的默契配合和团队协作，增加了社交性和互动性。

休闲娱乐：飞盘运动既可以在户外空地上进行，也可以在海滩、公园等开阔场地上进行。它作为一种休闲娱乐活动，能够带来放松和快乐的体验，让人们享受到户外运动的乐趣。

跨年龄段：飞盘运动不受年龄限制，适合各个年龄段的人参与。无论是儿童、青少年还是成年人，都可以通过飞盘运动锻炼身体、培养反应能力和团队精神。

发展潜力：飞盘运动在全球范围内得到了广泛的发展和推广。国际飞盘联盟（WFDF）成立于 1985 年，举办飞盘世界锦标赛等国际比赛。飞盘运动在各个国家和地区都有着相应的组织和俱乐部，发展潜力巨大。

二、飞盘运动的场地和器材

（一）飞盘运动的场地

飞盘运动最常见的场地是开放的空地，如草地、海滩或公园等。这种场地提供了足够的空间供选手投掷和接收飞盘，场地设置通常如下。

（1）比赛场地是一块长方形区域，尺寸和区域如图 16-2 所示，基本平坦、没有障碍物并且能合理保证场上选手安全。

（2）边界线包围比赛场地，并且由两条沿着长边的边线和两条沿着短边的底线组成。边界线不是比赛场地的一部分。

（3）得分线是将中央区域和得分区分隔开的线，并且得分线是中央区域的一部分。

（4）砖标志是两个长 1 米的线十字交叉的交叉点，位于中央区域，距离每一条得分线均为 18 米，并且处于两条边线的中间。

（5）用八个颜色鲜艳、柔软的物体（比如塑料锥桶）标志中心区域和得分区的角点。

（二）飞盘运动器材

飞盘：飞盘是飞盘运动的主要器材，通常由塑料材质制成。现代飞盘通常为平面圆盘状，有不同的尺寸、重量和颜色可供选择。不同的飞盘适用于不同的项目，如飞盘高尔夫、飞盘橄榄球等。

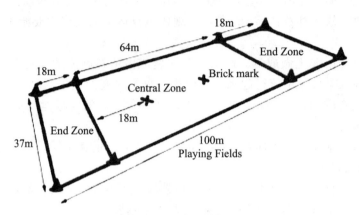

图 16-2 飞盘运动场地

飞盘手套：飞盘手套紧贴手部线条，具有出色的穿戴舒适性。它既能提供手部保护，又能增加与飞盘之间的黏合力，从而增强抓握能力，并减少掉盘的可能性。

足球鞋：由于飞盘比赛往往在草地或足球场上进行，因此选取合适的足球鞋对于防止滑倒并实现多样化奔跑非常关键，因此成为飞盘运动员比赛时不可或缺的装备。根据不同的草地质量和草地类型，运动员应选择合适的足球鞋。长钉足球鞋一般适用于质地真实的草地场地或者高质量、草皮较厚的人造草地场地，而碎钉足球鞋则适用于质量一般、草皮较短且底部较薄的人造草地场地。

计分板：在一些竞技性的飞盘项目中，使用计分板来记录各个队伍或选手的得分情况。计分板可以是简单的手写板，也可以是电子计分板。

需要注意的是，具体的场地和器材要求可能会根据不同的飞盘项目和比赛组织者的规定而有所不同。参与飞盘运动时，最好事先了解并遵守相应的规则和要求。

三、飞盘运动的简易竞赛规则

1. 场地

极限飞盘比赛场地为长 64 米，宽 37 米的长方形，其中得分区位于场地两端，深度为18 米或 23 米。

2. 开盘

比赛开始时，双方选手在各自防守的得分区内排成一队，先防守的队伍将飞盘扔给进攻的队伍，这个动作被称为"发盘"。每支队伍只允许有七名选手上场。

3. 得分

在比赛中，如果进攻方选手在对方的防守得分区内接住飞盘，则得一分。

4. 传盘

选手可以向任意方向传盘给自己的队友，但不允许持盘跑动。掷盘者有十秒钟的时间来掷盘，而防盘者应该大声数出这十秒钟，以进行延时计数。

5. 攻防转换与替换

当进攻方传盘没有成功时，例如出界、掉地、被对方断下或截获，视为失误。此时防守方获得盘权，并立刻进行攻防转换。替换场上比赛选手只允许在得分之后或选手受伤的情况下进行。

6. 犯规

在比赛中，选手之间不应该有任何身体接触，也不允许阻挡其他选手的跑动。发生身体接触时将被判定为犯规。被犯规的选手应立即喊出"犯规"，此时所有场上选手需停在原位，直到比赛重新开始。如果犯规未影响进攻方的盘权，则比赛继续；若影响了进攻方的盘权，则飞盘将交还给前一位持盘者，比赛重新开始。如果防守方选手不同意犯规，飞盘将交还给前一位持盘者并重新开始比赛。

7. 自判

极限飞盘比赛中没有裁判，场上选手自行裁决犯规、出界和失误。选手们应友好地讨论和解决争议。

极限飞盘比赛强调体育道德和公平竞争的精神。它鼓励选手之间激烈对抗，但这种对抗必须建立在互相尊重、遵守规则和享受乐趣的基础上。

第四节 飞盘基本技术

一、握盘

飞盘分为正手和反手两种握法，具体方法如下。

（一）正手握法

1. 基础握法

伸出手指做出投篮球三分球的手势，飞盘的盘沿放在虎口位置，中间不可以留有空隙，中指指腹贴紧飞盘的盘沿内壁弧圈位置，食指朝盘底部的中心伸展大约一手指的距离支撑飞盘，如图 16-3 所示。

图 16-3 正手基础握法

2. 进阶握法

食指紧靠中指，紧贴飞盘底部的内沿。这样手腕可以往后竖过来，给予盘更多的动力，因而出盘可以更有力，如图 16-4 所示。

a　　　　　　　　　　　　　　　b

图 16-4　正手进阶握法

（二）反手握法

1. 基础握法

手在盘的边缘握成一拳，拇指放于盘的顶部，其他手指置于底部。食指伸出贴于盘沿用于把握方向，其他三根手指在盘的底部紧握着盘沿，如图 16-5 所示。

a　　　　　　　　　　　　　　　b

图 16-5　反手基础握法

2. 进阶握法

拇指放于盘的顶部，其他所有手指都紧紧地握着盘沿，不用任何手指来支撑飞盘，握法对初学者来说比较困难，如图 16-6 所示。

a　　　　　　　　　　　　　　　b

图 16-6　反手进阶握法

二、掷盘方法

飞盘运行过程中的倾斜角分为俯角、仰角、正倾斜角、零度角、负倾斜角五种，如图16-7 所示。

(a)俯角　　　　**(b)仰角**　　　　**(c)正倾斜角**　　　**(d)零度角**　　　**(e)负倾斜角**

图16-7　飞盘运行倾斜角

在飞盘运动中，通过在掷盘的最后一刻迅速转动手腕，可以为飞盘增加更多的旋转，从而提高掷盘的准确性。特别是在面临风力干扰的情况下，掷盘者应该努力使飞盘快速旋转甚至持续旋转，以应对风力的影响。

（一）反手掷盘

在反手掷盘中，持盘者将飞盘放在左侧，通过转体带动手臂向右，然后将飞盘扔出去。该动作具有较高的精准性和易于掌握的特点。然而，在比赛中使用反手掷盘容易受到对手贴身防守的干扰。为应对这种情况，可以降低出手点的高度，并增加跨步幅度。其做法如下：

在反手掷盘时，持盘者将飞盘与腰部基本保持相同的高度，并采取双脚与肩同宽的分开站立姿势。持盘者双眼直视目标，膝盖微微弯曲。出盘时，持盘者的右腿向侧前方跨出，并转身至左脚左前方约45°的位置。在掷盘过程中，持盘者需要放松腰部和肩部，并使大臂、小臂和手腕像三节棍一样连贯协调地顺势旋转向前掷盘，以产生最大的加速度。同时，持盘者向外甩动手臂，将飞盘水平地掷出手。

（二）正手掷盘

正手掷盘则更加隐蔽和快捷。持盘者利用正手握盘法将飞盘扔出去，通过腰部旋转和手腕的前后旋转来产生速度和旋转。这种掷盘方法需要注意保持飞盘的倾斜角度为零度并保持旋转，以确保飞盘平稳飞行。其做法如下：

在利用正手持盘方法进行飞盘投掷时，持盘者应面向目标，并保持两腿略微弯曲，脚距与肩同宽的姿势。右脚稍向右前方迈出，将身体的重心转移到投掷一侧的脚上。上身微微向右侧倾斜，右手握住飞盘并向后方施加力量。同时，腰部进行旋转，并带动手臂进行运动，通过手腕的前后旋转释放飞盘。

需要特别注意的是，在飞盘释放时，应使飞盘倾斜角度为零度，并保持其旋转状态，以确保飞盘平稳地运行。

（三）锤子掷盘

锤子掷盘是一种颠倒盘掷法，持盘者将飞盘斜放于头顶偏左侧的位置，然后向前甩动手腕，将飞盘掷出。锤子掷盘通常应用于面对严密防守的情况下，通过颠倒盘来越过防守队员，将飞盘传给空位的队员。其做法如下：

使用正手握盘方式进行飞盘投掷，持盘者应以正手握盘法握住飞盘，将手臂放置于头顶正上方的位置。飞盘应被斜放于头顶偏左侧的位置。在出盘时，持盘者微微后撤右腿一小步，并使左腿微屈。右臂向后引盘后，通过猛地向前甩动手腕的方式，将飞盘投掷出去。

（四）"内—外"与"外—内"掷盘

"内—外"与"外—内"掷盘可以通过弧线的方式绕过防守队员，将飞盘准确传给队友。其中，"内—外"掷盘是指将飞盘由内侧向外侧旋转回中心目标，而"外—内"掷盘则是将飞盘由外侧向内侧旋转。这两种掷盘方法都要通过调整腰部位置和角度，使飞盘在空中做一道弧线最终到达接盘队员手中。

三、接盘方法

在极限飞盘运动中，针对接住飞盘的方式有单手接盘和双手接盘两种选择。由于正手掷盘和反手掷盘带来的飞盘飞行速度和旋转方向上的差异，使用单手接盘时接触面积较小，难以稳定地接住高速飞行的飞盘。因此，为了提高接盘的稳定性和成功率，建议尽可能采用双手接盘的方式。

（一）双手闭合式接盘

双手闭合式接盘是最常用的方法，通过将双手上下夹住飞盘，类似于夹着三明治一样。通常情况下，左手放在底部，右手放在顶部。

（二）蟹钳接盘法

蟹钳接盘法则是将双手并排夹住飞盘，类似于螃蟹的蟹钳。根据飞盘相对于肩膀的高度不同，手指的位置也会有所变化。

（三）扑盘

扑盘是一种高级的技术，通过身体向前飞扑，在空中接住飞盘，然后快速冲向地面。需要注意的是，在扑盘时要避免侧身着地，以免造成颈部或肩部的损伤。

（四）单手接盘

单手接盘的接盘手法与蟹钳接盘法类似，接盘者需要紧握住飞盘，手指紧贴飞盘表面。

四、防守技术

在飞盘运动中，防守是指试图干扰对方的投掷或接盘动作。一些常见的防守技术包括：

紧盯对手：密切关注对手的动作和意图，尽量减少对方的空间和传球路线。

交叉盯防：队员之间互相协作，及时转换防守对象，避免对方传球过于顺利。

夹击防守：两名防守队员夹击对方球员，限制其传球和接球的选择。

第十七章 体育舞蹈

第一节 体育舞蹈概述

一、体育舞蹈概述

体育舞蹈，也被称为国际标准舞，是一种集合了体育、舞蹈、艺术和音乐元素的双人舞蹈形式，以优雅的艺术舞姿为表现形式。其强度、力度和速度等方面与其他体育运动相当，因此被归类为一种体育运动。

体育舞蹈起源于非洲黑人的民间土风舞，并最初在农村地区流行。经过演变和发展，它经历了原始舞蹈、公众舞、民间舞、宫廷舞、社交舞（即交际舞、交谊舞）以及新旧国际标准舞等几个阶段。20 世纪 60 年代，国际体育舞蹈联合会（WorldDanceSportFederation）成立，成为全球最高水平的体育舞蹈组织。自此以后，体育舞蹈开始在全球范围内得到广泛认可和发展，包括多种类型的舞蹈竞技项目，如标准舞、拉丁舞、现代舞等。体育舞蹈还在奥林匹克运动会和世界运动会等大型体育赛事中亮相，并成为了一项备受关注的国际性竞技运动。

在体育舞蹈比赛中，选手根据比赛规则和要求，进行各种舞蹈类型的表演，如标准舞、拉丁舞、现代舞等。这些舞蹈类型通常包括一系列基本的动作和技巧，如旋转、跳跃、摆动、臀部动作、头部转向、扭腰等。同时，选手还需关注舞蹈姿态、身体线条、手臂动作等方面，以确保整个表演充满艺术感和协调性。

体育舞蹈评判通常考虑以下因素：技术难度、节奏感、舞姿流畅性、舞蹈技巧的准确性、音乐表达力、整体协调性和舞蹈风格的呈现。评分标准涵盖了选手的动作执行质量、技术要求的满足程度以及对音乐的理解与配合等方面。

二、体育舞蹈的分类

体育舞蹈是一种男女搭档的竞赛项目，根据舞蹈的风格和技术结构，可分为摩登舞和拉丁舞。根据竞赛项目的不同，又可进一步划分为摩登舞（亦称现代舞）、拉丁舞和团体舞（亦称队列舞）。

摩登舞包括华尔兹、维也纳华尔兹、探戈、狐步和快步舞等五个舞种。这些舞种以优雅、精致的舞姿和流畅的舞蹈技巧为特点。

拉丁舞包括伦巴、恰恰、桑巴、牛仔和斗牛舞等五个舞种。拉丁舞注重韵律感和动感，舞姿热情奔放，以快速的节奏和独特的舞蹈动作为特色。

团体舞是拉丁舞和摩登舞的混合舞种，由八对选手组成，在一支舞中编排十种舞姿，通过群体的动作配合和队形的变化来表现舞蹈的特色。

第二节 体育舞蹈基本技术

体育舞蹈是一种高贵、优雅、技巧性、艺术性兼具的舞蹈形式，需要选手在比赛中全面发挥自己的舞蹈能力和表演技巧，以赢得评委和观众的欣赏和支持。本节以探戈舞和华尔兹为例，介绍一些基本的舞步。

一、体育舞蹈的基本姿势

1. 站立姿势
站立姿势是一种基础的身体姿态，包括头部、脊椎、腰部、膝盖和脚等方面。选手站立时需要将头部挺直，背部伸直，双脚并拢或略分开，保持舒适的身体平衡。

2. 走路姿势
走路姿势是体育舞蹈中常见的动作之一，要求选手在行进过程中保持优美、协调的步伐和身体线条。选手应该放松肩膀，挺直背部，收紧腹部，以稳定的步伐前进。

3. 握抱姿势
握抱姿势是指男女舞伴在进行配合时需要采取的姿势，包括头、手、腰等部分。男性应该在右臂上方握住女性的左手，而女性则应该用右手贴着男性的左臂，以保持舞伴之间的联系和平衡。

4. 站姿转向姿势
站姿转向姿势是指选手在进行舞蹈表演时需要改变方向或方位时所采用的身体姿态。选手应该先缓慢转动头部，然后通过肩膀、腰部和双脚等部位的协调配合来完成转向。

二、体育舞蹈的基本腿部动作

1. 常步
又称散步或走步，包括前进步和后退步两种基本形式。在前进步中，行走者首先以全脚掌着地，接着前脚掌着地，通过向前迈腿使脚跟擦地向前推进，当脚跟着地后，转而脚趾着地，身体重心随之转移到前腿上。而在后退步中，动作与前进步相反。行走者首先以全脚掌着地，接着前脚掌着地，通过向后伸腿时，使用脚尖擦地向后推进，当脚趾着地后，过渡到脚跟着地，身体重心随之转移到后腿上。

2. 横步
横步是指行走者进行左横步或右横步时的动作。在左横步中，行走者将左脚以全脚掌向左侧迈出一步，与肩同宽的距离，同时右脚使用脚前掌向左腿靠拢，身体重心转移到右腿上。而右横步则是相反的过程。

3. 并步
并步可以分为向前、向后和向侧方三种形式。以向前并步为例，行走者将左脚向前迈出一步，随之身体重心前移，右脚使用脚前掌向左腿靠拢，身体重心仍然保持在左腿上。

4. 摇摆步

摇摆步则分为左右摇摆和前后摇摆两种形式。在前后摇摆步中，行走者先将左脚向前迈出一步，重心前移，然后再将重心后移再次向前移，最后向后移动，形成前后摇摆的动作。左右摇摆步的原理相同，只是重心在左侧或右侧进行移动。

三、探戈舞

探戈舞是一种充满激情和优美的舞蹈，对于选手而言，正确的姿势和动作是表演成功的关键之一。以下是探戈舞常见的姿势，如图 17-1 所示。

图 17-1 探戈舞

1. 站立姿势

探戈舞中的站立姿势要求选手保持身体挺直，双脚并拢或略分开，两臂自然下垂。男性选手常常需要将重心放在前脚掌上，以便更好地引导和掌控舞步。

2. 握抱姿势

握抱姿势是探戈舞中最基本的姿势之一，男性和女性舞伴都需要通过协调配合来保持稳定。男性应该用左手轻握女性右手，同时将右手放在女性背后，女性则应该在男性肩膀上方放置右手，左手放低。

3. 摆臀姿势

摆臀姿势是探戈舞中非常重要的一个姿势，它可以帮助选手展示自己的舞蹈技巧和韵律感。男性和女性选手都需要将重心放到前脚掌上，同时将身体向后倾斜，收紧核心肌群和腰部肌肉，使臀部变得更加突出。

4. 转身姿势

转身姿势是探戈舞中常见的动作之一，需要选手通过协调步伐和身体配合来完成。在转身过程中，男性选手应该将右脚向前移动，同时将双臂伸展开来，女性则应该将左脚向后移动，并将重心放到后脚跟上。

探戈舞是一种充满激情和优美的舞蹈形式，具有独特的音乐风格和舞蹈特点。它需要选手具备精湛的技术水平和艺术表现力，通过协调配合和精密的动作完成舞蹈表演，展示出自己的舞蹈魅力和风采。

探戈舞的步法和技术要求相对较高，选手需要具备优美的舞蹈线条和精湛的技术技能。在表演过程中，选手需要注重身体姿势、步伐转移、握抱姿势等方面的细节，以达到最佳表演效果。

四、华尔兹

华尔兹起源于 18 世纪末期的奥地利和德国，最初被称为"国民舞蹈"（Volks-oderBauerntanz），是当时欧洲贵族和中产阶级社交场合中最受欢迎的舞蹈之一。它的音乐节奏优美、轻盈、流畅，具有浪漫和优雅的特点，在 19 世纪中期开始在全欧洲流行开来。

华尔兹通常包括基本步法、转向技巧、握抱姿势等内容。在该舞蹈中，音乐采用 3/4 拍，并且每分钟演奏的小节数介于 30 到 32 之间。舞步的基本规律是以一拍为单位进行跳动，每个小节内跳跃三步，而某些特殊舞步则包括每个小节内跳跃四步，例如犹豫步、前进和并步（又称追步）等。如图 17-2 所示。

图 17-2　华尔兹

华尔兹是五种摩登舞中最基础且最难跳的一种舞。下面我们主要介绍几种常见的基础步法。

1. 前进

男士动作姿势：

起始姿势：男士右手与女士左手交握，左手置于女士后背，站立直立，双脚并拢，面向前方。

步伐：右脚向前迈出一步，同时身体重心逐渐向前移动。

左脚并拢：左脚使用脚前掌向右腿靠拢，使脚跟与右脚齐平。

女士动作姿势：

起始姿势：女士左手与男士右手交握，右手轻轻搭在男士右臂上，站立直立，双脚并拢，面向前方。

步伐：左脚向前迈出一步，同时身体重心逐渐向前移动。

右脚并拢：右脚使用脚前掌向左腿靠拢，使脚跟与左脚齐平。

2. 并脚换位

起始姿势：男士右手与女士左手交握，左手置于女士后背，站立直立，双脚分开与肩同宽，面向前方。

步伐：男士向左侧迈一步，同时身体重心稍微向左移动。

女士向右侧迈一步，同时身体重心稍微向右移动。

并拢脚：男士右脚使用脚前掌向左腿靠拢，使脚跟与左脚齐平；女士左脚使用脚前掌向右腿靠拢，使脚跟与右脚齐平。两人的身体重心均匀分布在双脚上。

换位完成：根据编排要求和舞蹈节奏，完成并脚换位动作后继续进行接下来的华尔兹舞步或旋转动作。

3. 叉形步

男士动作姿势：

起始姿势：男士右手与女士左手交握，左手置于女士后背，站立直立，双脚并拢，面向前方。

步伐：右脚向前斜出一步，与左脚形成一个明显的叉形。

体位变化：在叉形步时，男士的身体略微向右倾斜，腰部稍微扭转，使得右脚可以顺利地叉开。

女士动作姿势：

起始姿势：女士左手与男士右手交握，右手轻轻搭在男士右臂上，站立直立，双脚并拢，面向前方。

步伐：左脚向侧方斜出一步，与右脚形成一个明显的叉形。

体位变化：在叉形步时，女士的身体略微向左倾斜，腰部稍微扭转，使得左脚可以顺利地叉开。

4. 侧形追步

男士动作姿势：

起始姿势：男士右手与女士左手交握，左手置于女士背后，站立直立，双脚并拢，面向前方。

步伐：右脚向右侧迈出一大步，同时身体稍微向右转，保持上半身竖直。

体位变化：在追步时，男士的上半身与臀部、腰部一起跟随脚步向右移动。

女士动作姿势：

起始姿势：女士左手与男士右手交握，右手轻轻搭在男士右臂上，站立直立，双脚并拢，面向前方。

步伐：左脚向左侧迈出一大步，同时身体稍微向左转，保持上半身竖直。

体位变化：在追步时，女士的上半身与臀部、腰部一起跟随脚步向左移动。

5. 1/4 左转连接 1/4 右转

男士动作姿势：

1/4 左转：男士将身体向左转，并抬起右脚，左脚略微向后迈出 1/4 个圆周的距离，重心集中在左脚上，同时右手向后伸直，保持舞姿的优雅。

连接：男士通过重心转移，平稳地将身体重心转移到右脚上，同时右脚放下，右手收回与女士的手握，准备进行下一步动作。

1/4 右转：男士将身体向右转，并抬起左脚，右脚略微向后迈出 1/4 个圆周的距离，重心集中在右脚上，同时左手向后伸直，形成优雅的舞姿。

女士动作姿势：

起始姿势：女士左手与男士右手交握，右手轻轻搭在男士右臂上，站立直立，双脚并拢，面向前方。

1/4 左转：女士将身体向左转，并抬起左脚，右脚略微向后迈出 1/4 个圆周的距离，重心集中在右脚上，同时左手向后伸直，保持舞姿的优雅。

连接：女士通过重心转移，平稳地将身体重心转移到左脚上，同时左脚放下，左手收回与男士的手握，准备进行下一步动作。

1/4 右转：女士将身体向右转，并抬起右脚，左脚略微向后迈出 1/4 个圆周的距离，重心集中在左脚上，同时右手向后伸直，形成优雅的舞姿。

6. 犹豫步

根据华尔兹的基本步伐，男士和女士通常会先进行一段基本的侧形追步或其他舞步。

男士动作姿势：

犹豫步动作：在犹豫步的位置上，男士将右脚轻轻地向前移动一小步，然后立即将右脚收回原位。同时，保持身体平稳，重心集中在左脚上。

停顿：在犹豫步的位置上停留片刻，即延长停顿的时间，表现出一种悬停的感觉。

女士动作姿势：

犹豫步动作：在犹豫步的位置上，女士将左脚轻轻地向前移动一小步，然后立即将左脚收回原位。同时，保持身体平稳，重心集中在右脚上。

停顿：在犹豫步的位置上停留片刻，即延长停顿的时间，表现出一种悬停的感觉。

华尔兹是一种技术性较高的舞蹈类型，选手需要具备扎实的舞蹈基本功和优秀的舞蹈技巧，如步法、转向技巧、握抱姿势等方面的掌握与运用。

第三节　体育舞蹈竞赛规则

一、场地与服装

国际体育舞蹈的比赛场地为 15 米×23 米的长方形，长线为 A 线，短线为 B 线，场地要求不反光、防滑、平整，四周有界线，如图 17-3 所示。

在摩登舞中，男性选手需穿戴正式的燕尾服、领结、白色衬衫、长裤和摩登舞鞋。女性选手需穿戴大摆舞裙带流苏、摩登舞鞋，并进行化妆和盘发。

而在拉丁舞中，男性选手需穿戴拉丁上衣、拉丁长裤和拉丁舞鞋。女性选手的服装多样，但共同特点是要展露出 80% 的皮肤，需要使用拉丁膏来涂抹暴露的皮肤部分，同时穿戴拉丁舞鞋。此外，女性选手需要化浓妆并留短发。

二、音乐时间

在体育舞蹈比赛中，每支舞蹈的时间通常介于 1 分钟 1 秒到 2 分钟之间。为了增加比赛的多样性和公平性，在每支舞蹈比赛之前，选手们会准备 5 首不同的舞曲。在比赛开始时，根据随机选择的方式，从这 5 首舞曲中选取一首作为该组别比赛所用的舞曲。值得注

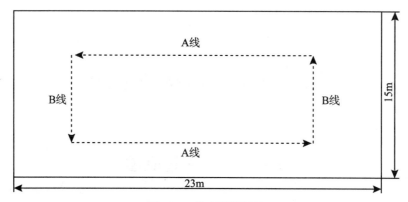

图 17-3　体育舞蹈场地

意的是，不同组别的选手使用的舞曲是相同的，以确保比赛的公平性和可比性。

三、对选手的要求

根据比赛规则，选手在表演过程中不允许双脚同时离地超过 2 秒，这意味着托举动作是被禁止的。

如果选手在表演过程中提前停止，而音乐尚未结束，则其该项舞蹈的得分将以最后一位评委给出的评分为准。换言之，选手在决定停止表演时，其最终得分将以最后一位评委给出的评分作为该项舞蹈的得分。

此外，根据规则规定，选手在比赛结束后不得向裁判询问评分结果。这意味着选手不能在比赛结束后主动向裁判咨询或要求了解自己的评分情况。

四、赛制与评分制度

在比赛中，包括预赛、初赛、复赛、半决赛和决赛这几个阶段。从预赛到半决赛采用淘汰法，而决赛则采用顺位法。

淘汰法是一种竞赛编排方式，在参赛人数中按照规定录取一定数量的选手进入下一轮比赛，同时淘汰其他选手。这意味着根据比赛编排，只有被选中的选手能够晋级，而其他选手将被淘汰出局。

顺位法是指评委根据指定的评比标准对进入决赛的 N 个选手进行排名，使用名次作为得分依据。换句话说，名次越靠前的选手得分越低，成绩越好。例如，在一场大型比赛中，通常有 9 位评委，每位评委需从 6 对选手中评出名次。当 9 个评委的名次产生后，选手的累积得分越低，排名越靠前。

第十八章 跆拳道运动

第一节 跆拳道概述

一、跆拳道的渊源和发展

跆拳道是一种综合性格斗体育运动，融合了拳击技巧与腿法。其独特之处在于注重综合运用各种技术，具备速度快、力量强、攻防灵活的特点，并强调礼节和规范的行为准则。跆拳道不仅有助于提高身体素质，增强自我保护意识，还能培养个人意志品质和团队精神。

1955 年，韩国跆拳道协会在首尔市成立，正式将跆拳道作为一项文化体育运动推广，并制定了一套统一的规则和术语。随后，1966 年在加拿大举办了首届世界跆拳道锦标赛，标志着跆拳道迈入国际比赛舞台。1973 年成立的国际跆拳道联合会（World Taekwondo Federation）统一了全球跆拳道的规则和管理。自 1988 年起，跆拳道成为奥林匹克运动会正式比赛项目之一，在全世界范围内获得更广泛的推广和普及。

跆拳道的基本技术涵盖手型、手法、实战姿态、实战站位、步法和腿法等方面，运动员需要熟练掌握并灵活运用。

二、跆拳道的礼节

跆拳道作为一种体育运动，强调礼节和规范的行为准则，这些礼节体现了其独特的文化内涵，并有助于培养参与者的修养和素质。

（1）在进入练习场地之前应向教练鞠躬示意以示尊重，结束课程时也要向教练表示感谢的鞠躬礼。

（2）在进入或离开训练场地时，学员应向场地鞠躬示意，并保持安静庄重的态度。

（3）在训练或比赛过程中，学员要保持端正的踏步姿态，展示跆拳道的力量和美感。

（4）学员在进行跆拳道训练时应着合适的装束，如跆拳道道服或体育运动服装。

（5）在站立时，学员要保持双目平视前方，胸部挺直，保持端正的站姿，体现出良好的仪态和自律精神。

（6）避免污染和不良习惯，保持场地整洁。

（7）注重谦虚和礼貌，学员在与他人交往时应表现出尊重、理解和友善的态度。

三、跆拳道的主要特点

跆拳道是一项兼具攻守、灵活、花样繁多的武术运动，具有速度快、力量强、攻防灵活等特点。同时，跆拳道还注重技巧和战术的综合运用。其特点如下：

（一）腿法丰富

跆拳道是以腿法为主要攻击手段的格斗运动，其腿法包含前踢、侧踢、回旋踢等多种形式，灵活多变。

（二）速度快

跆拳道运动员在比赛中需要迅速反应并作出有效动作，体现出速度快的特点。

（三）力量强

跆拳道的训练能够提高运动员的力量水平，从而在比赛中更容易得分和占据优势。

（四）攻防灵活

跆拳道不仅注重攻击，还强调防御，在实战中需要灵活地运用攻防技巧。

（五）技巧综合

跆拳道是一项综合性格斗运动，需要运动员掌握多种技巧，并在实际比赛中进行综合运用。

（六）观赏性强

由于跆拳道运动员的身体素质和技巧水平较高，其比赛具有很好的观赏性，容易吸引观众的注意。

第二节　跆拳道基本技术

一、基本手型、手法

（一）基本手型

1. 正拳

正拳的动作要领：将除了拇指以外的四指并拢，内收握拳，同时将拇指紧压于中指与食指上。这个动作可以用来进行拳心向下的冲拳或拳心向内的勾拳，以攻击对方。

然而，需要指出的是，拳击在跆拳道比赛中并不是主要的得分技术，通常更多地用于防守并配合腿部的进攻。在竞技跆拳道中，后手拳法是被广泛采用的拳击技术之一。如图18-1所示。

动作要点：蹬地、转腰，臂前伸，拳内旋，力达拳面。

实战运用：用拳击打对方胸部、腹部。

2. 冲拳

以右手冲拳为例，演示者应保持马步站立姿势，双手握拳抱于腰间，拳心朝上，并目视前方。在动作开始时，右臂从屈曲状态开始伸展，并进行内旋运动，同时右手正拳朝前方平直冲击。

在这个过程中，动作的执行需要注意马步的稳定性和身体的协调性，同时还要注意手

图 18-1 后手拳

部动作的正确性和力量的发挥。

3. 手刀

四指并拢伸直，中指略微弯曲，与无名指指端保持平齐，同时拇指呈弯曲状，贴靠于食指根节下方。手刀的使用部位位于小指侧的掌外沿区域。

（二）手法

跆拳道的手法是指运动员在比赛或实战中用来攻击、防御和抓捏对手的技巧，包括攻击手法、防御手法、抓捏手法等。

跆拳道的攻击手法包括直打、重打、快打、踢打等多种形式。直打是一种直线向前的拳击手法，速度快，威力较小；重打是一种旋转上臂的拳击手法，可以达到较大的撞击力；快打则是一种迅速发出的轻微打击，可以扰乱对手的节奏和判断；踢打则是跆拳道最大特点之一的踢法，包括前踢、侧踢、回旋踢、飞踢等多种形式。

跆拳道的防御手法包括格挡、闪避等多种方式。格挡是一种用肘、掌等部位来挡住对手拳脚的技术，操作简单但需要耐心练习；闪避则是通过身体灵活性，在对手攻击时迅速避开的技巧，灵活性和反应速度是关键因素。

跆拳道的抓捏手法主要是以掐、扭等方式来攻击对手的敏感部位。这些技巧需要精确度和速度，适用于近身攻击和快速制敌。

二、实战姿势

跆拳道的实战姿态是指跆拳道运动员在比赛或实战中所采用的身体姿态和站立方式。

正立式：双脚并拢、身体直立，可以保持平衡和稳定性。应用技巧包括攻击对手头部和身体等。

侧立式：一脚向前，另一脚向后，身体偏向一侧。应用技巧包括攻击对手侧腰和侧面等。

半弓式：一脚向前，另一脚半弯，身体重心前倾。应用技巧包括迅速突进攻击、瞬间制敌等。

前屈式：一手扶地，身体向前屈曲，另一手向后伸展。应用技巧包括防御对手下肢攻击、快速反击等。

三、实战站位

跆拳道的实战站位是指运动员在比赛或实战中所采用的脚步和身体姿势组合方式，包括内外转站位、虎形站位和步伐站。

内外转站位是跆拳道最基本的站位之一。双脚分开，一个脚前一个脚后，能够快速变换方向、移动，适用于攻防转换等场景。

虎形站位是一种较为稳定的站位，双脚稍微分开，更多地承担抵御进攻的任务。适用于防守对手进攻或者等待对手犯规等情况。

步伐站位则是一种结合了步法和站位的综合体现，通过快速的步伐调整自己的位置，使得自己更好地掌握战斗的节奏和主动权。

四、步法

跆拳道的步法是指运动员在比赛或实战中所采用的步伐方式，选择合适的步法并灵活变换，以达到更好的攻击和防御效果。

步法的类型有很多，前进步是向前移动一步的步法，可以用于快速压迫对手、攻击对手等情况。在前进时，要保持平衡和稳定，不要失去控制。后退步是向后移动一步的步法，可以用于拉开与对手的距离、规避对手的攻击等情况。在后退时，要控制好自己的身体坐标，不要失去平衡。横移步是向左或向右移动一步的步法，可以用于躲避对手的攻击或改变攻击角度等情况。在横移时，要抬起对应的脚，保持平衡和流畅性。

五、腿法

1. 前踢

前踢是一种向前直线方向的踢法，通常使用脚背或者小腿前部踢击对手。如图 18-2 所示。

起始姿势：站立直立，身体保持平衡，双脚并拢，面向前方。

左脚动作：将左脚抬起，膝盖向上抬至约腰部位置。同时，右脚继续保持着稳定的支撑地面的姿势，保持身体的平衡。

准备踢击：将脚背或小腿前部挥向目标区域，并在接近目标之前伸直腿部。上半身要保持直立，臂部可以用于平衡和辅助动作。

踢击动作：快速用力地踢出，将脚背或小腿前部精准地击中目标。推腿时，踢出的腿部可能会伸直或稍微弯曲。

1　2　3　4　5

图 18-2　前踢

2. 侧踢

侧踢是一种向侧面打出的踢法，可以使用脚背、脚缘或侧面下半腿踢击对手腰部或腹部等部位。如图18-3所示。

左脚动作：将左脚稍微抬起，同时向侧方转动腰部和臀部，将踝关节外翻。

准备踢击：用脚背或小腿外侧的踢击部位瞄准目标，将腿部伸直并发力。上半身要保持直立，臂部可以用于平衡和辅助动作。

踢击动作：快速用力地侧踢出，将脚背或小腿外侧精准地击中目标。在踢出时，腿部可能会略微弯曲，以提供更大的冲击力。

图18-3 侧踢

3. 回旋踢

回旋踢是一种环绕式的踢法，通过向上、向外扫踢来攻击对手头部或肩膀等部位。如图18-4所示。

左脚动作：将左脚抬起，膝盖向上抬至约腰部位置。同时，右脚保持稳定的支撑地面的姿势，保持身体平衡。

准备踢击：将脚背或小腿前部挥向目标区域，并在接近目标之前开始旋转身体。同时，将左手或右手伸向相反方向，以保持平衡和稳定。

踢击动作：继续旋转身体，用力地控制腿部迅速踢出。在踢出的同时，身体的旋转带动腿部形成回旋的动作，使脚背或小腿前部精准地击中目标。

图18-4 回旋踢

4. 后踢

在跆拳道中，后踢是一种常见的攻击技术，如图18-5所示。

左脚动作：将左脚稍微抬起，同时向后方延伸。重心略微向前倾，以保持身体的平衡。

准备踢击：用脚背或脚跟瞄准目标，将腿部伸直并发力。上半身要保持直立，臂部可以用于平衡和辅助动作。

踢击动作：迅速用力地向后方踢出，将脚背或脚跟精准地击中目标。在踢出时，腿部可能会略微弯曲，以提供更大的冲击力。

图 18-5　后踢

5. 飞踢

飞踢是一种从空中打出的踢法，可以快速制敌或意外袭击对手。如图 18-6 所示。

起跳准备：略微弯曲膝盖，用力将身体向上推起，同时向后方倾斜身体，保持平衡。

腿部准备：在空中中段旋转身体，一只腿向前方伸直，成为攻击的腿，另一只脚踏地，用于保持平衡和稳定。

腿部踢击：用已伸直的腿向目标区域发出快速而有力的踢击。腿部可以采用各种技术，如正踢、侧踢或后踢等，具体根据实际情况和训练者的技术水平而定。

落地准备：在完成踢击后，通过调整躯干和另一只腿的位置，准备平稳地着地。

图 18-6　飞踢

6. 跳踢

通过跳跃向对手发起攻击。可以用于意外袭击、制敌等情况。

准备起跳：略微弯曲膝盖，用力将身体向上推起，同时向后方倾斜身体，准备进行跳跃。

腿部准备：在空中中段旋转身体，一只腿向前方伸直成为攻击的腿，另一只脚踏地，用于保持平衡和稳定。

跳跃动作：迅速腾空跃起，用已伸直的腿向目标区域发出快速而有力的踢击。利用跳跃的冲击力增加腿部攻击的力量和速度。

第三节 跆拳道比赛规则简介

一、比赛场地

跆拳道比赛场地通常为一个平整、没有障碍物的矩形区域，称为赛场。在跆拳道比赛中，赛场是非常重要的比赛元素之一。赛场应该符合国际标准，同时应该满足安全要求，以保证运动员和观众的安全。这将有助于确保比赛的公正性、竞技性和娱乐性。赛场尺寸：国际跆拳道联合会规定标准赛场长度为 14 米，宽度为 8 米。这些尺寸可以根据比赛级别或组别的不同而有所变化。

比赛场地设置需要兼顾科学性和安全性。赛场被划分成多个明确的区域，每个区域都有其特定的用途和规则。例如，比赛中心点会被标记出来，并且各种攻击和防御技术都必须在特定的区域内进行。赛场还需要配备一些必要的装备，例如裁判员席位、观众席位和计分牌等。由于跆拳道是一项高风险的运动，因此赛场需要满足相关的安全要求。其中包括地面材料的选择、保护垫的使用以及观众区的管理等方面。

二、比赛服装

跆拳道比赛服装是一种非常重要的装备，必须符合国际规范以确保比赛的公平性。在跆拳道比赛中，比赛服装不仅需要满足国际规范，还需要具有舒适、灵活和耐用的特点，以确保运动员在比赛中具有最佳的竞技状态。

男选手比赛服通常包括宽松的上衣和长裤，上衣应该可以完全覆盖裤子，并且不能有任何裂口或破洞。女选手比赛服：通常包括 T 恤和长裙，T 恤应该可以完全覆盖裙子，并且不能有任何裂口或破洞。在正式比赛中，运动员通常穿着颜色相同的道服。蓝色道服代表左边选手，红色道服代表右边选手。除了道服外，跆拳道比赛还需要使用其他装备，例如头盔、护胸器、护腿器等。这些装备也必须符合国际规范，并且能够提供充分的保护。

三、比赛时间

跆拳道比赛时间通常为三个两分钟的回合，中间休息一分钟。如果选手在比赛时间内没有取得足够的分数来决定胜负，则需要进行一个或多个加时赛，每次加时为一个两分钟的回合。每个回合的时间为两分钟，计时器开始计时后，运动员需要尽可能地得分或防守。每个回合结束时，裁判会中断比赛，并让运动员在一个分钟内休息和补充水分。如果在比赛时间结束后，得分相同或者比分太接近以致无法确定胜者，将进行加时赛。加时赛的持续时间为两分钟，如果仍然无法确定胜者，则需要继续增加加时赛，直到产生胜者为止。不同的赛事可能会有不同的比赛时间规则。例如，在某些比赛中，回合时间可能会缩短或延长，或者加时赛的规则可能有所不同。

四、体重级别划分及体重称量

体重级别划分和称量是非常重要的环节之一，它确保了比赛的公平性，并有助于确定选手的实力水平。

（1）体重级别：国际跆拳道联合会规定了 17 个男子和 16 个女子不同的体重级别。

（2）称量程序：在比赛之前，所有参赛选手必须接受称量程序，以检查其是否符合其所属的体重级别要求。如果选手的体重超过或低于其所属的体重级别，他们将被视为不合格，不能参加比赛。

（3）选手权益：如果选手发现自己无法达到其所属的体重级别，他们可以选择升级一个级别或者放弃比赛。与此同时，如果一名选手发现自己的对手违反了体重级别的限制，则可以选择退出比赛或继续比赛。

（4）比赛安排：在比赛之前，选手将按照其体重级别和抽签结果被安排在相应的比赛组中。每个组别的选手将在单淘汰制的比赛中逐一对决，直到确定最终的胜者。

五、比赛程序

比赛程序是必须遵守的流程，它们确保了比赛的公平性和竞技性。每个环节都需要严格遵循比赛规则和要求，并且需要进行有效的沟通和协调，以确保比赛的正常进行。跆拳道比赛程序包括开幕式、裁判员的指示、比赛时间和规则、暂停和结束等环节。

开幕式：比赛开始前会举行开幕式，运动员和观众可以一起庆祝比赛的开始。

裁判员的指示：在比赛中，裁判员会通过手势和口令指示选手进行攻击或防守，同时也会对违规行为给予惩罚或取消得分。

比赛时间和规则：每个回合的时间通常为两分钟，比赛有多种技术得分和规则，如打击技、踢击技、抱摔技和格斗技等。

暂停和结束：在比赛中，裁判员可以暂停比赛，以检查选手是否受伤或确认得分情况。当比赛时间结束时，裁判员将宣布比赛结束，并公布胜者。

颁奖典礼：当比赛结束后，颁奖典礼也是非常重要的程序之一，能够表彰获胜者的表现和荣誉。

六、允许的技术和攻击的部位

跆拳道允许的技术和攻击部位在比赛规则中有明确规定：

打击技允许使用拳头、手掌、手指和前臂等部位进行打击，但必须遵循特定的规则和要求。例如，不允许打击对方的头部和脊椎；踢击技允许使用膝盖、小腿、足跟、脚背和脚刀等部位进行踢击。同样地，踢击技也需要遵循特定的规则和要求。例如，不允许踢击对方的生殖器和后脑勺。抱摔技允许使用各种抱摔技术将对手摔倒，但必须遵循特定的规则和要求。例如，不允许将对手的头部撞击到地面或者其他硬物上。格斗技允许使用各种格斗技术，如关节技、扭转技和扼喉技等，但必须遵循特定的规则和要求。例如，不允许使用危险的武器，如刀、枪等。

比赛过程中，对技术和攻击部位进行规定，将有助于确保比赛的公平性和安全性，同时也将提高运动员的竞技水平和技术水平。在跆拳道比赛中，允许使用多种进攻技巧，包括踢、打、膝撞等。同时，也有部分攻击部位是不被允许的，例如头部、喉部、脊椎、肩关节等。运动员需要熟悉这些规则和要求，并且在比赛中遵守。

七、有效得分

在跆拳道比赛中，只有符合特定规则和要求的技术和攻击才能获得有效得分。

（1）打击得分：当选手使用拳头、手掌、手指或前臂等身体部位打击对方时，如果其打击技术符合规则和要求，则可以获得相应的得分。

（2）踢击得分：当选手使用膝盖、小腿、足跟、脚背或脚刀等部位进行踢击时，如果其踢击技术符合规则和要求，则可以获得相应的得分。

（3）抱摔得分：当选手使用各种抱摔技术将对方摔倒时，如果其抱摔技术符合规则和要求，则可以获得相应的得分。

（4）格斗得分：当选手使用各种格斗技术，如关节技、扭转技和扼喉技等，成功制服对手并且符合规则和要求时，可以获得相应的得分。

这些得分方式依赖于选手的技术运用和对规则的正确理解与执行。只有在技术动作符合规则要求的情况下，选手才有资格获取有效的得分。因此，在比赛中，选手需要准确地掌握技术要领，并在规则框架内运用技术和攻击，以获得有效的得分。

八、犯规行为

跆拳道比赛中存在多种犯规行为，若选手出现此类行为，将受到扣分或禁赛等处罚。犯规行为包括但不限于以下几类：踢击头部、踢击后脑勺、违反攻击部位规则以及推搡、咬人、辱骂、拿住对方服装等行为。裁判员会视这些行为为不合理且不符合规则的行为，并给予相应惩罚。如果选手在比赛中屡次犯同一项规则，将被认定为反复违规行为，进而面临更多分数的扣除或者禁赛。正式比赛中，迅速对犯规行为进行惩罚确保了比赛的公正性和安全性。因此，选手有责任严格遵守比赛规则和要求，不仅有助于保障个人安全，同时也提升了比赛的品质和竞技水平。

九、优势判定

优势判定在跆拳道比赛中是一种在比分相同的情况下，裁判员根据选手在比赛中展现出的技术水平、攻击效果、防守能力和精神状态等方面进行评估的方式，以确定谁将获胜。在进行优势判定时，裁判员会考虑以下因素：

（1）技术水平：裁判员会综合评估选手在比赛中所展示的技术水平，包括技术动作的准确性、流畅性以及应变能力等方面。

（2）攻击效果：裁判员会观察选手的攻击效果，如命中率、力度等，以判断谁在比赛中展现出更加有效的攻击能力。

（3）防守能力：裁判员也会关注选手在比赛中的防守能力，包括是否能够有效规避对手的攻击，并采取适当的防守策略，保护自己。

（4）精神状态：裁判员会观察选手的精神状态，如竞技精神、意志力等，以确定他们在比赛中的表现情况。

（5）时间因素：优势判定可能需要一段观察时间，以确保裁判员对选手的评估是客观和公正的。

在跆拳道比赛中，优势判定可以在比分相同的情况下，帮助裁判员决定谁将获胜。由于每个选手都有自己的特点和风格，优势判定可以更好地反映出选手在比赛中所表现出的真实技术水平和竞技能力。

十、获胜方式

在跆拳道比赛中，运动员需要尽全力采用各种战术和技巧，争取获得比赛胜利。同时，也需要遵守比赛规则、保持诚实和尊重的态度，并克服比赛中可能出现的压力和困难，从而达到最好的竞技状态。在跆拳道比赛中，有多种获胜方式，具体如下：

（一）比分胜利

比分胜利是最常见的获胜方式之一。裁判根据运动员在比赛中对击打得分区域造成有效攻击的数量进行评分，计算总分。在比赛时间内获得更高的总分的一方获胜。

跆拳道比赛时间为三个两分钟的回合，中间休息一分钟。如果有必要，可以进行一个或多个加时赛，每次加时为一个两分钟的回合。裁判员对击打得分区域造成有效攻击的数量进行评分，其中头部和躯干区域得分更高，而手臂和腿部较低。如果总分相同，裁判员将根据双方在比赛中的优势评估比赛结果。具体的优势判定方式根据赛事的不同可能有所差异。

（二）技击胜利

技击胜利发生在一名选手使用有效技术使对手无法继续比赛的情况下。该技术必须符合比赛规则且打中对方的得分区域。裁判根据被攻击者的反应、身体姿势和意识状态等多个因素进行判断。成功实施有效技术的选手将被宣布为胜利者。

在跆拳道比赛中，技击胜利是一种非常特殊且重要的获胜方式，它需要运动员具备高超的技术、稳健的心态和充分的准备。运动员需要在比赛中保持冷静、观察对手反应，抓住机会实施有效技术，从而获得胜利。

（三）犯规胜利

如果对手犯规达到一定次数，或者犯下重大违规行为，比如使用危险的攻击手段等，将会被判定为犯规败北，另一方将获胜。在跆拳道比赛中，犯规胜利是一种较少出现的获胜方式。它通常发生在运动员违反比赛规则或进行危险攻击等行为被判定犯规，并因此失去比赛资格时。

在跆拳道比赛中，有一些犯规行为被认为是不被允许的，例如攻击禁止部位、进行危险的攻击以及持续逃避对手等。如果运动员犯规，他们将会受到警告、罚分或直接判定负的处罚。多次犯规可能导致被判定为失去比赛资格。如果一名选手由于犯规而被裁判员判定为输掉比赛，对手将赢得比赛。犯规胜利虽然不是最主要的获胜方式，但是在某些情况下，它可以成为一种有效的策略，尤其是在面对技术相对弱或心理上容易崩溃的对手时。

（四）对手退赛

在跆拳道比赛中，对手退赛获胜是一种可能出现的获胜方式。通常情况下，退赛是由于选手受伤、疲劳、心理压力等原因而无法继续比赛。

如果一名选手选择退赛，裁判员必须立即在场上宣布该选手的退赛，并将其对手宣布为比赛的获胜者。退赛获胜虽然不是最好的获胜方式，但它可以让运动员取得胜利，并继续前往更高的比赛级别。

参 考 文 献

[1] 张磊，刘国玉．大学体育教学课内外一体化改革探索与实践［J］．当代体育科技，2023，13（15）：7-10.

[2] 邵语平，李宏．基于"互联网+"高校大学体育信息化教学改革探析［J］．办公自动化，2023，28（09）：14-16.

[3] 卫俊羽．混合式教学模式在大学体育教学中的应用路径［J］．当代体育科技，2023，13（08）：65-68.

[4] 田小静．基于学生综合能力培养的大学体育教学改革探讨——评《体育课程与教学改革研究》［J］．科技管理研究，2023，43（04）：251.

[5] 邵语平．体育核心素养理论下大学体育"线上+线下"教学改革研究［J］．体育科技，2023，44（01）：111-113.

[6] 曾琦．以终身体育为目标探讨大学体育教学改革路径［J］．当代体育科技，2022，12（35）：159-162.

[7] 张双全．信息化视域下大学体育教学改革探讨［J］．教育教学论坛，2022（49）：50-53.

[8] 马力．浅谈大学体育教学的创新策略［C］//廊坊市应用经济学会．对接京津——社会形态基础教育论文集，2022：1862-1865.

[9] 赵丹．论大学体育教学的创新实践［J］．体育视野，2022（22）：47-49.

[10] 杨泽武．分层教学法在大学体育教学中的应用探讨［J］．学周刊，2022（34）：6-9.

[11] 于海洋．大学体育教学中篮球体能训练法探讨［J］．冰雪体育创新研究，2022（21）：88-91.

[12] 史浩宇，杜洪莹，周传斌．大学体育教学中运动生理与运动心理问题研究［J］．当代体育科技，2022，12（31）：9-12.

[13] 孙静．大学体育教学中思政的渗透策略探讨［C］//廊坊市应用经济学会．对接京津——协调推进基础教育论文集．对接京津——协调推进基础教育论文集，2022：2221-2224.

[14] 周苏源，王玉兵．基于灰色系统理论的大学体育教学质量模糊评价研究［J］．冰雪体育创新研究，2022（20）：113-116.

[15] 马强，张晓贤．教学最优化理论对大学体育教学的借鉴与启示［J］．黄山学院学报，2022，24（05）：129-132.

[16] 吴立柱，司鹏巧．将美育融入大学体育教学的研究——以交谊舞课程为例［J］．学周刊，2022（28）：6-8.

[17] 周益．拓展训练融入到大学体育教学中的可行性初探［J］．冰雪体育创新研究，2022（18）：90-93.

[18] 裴金妮．课程思政理念与大学体育教学的融合之我见［C］//廊坊市应用经济学会．对接京津——扩展思维基础教育论文集．对接京津——扩展思维基础教育论文集，2022：1142-1145.

[19] 张莉萍．基于通识教育视角研究大学体育教学的改革与创新［J］．试题与研究，2022（27）：48-50.

[20] 施晓红，郝祥瑞．运动类 APP 在普通大学体育教学中的运用［J］．鄂州大学学报，2022，29（05）：93-95.

[21] 向江龙．大学体育课程分级教学实施现状与发展对策研究［D］．江汉大学，2022.

[22] 朱岩，庄巍，陈斌．新时期大学体育混合式教学的机理分析［J］．体育师友，2022，45（04）：12-15.

[23] 吴钧．大学体育教学中篮球体能训练中的技巧［J］．冰雪体育创新研究，2022（16）：77-80.

[24] 狄韵菲．学生体能训练目标下大学体育教学改革研究［J］．冰雪体育创新研究，2022（16）：106-109.

[25] 赵咏梅．基于体质健康预警的大学体育教学模式分析［J］．当代体育科技，2022，12（22）：74-77.

[26] 胡德刚，李卫东，黎林飞．线上线下混合课程在大学体育教学中的实践价值［J］．新课程教学（电子版），2022（14）：14-16.

[27] 赵兮．计算机仿真技术在大学体育教学中的应用［J］．数字技术与应用，2022，40（07）：144-146.

[28] 孟佳河．浅谈大学体育教学中存在问题及对策研究［C］//华教创新（北京）文化传媒有限公司．2022 未来教育发展与创新教育研究高峰论坛论文集（五），2022：136-141.

[29] 刘键，孙欣．新时期大学体育教学方法创新研究［J］．冰雪体育创新研究，2022（14）：91-94.

[30] 侯赛，弭贵芳，张中京．互联网+视域下大学体育教学管理平台建设与实施路径研究［J］．冰雪体育创新研究，2022（14）：143-146.

[31] 赵鹏东．大学体育教学与大学生人文素质的培养方法研究［J］．体育风尚，2022（07）：65-67.

[32] 袁宏怡．基于创新教育理念的应用型大学体育教学改革措施研究［J］．拳击与格斗，2022（07）：25-27.

[33] 梁夫生，赵佳妮．五育融合视角下普通高校大学体育教学改革方向——以黄山学院为例［J］．科技资讯，2022，20（12）：176-180.

[34] 杨皓，马钢，王龙海．大学体育教学创新实践探究［J］．新课程教学（电子版），2022（11）：185-187.

[35] 田丽，张恒波，陈博文，倪迎春．疫情常态化下大学体育教学的风险与控制研究

［J］. 当代体育科技，2022，12（17）：172-174.

［36］黄健. 微视频手段下范例教学法在大学体育教学中的实验研究［D］. 集美大学，2022.

［37］袁兴亮. 混合式教学模式在大学体育教学中的应用及方法分析［J］. 中国多媒体与网络教学学报（上旬刊），2022（06）：54-57.

［38］常俸源. 浅谈体育游戏在大学体育教学中的实践应用分析［J］. 中国多媒体与网络教学学报（上旬刊），2022（06）：98-102.

［39］曹美玲. 运动教育模式在大学体育排球教学中的应用效果研究［D］. 宁夏大学，2022.

［40］曹红洁. TPSR教学模式在普通高校大学体育排球教学中的应用研究［D］. 西北师范大学，2022.

［41］黄丰煜. 深化新时代教育评价改革背景下上海财经大学体育教学改革效果研究［D］. 上海体育学院，2022.

［42］李明. 传统体育文化与大学体育教学的有机结合刍探［J］. 成才之路，2022（15）：16-18.

［43］白敬锋. "强身健体，弘道崇德"的文化内涵与价值引领——以中国传媒大学体育教学改革为例［J］. 黑河学院学报，2022，13（05）：34-37.

［44］魏然. 体教融合背景下大学体育教学改革路径研究［D］. 首都体育学院，2022.

［45］郑海媚. 大学体育有效教学学生评价量表的编制［D］. 广州大学，2022.

［46］郭艳花，赵琳. 多平台嵌合在大学体育教学中的实践应用——评《现代体育教学改革与信息化发展研究》［J］. 中国高校科技，2022（04）：110.

［47］马文杰，邢琦，韩军. 基于核心素养培育的大学体育教学模块嬗变路径研究［J］. 武术研究，2022，7（04）：124-126+156.

［48］王光明. 积极心理学影响下的大学体育教学对策研究［C］//中国体育科学学会. 第十二届全国体育科学大会论文摘要汇编——墙报交流（学校体育分会）. 第十二届全国体育科学大会论文摘要汇编——墙报交流（学校体育分会），2022：685-686.

附　　录

　　　　　　　大学生体质测试内容及各项测试所占权重系数

测试对象	项　　目	权重（%）
大学各年级	体重指标（BMI）	15
	肺活量	15
	50 米跑	20
	坐位体前屈	10
	立定跳远	10
	引体向上（男）/1 分钟仰卧起坐（女）	10
	1000 米跑（男）/800 米跑（女）	20

注：体重指数（BMI）= 体重（千克）/身高^2（米^2）

表 1-2　　　　身高/体重指数（BMI）评分表（单位：千克/米^2）评分标准

等级	单项得分	男生评分标准	女生评分标准
正常	100	17.9~23.9	17.2~23.9
低体重	80	<17.8	<17.1
超重		24.0·27.9	24.0·27.9
肥胖	60	>28.0	>28.0

表 1-3　　　　　　　　大学男生身体素质评分标准

等级	单项得分	肺活量		50 米/s		坐位体前屈/cm		立定跳远/cm		引体向上		1000 米	
		大一 大二	大三 大四	大一 大二	大三 大四	大一 大二	大三 大四	大一 大二	大三 大四	大一 大二	大三 大四	大一 大二	大三 大四
优秀	100	5040	5140	6.7	6.6	24.9	25.1	273	275	19	20	3'17″	3'15″
	95	4920	5020	6.8	6.7	23.1	23.3	268	270	18	19	3'22″	3'20″
	90	4800	4900	6.9	6.8	21.3	2.15	263	265	17	18	3'27″	3'25″

等级	单项	肺活量		50 米/s		坐位体前屈 /cm		立定跳远 /cm		引体向上		1000 米	
	得分	大一 大二	大三 大四	大一 大二	大三 大四	大一 大二	大三 大四	大一 大二	大三 大四	大一 大二	大三 大四	大一 大二	大三 大四
良好	85	4550	4650	7	6.9	19.5	19.9	256	258	16	17	3′34″	3′32
	80	4300	4400	7.1	7	17.7	18.2	248	250	15	16	3′42″	3′40″
及格	78	4180	4280	7.3	7.2	16.3	16.8	244	246			3′47″	3′45″
	76	4060	4160	7.5	7.4	14.9	15.4	240	242	14	15	3′52″	3′50″
	74	3940	4040	7.7	7.6	13.5	14	236	238			3′57″	3′55″
	72	3820	3920	7.9	7.8	12.1	12.6	232	234	13	14	4′02″	4′00″
	70	3700	3800	8.1	8	10.7	11.2	228	230			4′07″	4′05″
	68	3580	3680	8.3	8.2	9.3	9.8	224	226	12	13	4′12″	4′10″
	66	3460	3560	8.5	8.4	7.9	8.4	220	222			4′17″	4′17″
	64	3340	3440	8.7	8.6	6.5	7	216	218	11	12	4′22″	4′20″
	62	3220	3320	8.9	8.8	5.1	5.6	212	214			4′27″	4′25″
	60	3100	3200	9.1	9	3.7	4.2	208	210	10	11	4′52″	4′50″
不及格	50	2940	3030	9.3	9.2	2.7	3.2	203	205	9	10	4′52″	4′50″
	40	2780	2860	9.5	9.4	1.7	2.2	198	200	8	9	5′12″	5′10″
	30	2620	2690	9.7	9.6	0.7	1.2	193	195	7	8	5′32″	5′30″
	20	2460	2520	9.9	9.8	−0.3	0.2	188	190	6	7	5′52″	5′50″
	10	2300	2350	10.1	10	−1.3	−0.8	183	185	5	6	6′12″	6′10″

表 1-4　　　　　　　　　　　　　大学女生身体素质评分标准

等级	单项	肺活量		50 米/s		坐位体前屈 /cm		立定跳远 /cm		仰卧起坐		800 米	
	得分	大一 大二	大三 大四	大一 大二	大三 大四	大一 大二	大三 大四	大一 大二	大三 大四	大一 大二	大三 大四	大一 大二	大三 大四
优秀	100	3400	3450	7.5	7.4	25.8	26.3	207	208	56	57	3′18″	3′16′
	95	3350	3400	7.6	7.5	24	24.4	201	202	54	55	3′24″	3′22″
	90	3300	3350	7.7	7.6	22.2	22.4	195	196	52	53	3′30″	3′28″
良好	85	3150	3200	8	7.9	20.6	21	188	189	49	50	3′37″	3′35″
	80	3000	3050	8.3	8.2	19	19.5	181	182	46	47	3′44″	3′42″

续表

等级	单项	肺活量		50 米/s		坐位体前屈 /cm		立定跳远 /cm		仰卧起坐		800 米	
		大一	大三	大一	大三	大一	大三	大一	大三	大一	大三	大一	大三
	得分	大二	大四	大二	大四	大二	大四	大二	大四	大二	大四	大二	大四
及格	78	2900	2950	8.5	8.4	17.7	18.2	178	179	44	45	3'49"	3'47"
	76	2800	2850	8.7	8.6	16.4	16.9	175	176	42	46	3'54"	3'52"
	74	2700	2750	8.9	8.8	15.1	15.6	172	173	40	41	3'59"	3'57"
	72	2600	2650	9.1	9	13.8	14.3	169	170	38	39	4'04"	4'02"
	70	2500	2550	9.3	9.2	11.2	11.7	163	134	34	35	4'14"	4'12"
	68	2400	2450	9.5	9.4	11.2	11.7	163	164	34	35	4'14"	4'12"
	66	2300	2350	9.7	9.6	9.9	10.4	160	161	32	33	4'19"	4'17"
	64	2200	2250	9.9	9.8	8.6	9.1	157	158	30	31	4'24"	4'22"
	62	2100	2150	10.1	10	7.3	7.8	154	155	28	29	4'29"	4'27"
	60	2000	2050	10.3	10.2	6	6.5	151	152	26	27	4'34"	4'32"
不及格	50	1960	2010	10.5	10.4	5.2	5.7	146	147	24	25	4'44"	4'42"
	40	1920	1970	10.7	10.6	4.4	4.9	141	142	22	23	4'54"	4'52"
	30	1880	1930	10.9	10.8	3.6	4.1	136	137	20	21	5'04"	5'02"
	20	1840	1890	11.1	11	2.8	2.3	131	132	18	19	5'14"	5'12"
	10	1800	1850	11.3	11.2	2	2.5	126	127	16	17	5'24"	5'22"

关于实施《国家学生体质健康标准》说明

1.《国家学生体质健康标准》（以下简称《标准》）是《国家体育锻炼标准》在学校中的具体体现，是我国学校教育的根本指导性文件，也是我国学校教学质量的根本标准，是对学生综合素质进行评估、对学校工作进行考核、对学校教学工作进行考核的主要依据，也是对学校的贯彻落实情况的体现。

2. 在贯彻《国家中长期教育改革和发展规划纲要（2010—2020 年）》、《国务院办公厅转发教育部等部门关于进一步加强学校体育工作若干意见的通知》（国办发〔2012〕53号）以及《教育部关于印发〈学生体质健康监测评价办法〉等三个文件的通知》的基础上，以"健康第一"为原则，对《标准》进行了修订，重点提升了其在实施过程中的信度、效度和区分性，突出了其"教育激励"、"反馈调节"和"指导"的作用，重点提升了其"教育监督"和"绩效评估"的支持作用。

3. 本标准从身体形态、身体机能和身体素质等角度出发，对学生的体质健康水平进行全面评估，它是一种能够推动学生体质健康发展、激励学生积极开展身体锻炼的教育手段，也是国家学生发展核心素养体系和学业质量标准的重要组成部分，是学生体质健康的个体评价标准。

4. 本标准将适用对象分为小学、初中、高中三个组，分别是：小学 6 组，初中 3 组，高中 3 组。大一和大二为一组，大三和大四为一组。

5. 小学、初中、高中、大学各组的测试指标都是必须的。其中，身体形态类中的身高、体重，身体机能类中的肺活量，身体素质类中的 50 米跑、坐位体前屈，这些都是各年级学生的共同指标。

6. 该标准规定的学年成绩为 120 分，该标准规定的学年成绩加上相应的加分。标准分是指每一项指标的总分与其所赋权的乘积的总和。附加分值由实际测试结果决定，也就是对加分指标中得分高于 100 分的，给予 20 分；在小学阶段，学生在一分钟内可以获得 20 分的加分。初中、高中和大学的加分项目包括：男生的引体向上和 1000 米，女生的一分钟仰卧起坐和 800 米，每个项目的加分范围都是 10 分。

7. 以学生的学年总分为依据，对其进行评估：90.0 分及以上为优秀，80.0~89.9 为良好，60.0~79.9 为及格，59.9 分及以下为不及格。

8. 每学期进行一次体检，并将体检结果记录在《〈国家学生体质健康标准〉登记卡》上。实行特殊学制的学校，根据需要，可在报名表格中增加或减少一栏。毕业时，以该年度各学年总分的 50% 和各学年的平均分值为 50% 的总和作为评价标准。

9. 在考试中取得优秀及以上的学生，可以参与评选和表彰；只有在获得优异的成绩后，才能获得体育奖学金的学分。考试成绩未合格的，可在该学年内进行一次补考，补考仍然未合格的，以该学年的成绩作为不合格成绩处理。高中、中专、普专三个专业的学生，在《标准》测验中，分数低于 50 分的，视为未满或未满。

10. 因疾病或残疾的学生，可以向学校提出关于暂停或免予执行该《标准》的申请，由医疗机构出具证明，并报由体育部批准后，该《标准》可以暂停或免予执行，并将《免予执行〈国家学生体质健康标准〉申请表》保存在学生的档案中。确已丧失运动能力而被免除实施《标准》的残障学生，仍然可以参与评选和表彰活动，并须在《标准》中的分数上注明免试。

11. 各校应在每个学年对全校所有学生进行《标准》检测，《标准》检测结果经地方教育行政部门审核合格后，将检测结果通过中国中小学生体质健康网向全国中小学生体质健康标准数据库管理系统提交。考试时间及考试成绩的上载时间，由教育主管部门决定。